嘉庚精神

的传承

张荣
张宗益 —— 主编

厦门大学出版社
XIAMEN UNIVERSITY PRESS
国家一级出版社
全国百佳图书出版单位

图书在版编目（CIP）数据

嘉庚精神的传承 / 张荣，张宗益主编. -- 厦门 ：
厦门大学出版社，2024. 10. -- ISBN 978-7-5615-9511-4

Ⅰ. K828.8

中国国家版本馆 CIP 数据核字第 2024PX2696 号

责任编辑　甘世恒

美术编辑　蒋卓群

技术编辑　许克华

出版发行　厦门大学出版社

社　　址　厦门市软件园二期望海路 39 号

邮政编码　361008

总　　机　0592-2181111　0592-2181406(传真)

营销中心　0592-2184458　0592-2181365

网　　址　http://www.xmupress.com

邮　　箱　xmup@xmupress.com

印　　刷　厦门集大印刷有限公司

开　本　787 mm×1 092 mm　1/16

印　张　16

字　数　208 千字

版　次　2024 年 10 月第 1 版

印　次　2024 年 10 月第 1 次印刷

定　价　50.00 元

厦门大学出版社
微信二维码

厦门大学出版社
微博二维码

本书如有印装质量问题请直接寄承印厂调换

序言

    2021 年 4 月 6 日，习近平总书记致信祝贺厦门大学建校 100 周年，高度评价厦门大学的创办者陈嘉庚和厦门大学所取得的办学成就——厦门大学是一所具有光荣传统的大学。100 余年来，学校秉持爱国华侨领袖陈嘉庚的立校志向，形成了"爱国、革命、自强、科学"的优良校风，打造了鲜明的办学特色，培养了大批优秀人才，为国家富强、人民幸福和中华文化海外传播作出了积极贡献。习近平总书记长期以来一直关心厦门大学的建设和发展。在学校建校 80 周年之际，他勉励我们"大力弘扬嘉庚精神，把厦门大学办得更好，不负先贤苦心"。在学校建校 90 周年之际，他希望我们"继续弘扬嘉庚精神，牢记办学使命，不断开拓创新，突出办学特色，提高办学质量"。

    厦门大学作为一所与党同龄的大学，为国而立、为国而兴、为国而进，爱国报国是厦门大学始终不变的鲜亮底色。1921 年，在中国共产党诞生的这一年，陈嘉庚以"教育为立国之本，兴学乃国民天职"的信念，创立了近代以来中国第一所华侨创办的大学——厦门大学。百余年来，一代又一代的厦大人，在嘉庚精神的感召下，始终紧跟中国共产党的前进步伐，与国家同呼吸、与民族共命运，在长期积淀中形成"爱国、革命、自强、科学"的优良校风。这是百年厦大宝贵的精神财富，是建设世界一流大学的不竭动力。

嘉庚精神的传承

2024 年是中华人民共和国成立 75 周年，也是陈嘉庚诞辰 150 周年。为此，学校围绕弘扬嘉庚精神、奋进教育强国这一主线，精心策划包括"出版一批嘉庚系列书籍、音像制品"等在内的"九个一"系列纪念活动，旨在缅怀陈嘉庚的历史功绩，感悟陈嘉庚的人格风范，大力弘扬"爱国担当、团结奉献、诚毅创新"的时代价值，为推进教育强国、民族复兴汇聚强大力量。

以陈嘉庚这个响亮的名字命名的"嘉庚精神"蕴含了中华文化的深邃内涵，闪烁着民族精神、时代精神的智慧光芒，而且随着时代发展，其内涵不断丰富、意蕴日益深刻："志怀祖国，希图报效"的爱国精神，"牺牲自我、大公无私"的奉献精神，"坚毅果敢、百折不挠"的自强精神，"尽民天职、先忧后乐"的担当精神，"革故鼎新、开拓进取"的创新精神，"博集东西、阐扬世界"的开放精神，"艰苦奋斗、节俭为本"的勤俭精神，"坚持真理、追求进步"的斗争精神……其中，爱国主义是嘉庚精神的核心。纵观陈嘉庚的一生，爱国主义始终贯穿其中，他所说的、所做的一切，最终都是服务国家、造福人民。

嘉庚精神历久弥新，散发着强大的感召力，成为一面永不褪色、永放光芒的精神旗帜。嘉庚精神彰显时代气息，新时代需要嘉庚精神，嘉庚精神适用于新时代。

实现中华民族伟大复兴需要嘉庚精神。嘉庚精神是一笔宝贵的精神财富，对实现中华民族伟大复兴的中国梦具有重大的时代价值和实践意义。习近平总书记指出："实现中国梦必须弘扬中国精神。这就是以爱国主义为核心的民族精神，以改革创新为核心的时代精神。这种精神是凝心聚力的兴国之魂、强国之魄。"无疑，嘉庚精神是实现中华民族伟大复兴中国梦的重要精神力量。

推动中国式现代化需要嘉庚精神。嘉庚精神与社会主义核心价值观高度契合，是引领全社会精神文明建设的灯塔，是推动中国式现代化的精神动力。陈嘉庚的经历和思想融合了中华传统文化与人类文明的优秀成果，并受到了西方先进文化的积极影响，为我们创新人才培养、以教育强国建设支撑引领中国式现代化提供了启发和参考。

推进教育强国建设需要嘉庚精神。嘉庚精神蕴含兴学强国的崇高理想和生动实践，彰显教育是强国建设、民族复兴之基的历史逻辑，与新时代推进教育强国建设一脉相承。陈嘉庚毕生在思想上抱定"教育为立国之本，兴学乃国民天职"的信念，在行动上"立志一生所获财利，概办教育，为社会服务"，其教育理念和实践，深深植根于他对国家和民族的拳拳深情。

落实立德树人要求需要嘉庚精神。陈嘉庚从一个渔村少年成长为工商巨子，成为一位伟大的爱国华侨领袖，杰出的实业家、教育家、慈善家和社会活动家。他的光辉人生塑造了一个优秀公民和优秀中国人的典范，启示我们：要把个人奋斗融入时代大潮，把实现人生价值与国家命运人民需要紧密联系起来，像陈嘉庚一样，以人民的利益为人生的最高利益，以民族的需要为人生的最大需要，以国家的富强为人生的最终目标。

基于上述考虑，我们将编著《嘉庚精神的传承》作为此次出版嘉庚系列图书的重要工作，整合全校陈嘉庚研究力量，特别吸收专职思政课教师参与其中，尝试以思政课教材的视角来诠释嘉庚精神，将传承嘉庚精神融入思政课课堂教学这个主阵地，让备受厦大学子爱戴的"校主"引领学生成长。我们希望这种尝试有助于增强思政课的亲和力、吸引力，守正创新推动思政课建设内涵式发展，不断开创新时代思政教育新局面。同时，也希望大家在阅读本书的过程中，多提宝贵意见，以期修订完善！

编 者

2024 年 10 月

目录

第一章　陈嘉庚爱国主义精神的弘扬与传承

　　陈嘉庚是伟大的爱国主义者、杰出的华侨领袖、著名实业家、教育家和社会活动家。他将个人命运与国家前途紧密结合在一起，积极兴教兴学，投身救亡斗争，推动华侨团结，为中华民族的独立和解放，为社会主义革命和建设，作出了卓越贡献，被毛泽东主席誉为"华侨旗帜，民族光辉"。

　　习近平总书记在给厦门市集美校友总会的回信中指出，陈嘉庚"关心祖国建设、倾心教育事业的诚心，永远值得学习""希望广大华侨华人弘扬'嘉庚精神'，深怀爱国之情，坚守报国之志，同祖国人民一道不懈奋斗，共圆民族复兴之梦"。[①] 在新时代背景下，以爱国主义为核心的嘉庚精神具有重要的现实意义和时代价值。因此，将以爱国主义为核心的嘉庚精神融入高校思政课，是高质量实施立德树人工作的应有之义。

第一节　陈嘉庚爱国主义精神融入思政课的必要性

　　习近平总书记指出："爱国主义是中华民族精神的核心。爱国主义精神深深根植于中华民族心中，是中华民族的精神基因，维系着华夏大地上各个民族的团结统一，激励着一代又一代中华儿女为祖

---

　　① 《习近平总书记给厦门市集美校友总会回信》，《福建日报》2014年10月22日第1版。

国发展繁荣而不懈奋斗。5000 多年来，中华民族之所以能够经受住无数难以想象的风险和考验，始终保持旺盛生命力，生生不息，薪火相传，同中华民族有深厚持久的爱国主义传统是密不可分的。"①这一重要论述深刻揭示了爱国主义的巨大作用。新时代新征程，我们面临着前所未有的机遇与挑战，只有坚定不移地弘扬爱国主义精神，才能凝聚起全民族的智慧和力量，共同应对各种风险和挑战，推动中华民族伟大复兴的巨轮乘风破浪、扬帆远航。然而，爱国主义并非空洞的口号或抽象的概念，它需要通过具体的行动和实践来体现。陈嘉庚倾尽家财支持祖国教育、抗战和建设的实践为我们树立了爱国主义的光辉典范。他的一生，始终将国家的利益放在首位，终生弘扬爱国情、坚守报国志。从倾资兴学到支持抗战，从参与新中国建设到弘扬中华文化，陈嘉庚的每一个行动都闪耀着爱国主义的光芒。深入挖掘陈嘉庚爱国故事的思政价值，能够为新时代爱国主义教育提供了生动的教育素材和鲜活的学习典范。

一、塑造正确价值观的生动题材

2018 年 9 月 10 日，习近平总书记在全国教育大会上的讲话中强调，"要在厚植爱国主义情怀上下功夫"②。中共中央、国务院印发的《新时代爱国主义教育实施纲要》指出，"爱国主义是中华民族的民族心、民族魂"，"培养社会主义建设者和接班人，首先要培养学生的爱国情怀"。③新时代新征程中，高校肩负着培养德智体美劳全

---

① 习近平：《大力弘扬伟大爱国主义精神，把强国建设、民族复兴伟业不断推向前进》，《求是》2024 年第 19 期。

② 习近平：《大力弘扬伟大爱国主义精神，把强国建设、民族复兴伟业不断推向前进》，《求是》2024 年第 19 期。

③ 中共中央　国务院印发《新时代爱国主义教育实施纲要》，中国政府网，https://www.gov.cn/zhengce/2019-11/12/content_5451352.htm，下载日期：2024 年 8 月 12 日。

面发展的社会主义合格建设者和可靠接班人的重要使命。其中,思政课是塑造学生正确世界观、人生观、价值观的关键课程。爱国主义是中华民族的优良传统和民族精神的核心,是推动国家发展、民族进步的强大精神力量。面对百年未有之大变局,我们必须在广大的青少年中开展深入、持久、生动的爱国主义教育,让爱国主义精神在青年学生心中牢牢扎根。陈嘉庚通过自己的人生选择、价值坚守和实践行动,将爱国主义精神具象化,形成了可感知、可学习的榜样力量。陈嘉庚爱国主义精神是对青年学生进行正确价值观引领的生动题材,为思政教育提供了正确价值观的鲜活载体。

首先,将陈嘉庚爱国主义精神融入思政课是厚植学生爱国情怀的需要。陈嘉庚一生都在为民族的独立解放和国家的繁荣富强而努力奋斗。他的爱国报国情怀、无私奉献精神以及对教育事业的执着追求,为青年学生树立了光辉榜样。我们将陈嘉庚的爱国故事融入思政课中,通过讲述陈嘉庚的爱国壮举,如他倾尽家财兴办教育、不遗余力支持抗战等,能够帮助学生从中汲取精神力量,理解爱国主义的时代内涵,让学生深刻感受到爱国主义的伟大力量,从而厚植他们的爱国情怀。这种情感的激发,将转化为学生对国家、对民族的深厚感情,激发他们为国家的繁荣富强贡献力量的热情。陈嘉庚的一生是闪耀着爱国主义光辉的一生。他深怀国家至上的赤子情怀,践行"教育救国""实业报国"的信念。这种信念是支撑他走过艰难困苦、坚持不懈的动力源泉。他不惜倾尽家财也要兴办厦门大学等学校,他组织华侨捐款支援祖国抗战,他宁可企业破产也不失民族气节……通过这些内容的融入,可以引导学生认识到自己作为新时代青年的责任和使命,鼓励他们勇于担当、积极作为,把实现中华民族伟大复兴的中国梦作为自己的神圣职责,并为之贡献自己的力量。

其次,将陈嘉庚爱国主义精神融入思政课是引导学生树立正确历史观的要求。历史是最好的教科书，也是最好的营养剂。树立正确的历史观对于青年学生来说至关重要，它关乎个人对国家和民族历史的正确认识和理解，影响他们的世界观、人生观和价值观的形成。然而，在当今社会，历史虚无主义等错误思潮时有抬头，对青年学生的历史观产生不良影响。因此，通过思政课加强对学生的历史观教育显得尤为重要。陈嘉庚作为一位亲历近现代中国变革的爱国侨领，他的历史实践和精神内涵为思政课中的历史观教育提供了生动的教材。将陈嘉庚爱国主义精神融入思政课，是引导学生树立正确历史观的重要途径。通过分析陈嘉庚所处的时代背景、历史条件以及个人选择等因素，学生可以深入理解中国近现代史的发展历程和民族命运的曲折变化。这有助于青年学生树立正确的历史观，深刻认识到中国共产党领导中国人民进行革命、建设和改革的伟大历程和辉煌成就，从而更加坚定走中国特色社会主义道路的信念和决心。通过讲述陈嘉庚对祖国的深情厚谊和无私奉献精神，可以强化学生的国家认同。国家认同是一个国家凝聚力的基础和源泉。只有当学生真正认同自己的国家和民族时，才能自觉地维护国家利益和民族尊严。通过陈嘉庚爱国故事的学习，学生可以更加深刻地理解国家与个人的紧密联系以及个人在国家发展中所处的历史方位，从而更加自觉地投身于国家建设和发展的伟大事业中。

再次，将陈嘉庚爱国主义精神融入思政课是涵养学生文化自信的必要。在全球化日益深入的今天，文化交流与融合成为不可逆转的趋势，给青年学生带来了前所未有的挑战和考验。如何在全球化背景下保持文化自信成为摆在他们面前的重要课题。文化自信是指对自身文化价值的肯定和对未来发展的坚定信念。陈嘉庚作为一位具有深厚文化底蕴和爱国情怀的爱国侨领，他的思想和行动都充满了对中华文化的热爱。他深知文化是民族的血脉和灵魂，是维系民族团结和国家统一的精神纽带。因此，他始终致力于传承和弘扬中华文化精髓，推动中外文化交流与合作。这种文化自信的精神特质为青年学生树立了光辉的榜样。通过讲述陈嘉庚如何在全球化的背景下坚守中华文化立场、弘扬中华文化等方面的事迹和贡献，让学生深刻理解文化是一个国家和民族的重要标识和独特魅力所在，同时引导学生学会如何在全球化背景下坚守中华文化根脉和在民族精神特质的基础上保持开放包容的心态，积极吸收借鉴世界优秀文化成果。更重要的是，让学生在学习中增强文化主体意识，理解"中国特色"的文明根基，理解中国式现代化的文化根基。

二、弘扬民族精神的特色载体

习近平总书记指出："中国人民在长期奋斗中培育、继承、发展起来的伟大民族精神，为中国发展和人类文明进步提供了强大精神动力。"[①]中华民族精神源远流长，博大精深，其中爱国主义是最为核心、最为鲜明的特征。爱国主义是维系和激励中华民族最重要的精神力量，也是推进强国建设、民族复兴伟业的不竭动力。新时代新征程中，弘扬民族精神不仅是传承中华文化血脉的必然要求，更是激励中华民族共同体向前发展的动力所在。陈嘉庚爱国主义精神不仅是他个人的光辉写照，也是民族精神在特定历史条件下的具体体现，为我们弘扬民族精神提供了可触可感的实践典范。将陈嘉庚爱国主义精神融入思政课建设，对于弘扬民族精神，培养能够担负起强国建设的新时代青年具有重要意义。

首先，陈嘉庚爱国主义精神的时代价值突出表现为强化民族认同和国家意识。进入新时代，面对复杂多变的国际形势和国内改革发展稳定任务，强化民族认同与国家意识显得尤为重要。习近平总书记多次强调，要弘扬爱国主义精神，铸牢中华民族共同体意识，

---

① 习近平：《在第十三届全国人民代表大会第一次会议上的讲话》，《人民日报》2018年3月21日第2版。

为实现中华民族伟大复兴的中国梦凝聚磅礴力量。陈嘉庚作为爱国主义的杰出代表，其精神是一种情感纽带和文化符号，对于新时代强化民族认同与国家意识具有不可估量的价值。

陈嘉庚的生平事迹是强化民族认同的生动教材。陈嘉庚虽身居海外，但心系祖国，始终将个人的命运与国家的兴衰紧密相连。从倾囊资助辛亥革命，到全力支持抗日战争，再到与中国共产党肝胆相照，彰显了他以国家利益为重，以民族荣辱为念的高尚情操。通过系统讲述陈嘉庚的这些感人事迹，可以激发学生的民族自豪感和归属感，让他们深刻认识到自己作为中华民族一员的身份和责任，从而更加自觉地维护国家统一和民族团结。陈嘉庚的爱国情怀是增强国家意识的重要源泉。陈嘉庚的一生都在为国家的繁荣富强而努力奋斗，这种精神激励着海内外无数中华儿女为实现中华民族伟大复兴的中国梦而不懈追求。将这种精神融入思政课教学内容之中，让学生们在学习中感受到国家的伟大和荣耀，进而激发他们为国家发展贡献力量的热情和动力。

其次，陈嘉庚爱国主义精神彰显的民族大义能够增强青年学生的历史使命感和责任担当。陈嘉庚的民族大义本质上是对中华文明存续发展的深切关怀，体现为超越个人得失的家国情怀与责任担当。这种精神激励着青年学生将个人理想融入国家和民族的发展大局中。在思政课教学中，通过讲述陈嘉庚毁家纾难的故事，可以使抽象的民族大义具象化为可感知的历史记忆，引导学生认识个人命运与国家命运的紧密联系，将个人价值的实现与国家的发展紧密结合起来，激发他们的爱国深情和报国热情。陈嘉庚的担当精神为青年学生树立了勇于担当时代使命的榜样。陈嘉庚在国家危难时挺身而出、勇于担当的精神品质，是新时代青年应该学习和传承的宝贵财富。在思政课教学中，可以通过案例分析、角色扮演、AI（人工智能）还原等方式，让学生们深入了解和感受陈嘉庚勇于担当的精神；还可以结合社会热点问题和青年学生的实际情况，引导他们思考如何在新时代背景下担当起时代赋予的历史使命和责任。

最后，陈嘉庚爱国主义精神蕴含的伦理价值可以让青年学生深刻体悟中华民族的文化品质与精神气质。陈嘉庚一生致力于国家的富强和民族的振兴，不惜倾尽家财兴办教育、支持抗战，展现了对国家、对民族的无限忠诚和热爱。他坚持诚信经营，秉持仁爱之心，关心社会公益事业，赢得了广大人民的尊敬和爱戴。这种将个人品德、社会责任与国家民族命运紧密结合的伦理实践，是中华民族精神的生动展现，为思政课提供了民族精神的活教材，极大增强了民族精神的感染力。

三、培养强国人才的时代要求

为谁培养人，是教育的首要问题。习近平总书记指出，"培养社会主义建设者和接班人，是我们党的教育方针，是我国各级各类学校的共同使命"[①]。习近平总书记强调，"培养社会主义建设者和接班人，首先要培养学生的爱国情怀"[②]。习近平总书记指出，"爱国主义是具体的、现实的。在当代中国，弘扬爱国主义就必须深刻认识到，中国共产党领导和中国社会主义制度必须长期坚持，不可动摇；中国共产党领导中国人民开辟的中国特色社会主义必须长期坚持，不可动摇；中国共产党和中国人民扎根中国大地、借鉴人类文明优秀成果、独立自主实现国家发展的大政方针必须长期坚持，不可动摇"[③]。习近平总书记强调，"只有坚持爱国和爱党、爱社会主义相统

[①]　习近平：《在北京大学师生座谈会上的讲话》，《人民日报》2018年5月3日，第2版。

[②]　习近平：《培养德智体美劳全面发展的社会主义建设者和接班人》，《求是》2024年第17期。

[③]　习近平：《在纪念孙中山先生诞辰150周年大会上的讲话》，《人民日报》2016年11月12日第2版。

一，爱国主义才是鲜活的、真实的，这是当代中国爱国主义精神最重要的体现"[1]。陈嘉庚与中国共产党同心同向同行的爱国故事就是鲜活的真实的爱国主义例证。

首先，将陈嘉庚爱国主义精神融入思政课可以提升学生的政治高度。通过讲述陈嘉庚倾囊兴办教育、支持抗战等感人至深的故事，可以让学生在情感上产生共鸣，增强思政课程的吸引力和感染力。这些故事蕴含着深刻的道理和启示，能够引导学生深入思考个人与国家、民族的关系，树立正确的人生目标与价值追求。陈嘉庚爱国主义精神所蕴含的爱国情怀和无私奉献等优秀品质，正是新时代青年应该具备的核心素养。通过学习，可以深入了解陈嘉庚的光辉事迹和崇高精神，从而激发他们的爱国情和报国志。让学生深刻认识到自己作为中华民族一员的身份和责任所在，感受到祖国的繁荣富强和民族的伟大复兴是每一个中国人的共同心愿和奋斗目标。让学生明白只有树立远大的理想才能激发自己的内在动力和创造力，只有积极投身到国家和民族的发展事业中才能实现自己的人生价值。

其次，将陈嘉庚爱国主义精神融入思政课可以拓展学生的理论深度。通过讲授陈嘉庚在探索救亡图存、民族复兴之路上与中国共产党相识相知、携手同行的感人历程，学生可以深刻感受到我们祖国的命运与中国共产党的命运、社会主义的命运密不可分，从而坚信只有坚持爱国和爱党、爱社会主义相统一，爱国主义才是鲜活的、真实的。从陈嘉庚与中国共产党相识相知相携的故事中，同学们更能够深刻认识中国共产党是爱国主义精神最坚定的弘扬者和实践者，更能够准确把握爱国和爱党、爱社会主义相统一的历史逻辑、理论逻辑和实践逻辑。

最后，将陈嘉庚爱国主义精神融入思政课可以提高学生的情感

---

[1] 习近平：《大力弘扬伟大爱国主义精神，把强国建设、民族复兴伟业不断推向前进》，《求是》2024 年第 19 期。

温度。增强思政课引领力，要注重在情感上下功夫，在情感共鸣中厚植时代新人的爱国情怀。陈嘉庚与中国共产党肝胆相照的故事、陈嘉庚积极参与新中国建设的故事都具有感人于肺腑、动人于心弦的魅力。这些鲜活故事具有引人入胜的情节，能够迅速吸引学生的注意力，引发学生的情感共鸣，使他们更加深刻地体会到思政课程所传递的价值观念和精神内涵，从而增强爱国主义教育的吸引力、感染力、说服力，推动爱国主义教育入脑入心。

第二节　陈嘉庚爱国主义精神融入思政课的可行性

习近平总书记高度重视爱国主义教育工作，就弘扬和传承爱国主义精神、开展爱国主义教育发表一系列重要论述，作出一系列重要指示。习近平总书记强调，"在广大青少年中开展深入、持久、生动的爱国主义宣传教育，让爱国主义精神在广大青少年心中牢牢扎根"[①]。2024 年 1 月 1 日，《中华人民共和国爱国主义教育法》正式施行。该部法律规定了爱国主义教育的主要内容，其中一个主要内容是英雄烈士和先进模范人物的事迹及体现的民族精神、时代精神。陈嘉庚深怀爱国之情，坚守报国之志，为民族独立、人民解放、国家富强作出了卓越贡献，留下了宝贵的物质财富和精神财富。厦门作为陈嘉庚的故乡，为将陈嘉庚爱国主义精神融入思政课提供了得天独厚的条件。厦门大学作为陈嘉庚创办的学校，为将陈嘉庚爱国主义精神融入思政课奠定了天然的情感基础。

一、历史资源的丰富性

历史资源的丰富性是陈嘉庚爱国主义精神融入思政课的重要优

[①]　习近平：《大力弘扬伟大爱国主义精神，把强国建设、民族复兴伟业不断推向前进》，《求是》2024 年第 19 期。

势。陈嘉庚作为一位杰出的爱国实业家、教育家和社会活动家，他的一生充满了传奇色彩，为后世留下了宝贵的精神财富和丰富的历史资源。陈嘉庚的一生就是一部生动的历史教科书。他出生于晚清时期，经历了中国近现代史上的许多重大事件。在思政课中，我们可以通过讲述陈嘉庚与这些历史事件的紧密联系，使学生更加深入地了解中国近现代史的发展脉络，增强他们的历史责任感和使命感。

陈嘉庚的实业成就是历史资源的重要组成部分。他一生致力于实业救国，创办了多家企业，涉及橡胶、金融、航运等多个领域。这些企业的成功不仅为陈嘉庚积累了雄厚的物质基础，更为他践行爱国报国的宏愿提供了有力的支撑。在思政课中，我们可以通过分析陈嘉庚的实业经营理念和成功经验，引导学生认识到只有民族解放、国家独立，才能实现实业救国的理想，激发他们的创新精神和创业热情。

陈嘉庚的兴学育才和教育救国的壮举是历史资源中不可或缺的一部分。他深知教育对于国家发展的重要性，因此倾尽所有创办了厦门大学等多所学校。这些学校不仅为当时的中国培养了大量的人才，更为后来的教育事业发展奠定了基础。在思政课中，我们可以通过讲述陈嘉庚兴学育才的故事，使学生深刻认识到教育对于个人成长和国家发展的重要作用，激励他们珍惜学习机会，努力成为有用之才。

陈嘉庚相关的文献资料是历史资源的珍贵素材。这些文献包括传记、回忆录、书信、日记等，记录了陈嘉庚的成长经历、商业成就、爱国情怀和社会贡献。通过研读这些历史文献，学生可以深入了解陈嘉庚的思想轨迹和精神内涵，从而增强对爱国主义的感性认识和理性自觉。陈嘉庚纪念馆是展示陈嘉庚生平事迹的重要场所。通过组织学生参观纪念馆，可以使他们身临其境地感受陈嘉庚的爱国情怀，增强思政教学的实践性和生动性。陈嘉庚相关题材的影视作品也是重要的教育资源。这些影视作品通过艺术化的手法再现了陈嘉庚的光辉形象和感人故事，具有很强的感染力和影响力。组织学生观看相关影视作品，可以使学生更加直观地了解陈嘉庚心怀祖国、情系家乡的故事，从而增强他们的爱国情感和民族自豪感。

陈嘉庚爱国主义精神作为一种宝贵的文化遗产，其相关教学资源的挖掘与开发对于思政课建设具有重要意义。为了全面展现嘉庚精神的丰富内涵，我们需要从多个维度进行资源的搜集、整理与创新。

首先，深入挖掘陈嘉庚的生平事迹、著作、日记、信件等历史文献资源。这些资料是陈嘉庚爱国情怀、教育信念和奋斗精神的直接体现。通过系统整理这些资料，我们可以形成一系列生动的教学案例，使学生在学习过程中能够深刻感受到嘉庚精神的伟大力量。

其次，充分利用陈嘉庚创办的学校、企业以及陈嘉庚故居、纪念馆等场所。这些场所不仅具有历史价值，更是进行爱国主义教育的重要教学资源。通过实地参观、讲解服务、影像展示等多种形式，学生可以直观地了解陈嘉庚的生平事迹和爱国情怀，从而增强对嘉庚精神的认同感和自豪感。

最后，注重地方特色教育资源的开发与利用。可以深入挖掘当地与嘉庚精神相关的历史文化资源，如地方志、家族谱牒、民间传说等，这些资源能够为思政课提供独特的教学素材。同时，结合当地的教育实践，将嘉庚精神融入校园的文化环境、思政课堂、教材体系、学科建设和实践活动中，形成具有地方特色的嘉庚精神教育模式。

二、社会影响的广泛性

陈嘉庚的光辉事迹和精神品质，如同一座不朽的丰碑，不仅在国内各界赢得了广泛的赞誉，也在国际社会上获得了高度的认可和尊重。这种广泛的影响力，为将陈嘉庚爱国主义精神融入思政课提供了得天独厚的社会支持环境。

　　社会各界对陈嘉庚爱国主义精神的认同与推崇，国际社会对陈嘉庚爱国精神的认可和尊重，是将其融入思政课的重要社会基础。社会影响的广泛性为将陈嘉庚爱国主义精神融入思政课提供了有力的保障。中华民族有着悠久的爱国主义传统。自古以来，无数仁人志士为了国家的独立、统一和繁荣富强，不惜牺牲个人利益甚至生命，他们的英勇事迹和崇高精神成为激励后人的重要力量。这种历史积淀为学生群体提供了丰富的爱国主义教育资源，使得爱国主义教育在学生中具有天然的情感基础和文化认同。通过汇聚政府、企业、学术界、媒体以及国际社会各方的力量，我们可以筑就陈嘉庚爱国主义精神教育的新高地，为培养具有爱国主义情怀和民族精神的新时代青年贡献力量。

三、良好传统的支撑性

　　嘉庚精神作为陈嘉庚一生实践与思想的结晶，蕴含着深厚的民族情感与责任感。陈嘉庚虽久居南洋，但他始终怀有浓厚的报国之心。在获得商业成就后，陈嘉庚倾资办教育，把教育视为民族复兴的根基。厦门大学的创建和发展历程始终与嘉庚精神紧密相连。嘉庚精神不仅是厦门大学的校魂，更是支撑其教育理念和发展方向的重要基石。学校将陈嘉庚的爱国主义精神融入课程设置、校园文化和学生日常生活中，逐步形成了独具特色的爱国主义教育模式。

　　在实践过程中，厦门大学通过多项举措来传承和弘扬嘉庚精神。首先，学校设立了"嘉庚奖学金"（现为"嘉庚奖章"），激励学生传承陈嘉庚爱国主义精神。该项荣誉不仅表彰成绩优异的学生，也注重表彰在社会服务、志愿工作等方面有突出表现的青年，鼓励他们继承陈嘉庚的爱国精神，积极参与社会建设和服务。

其次，学校常态化开展弘扬嘉庚精神主题活动，包括纪念陈嘉庚的学术研讨会、主题演讲比赛和纪念陈嘉庚的文艺演出等，使学生在活动参与中深刻感受到嘉庚精神的内涵。再次，通过命名的方式传承和弘扬嘉庚精神。2017 年，厦门大学正式拥有了一艘海洋科学综合考察船，科考船的"嘉庚"之名是由厦门大学全体师生、海内外校友和社会各界人士一致票选所得。2019 年，厦门大学发射了一款可回收重复使用火箭，该火箭被命名为"嘉庚一号"，等等。最后，厦门大学还充分利用校园文化符号来传承和弘扬嘉庚精神。例如，校内建立了嘉庚广场、陈嘉庚纪念雕像和陈嘉庚纪念馆等，这些纪念性建筑和场馆不仅是物质载体，更是校园精神文化的重要组成部分，时刻提醒学生们继承和发扬陈嘉庚无私奉献的爱国主义精神。

第三节　陈嘉庚爱国主义精神融入思政课的实效性

党的十八大以来，习近平总书记高度重视思政课建设，针对如何讲好思政课发表了系列重要讲话。2022 年 4 月 25 日，习近平总书记在中国人民大学考察时指出，"思政课的本质是讲道理，要注重方式方法，把道理讲深、讲透、讲活"[①]。这一重要论述为思政课建设提供了方法论的指引。讲好思政课需要灵活运用多种方式方法，其中案例教学教育方式是激活学生学习兴趣的重要手段。

一、依托历史资源开展现场教学

在厦门，与陈嘉庚有关的历史资源非常丰富，如厦门大学、集

---

① 习近平：《习近平在中国人民大学考察时强调坚持党的领导传承红色基因扎根中国大地　走出一条建设中国特色世界一流大学新路》，《人民日报》2022 年 4 月 26 日第 1 版。

美学村、集美大社、集美鳌园、陈嘉庚故居、陈嘉庚纪念馆等。依托这些场馆开展现场教学，是将陈嘉庚爱国主义精神融入思政课教学的生动实践，为学生提供了一个身临其境感受和理解陈嘉庚爱国主义精神的宝贵机会。

集美大社是陈嘉庚的成长地。在这里，学生们可以走在陈嘉庚曾经走过的大街小巷，用心去聆听陈嘉庚谱写的爱国故事。鳌园是一座集历史、文化、艺术于一体的园林。学生们漫步于园中，聆听关于陈嘉庚生平事迹的讲解，感受他为国家、为民族无私奉献的精神。

陈嘉庚纪念馆是收藏和展示陈嘉庚珍贵文物和生平事迹的重要场所。在纪念馆内，学生们通过观看图片、文字、实物等可以全面了解陈嘉庚的生平事迹和毕生贡献。特别是那些珍贵的文物，如陈嘉庚使用过的物品、手稿、信件等，都让学生们仿佛穿越到了那个时代，亲身感受到了陈嘉庚的精神风貌。在实地探访与学习的过程中，学生们不仅增长了知识，更在心灵深处受到了触动。他们被陈嘉庚的爱国情怀所感染，被他的教育理念所启迪，被他的社会贡献所震撼。这种实地的探访与学习，让学生们更加深刻地理解了陈嘉庚爱国主义精神的内涵和价值，更加热烈地激发出他们的爱国情感和责任感。

厦门大学和集美学村的文化体验是不可或缺的重要环节。这里不仅承载着陈嘉庚的教育理想，更是传承陈嘉庚爱国主义精神的重要阵地。在集美学村，学生们能够参观多所由陈嘉庚创办的学校，这些学校的建筑风格、校园文化以及教育理念都深刻反映了陈嘉庚对教育的重视与热爱。通过走访校园，学生可以欣赏优美的校园环境和中西合璧的嘉庚建筑，聆听校园历史，从而在潜移默化中接受陈嘉庚爱国主义精神的熏陶。厦门大学作为陈嘉庚创办的高等学府，其百年的发展历史和深厚的文化底蕴为思政课的教学提供了丰富的素材。在这里，学生可以参观校史馆，了解厦门大学的发展历程和辉煌成就，深刻体会陈嘉庚在创办过程中所体现的奋斗精神与责任担当。校史馆内展示的珍贵历史资料和文物，能够让学生对陈嘉庚爱国主义精神有更为直观的理解。

打造沉浸式、体验式的教学模式是案例教学的重要手段。这种模式强调学生的主体性和参与性，通过模拟场景和角色扮演，让学生身临其境地感受嘉庚精神的魅力。在课堂上，教师可以设计与陈嘉庚生平相关的情境，让学生扮演不同的角色进行互动与讨论。在这样的模拟环境中，学生不仅能够更深刻理解陈嘉庚在不同历史时期所面临的挑战和抉择，还能体会到他无私奉献、勇于开拓的精神。通过角色扮演，学生能够体验到陈嘉庚在创办学校、捐资助学、支持抗战等过程中所展现的决断与情感。这种亲身参与的方式能够激发学生们的创造力，使得历史不再是冷冰冰的文字，而是生动的经历和感受。学生在参与中领悟陈嘉庚爱国主义精神的真正内涵，形成情感共鸣和价值认同，从而启迪思想，厚植爱国主义情怀。

二、活化历史资源促进情感认同

历史并非静止的过去，而是能够引起情感的共鸣。将陈嘉庚的生平事迹从文字、图片及实物中活化出来，赋予其新的生命力和时代价值。活化历史资源不仅是教育方式的创新，也是实现情感认同的重要途径。将静态的历史素材转化为动态的教育资源，能够让学生更直观、更深刻地感受历史，从而增强对爱国主义的情感认同。

思政课是"讲道理"的课，讲道理不仅需要理性，还需要情感，先通情才能更好地达理。陈嘉庚的生平事迹具有鲜明的情感色彩，通过多媒体展示、查阅历史影像资料以及实地参观等多样化的教学方式，使其形象更为立体生动。例如，通过观看陈嘉庚捐资抗日的影像资料或他创办厦门大学的历史照片，学生能够更加直观地感受到陈嘉庚的爱国主义精神。这种具象化的历史呈现方式，有助于学生从情感层面认同和接受爱国主义精神，并将其转化为实际行动的指南。这种通过情感共鸣产生的认同更为持久，能够促使学生将爱国精神与自我责任感相结合，思考如何在新时代背景下更好地践行爱国主义。

历史资源的活化能够帮助学生认识到爱国主义精神的历史传承与当代意义。陈嘉庚的爱国主义精神并非孤立于历史语境之中，而是与当前的国家发展息息相关。通过将陈嘉庚在教育和实业上的贡献与当前国家战略相结合，引导学生理解爱国主义在不同历史时期的具体表现形式与内涵变迁，启发他们思考新时代新征程中爱国实践的时代内涵。

三、融合社会实践深化体验认知

社会实践作为思政教育的重要组成部分，能够让学生在真实的社会情境中感知、体验和践行爱国主义精神，进而实现思想观念的内化与升华。通过融合社会实践，学生不仅能将课堂中的理论知识转化为实际行动，还能在社会服务中进一步理解陈嘉庚爱国精神的现实意义，从而加深对爱国主义的认知。

首先，社会实践提供了将爱国主义精神付诸实践的现实情境，使学生能够在行动中加深对陈嘉庚爱国主义精神的理解。陈嘉庚毕生致力于抗日救国、兴办教育、推动国家发展，这些行动不仅反映了他对国家对民族的责任感和使命感，也为学生提供了重要的实践参照。在社会实践中，学生可以通过参与扶贫助困、社区服务等活动，去感受为社会贡献力量的责任与意义，还能在服务他人的过程中加深对社会的理解。

其次，社会实践能够促使学生通过亲身体验来加深对陈嘉庚爱国主义精神的认知，形成更为立体的爱国主义观念。陈嘉庚的爱国主义精神不仅体现在宏大的民族使命中，还体现在对具体社会事务的关注和践行。通过社会实践，让学生懂得在日常生活中践行爱国主义精神。例如，组织学生参观与陈嘉庚有关的纪念馆、建筑物，或参与相关纪念活动，从而在情感上与这一精神产生共鸣。这种基于现实体验的认知，更有助于学生理解爱国主义不是抽象的理念，而是一种切实的社会责任与担当。

最后，社会实践还能够促进学生将理论与实际相结合，形成知行合一的思想政治素养。在课堂上，学生学习了陈嘉庚爱国主义精神的丰富内涵，了解了爱国主义的历史背景与现实意义。然而，仅仅停留在理论层面的学习容易导致知识的片面化与抽象化，通过社会实践，学生们可以将理论知识应用于实际社会情境中，从而更好地将爱国精神内化为个人行动指南，推动"知"与"行"的深度融合和相互促进，真正达到知行合一。

结　语

2024 年 9 月，习近平总书记在全国教育大会上指出，"要坚持不懈用新时代中国特色社会主义思想铸魂育人，实施新时代立德树人工程。不断加强和改进新时代学校思想政治教育"。[①] 陈嘉庚的爱国主义精神与新时代思政教育的目标高度契合，是新时代思政教育的重要资源，是教育引导广大青年学生坚定马克思主义信仰、中国特色社会主义信念、中华民族伟大复兴信心的知识富矿。本章通过

---

① 习近平：《习近平在全国教育大会上强调：紧紧围绕立德树人根本任务　朝着建成教育强国战略目标扎实迈进》，《人民日报》2024 年 9 月 11 日第 1 版。

挖掘陈嘉庚爱国报国故事的思政功能，阐述了陈嘉庚爱国主义精神融入高校思政课中的必要性、可行性和实效性。将陈嘉庚爱国主义精神融入思政课程建设，不仅能提升思政课程的针对性和吸引力，也为新时代高校思政课建设提供可供参考的实践经验。

思考题：

1. 如何理解陈嘉庚爱国主义精神融入思政课的必要性？
2. 如何理解陈嘉庚爱国主义精神融入思政课的可行性？
3. 如何理解陈嘉庚爱国主义精神融入思政课的实效性？

第二章　南洋华侨翘楚　希图报效国家

2024 年 10 月 1 日出版的第 19 期《求是》杂志发表了中共中央总书记、国家主席、中央军委主席习近平的重要文章《大力弘扬伟大爱国主义精神，把强国建设、民族复兴伟业不断推向前进》。文章强调，爱国，是人世间最深层、最持久的情感。爱国主义是中华民族精神的核心，激励着一代又一代中华儿女为祖国发展繁荣而不懈奋斗。5000 多年来，中华民族之所以能够经受住无数难以想象的风险和考验，始终保持旺盛生命力，生生不息，薪火相传，同中华民族有深厚持久的爱国主义传统是密不可分的。爱国主义是激励中国人民维护民族独立和民族尊严、在历史洪流中奋勇向前的强大精神动力，是驱动中华民族这艘航船乘风破浪、奋勇前行的强劲引擎，是引领中国人民和中华民族迸发排山倒海的历史伟力、战胜前进道路上一切艰难险阻的壮丽旗帜！被毛泽东同志称为"华侨旗帜，民族光辉"的陈嘉庚，无论是少年时面对国家蒙难而记录下一次次民族遭受欺辱的事件，还是"希望发展我祖国"而在异邦的土地上创建起中国人工商大业的举动，也无论是怀抱着"教育为立国之本"在祖国倾资兴学的伟业，还是毅然决然回到祖国与中国共产党共商国是、建设社会主义新中国，都表现出这位爱国侨领始终不渝的"心怀祖国、希图报效"的爱国主义精神。2014 年 10 月 17 日，习近平总书记在给厦门市集美学校校友总会回信中写道："希望广大华侨华人弘扬'嘉庚精神',深怀爱国之情,坚守报国之志,同祖国人民一道不懈奋斗,共圆民族复兴之梦。"这里总书记明确指出,弘扬嘉庚精神,便是要弘扬陈嘉庚的"深怀爱国之情,坚守报国之志"。深爱祖国、报效国家的爱国主义精神是陈嘉庚精神世界的价值核心,是他生命中最深层、最根本、最富有感召力的情怀和精神。

第一节　故乡文化孕育赤子之心　雄冠南洋坚守报国之志

习近平总书记指出:"青少年时期是价值观、人生观和祖国观、民族观形成的关键期。"①青少年是人的一生中最宝贵的时期,是习近平总书记指出的人生的"拔节孕穗期"②,一个人的人生目标、思想情感、品行习惯都与他这个时期的成长相关,并且影响整个人生。少年强则国家强,少年进步则国家进步。陈嘉庚的"深怀爱国之情,坚守报国之志"的情怀与精神,需要从他的童年、少年开始考察。习近平总书记说:"爱国主义自古以来就流淌在中华民族血脉之中,去不掉,打不破,灭不了。"③这是中华民族的精神基因,散播在中华大地的每一个空间,流淌在大江南北、长城内外。陈嘉庚从小生活成长在一块厚植着爱国爱乡传统的土地上,从小就培育了深爱祖国、报效祖国的精神。

一、黄河的血脉与大海的故乡

陈嘉庚的故乡,是闽南文化的重要区域,闽南文化是中原文化南移与海洋文明碰撞与交会的结果,生长着中华民族独特的情怀、骨气、风尚与品性,同样展示出以爱国主义为核心的民族精神。

---

① 习近平总书记 2014 年 9 月 28 日在中央民族工作会议上的讲话。
② 习近平总书记 2019 年 3 月 18 日在北京主持召开学校思想政治理论课教师座谈会上的讲话。
③ 习近平总书记 2019 年 4 月 30 日在纪念五四运动 100 周年大会上的讲话。

1874 年 10 月 21 日，陈嘉庚出生在同安县集美社"颍川世泽堂"。晚清时期的同安不仅包含集美、厦门岛，还包括今天漳州的角美一带，是闽南金三角的一块主要地域。闽南文化流淌着黄河的血脉，历史上的几次中原人迁徙南移，带来了儒家文化并扎根闽南。仁、义、礼、智、信这些儒家本源性的价值与伦理，在中原的"马车、珍珠、丝绸"替代了闽南土著的"驶舟、贝壳、文身"之后，深深地嵌入闽南人的生活习俗之中，儒家文化也成了整个闽南区域信奉的天道与人道，对闽南人的日常生活与内心世界发挥了主导性影响力。

陈嘉庚出生地——集美颍川世泽堂①

但闽南文化不是北方儒家文化的单一复制。闽南面朝大海，原本又有着百越民族海上生存的独特民风，这就形成了闽南文化中与大海精神相吻合的敢闯冒险与扩迁开拓精神。作为农业文明的代表，

———————

① 本书图片除特别说明外，均引自《陈嘉庚传》（厦门大学出版社2024年第2版）。

嘉庚精神的传承

中原的传统是固守家园，与土地结下不解之缘，而闽南襟山面海，置身大海环境中的闽南人，从小就看惯波涛汹涌，习惯在飓风与大浪中搏击人生，习惯在辽阔的海洋中追求快乐，也养成了吞吐波浪的海一般的胸襟与情怀，这就让闽南人的黄河文化血脉中平添了许多天风海涛的精神品行。"危樯高舰，出没驶风激浪中，脂腻所归，无所畏苦"①，这些地方志上的描述，真切地体现出闽南人"恬波涛而轻生死"的大海性格。

历史上，闽南一带一直是人多地少，"襟山带海，田不足耕"，素来有"三山六海一分田"的说法，生产生活空间比较逼仄。在这种恶劣自然环境的逼迫下，从 16 世纪开始，闽南人便凭借踏浪闯海的勇气，走出故土，到海外世界去寻找生存的土地与发展的空间，扩迁的足迹遍及海内外，尤其是东南亚地区，史称"下南洋"。闽南话说"离乡不离土""离乡不离腔"，下南洋的闽南人永远心系桑梓，怀念故土，就像陈嘉庚后来描述自己思乡之切时说的："久客异域，归志未达，思乡萦怀，无时或已。"敢冲敢闯敢拼，慷慨厚德好义，扩迁开放重商，却又心系桑梓、时刻眷念故土，这是在异水他乡奋斗不已的闽南人的性格特征，也是他们爱乡爱国的精神基因。陈嘉庚是他们的典范代表。

镌刻在陈嘉庚内心与影响了陈嘉庚一生的，还有故乡以及周边那片大海所喷涌而出的历史与养育的人物，他们是闽南的郑氏家族——郑芝龙与郑成功父子及其组织的海商集团，在那个大航海时代已经到来的时候，郑氏集团于 17 世纪在闽南海疆与台湾海峡创造了中国人的海上传奇。1633 年 10 月，由明五虎游击将军郑芝龙担任前锋的郑氏集团 150 多艘战舰，在金门料罗湾打败了当年以"海上马车夫"著称的荷兰人及刘香海盗联军，结束了荷兰人在海上有恃无恐的日子。船队规模超过 3000 艘的郑家军队，成为西太平洋地

---

① 乾隆《龙溪县志》卷十，《风俗》，《中国地方志集成》，上海书店出版社 2000 年版，第 100 页。

区最大的海上力量，几乎控制了大半个太平洋的航运与贸易，缔造出一个东方前所未有的"海上王国"，让中国人第一次具备了海权不容侵犯的观念。之后郑成功承续郑氏集团的"据险控扼，选将进取，舟师合攻，通洋裕国"的凭海复兴战略，继承父亲创建起来的海洋霸业，对进入同安、金门、思明（厦门）海域及台湾海峡的外国船只征收"牌饷"（相当于今天的贸易许可证费用和关税费用），到 1653 年，已拥有"舳舻千艘，战将数百员，雄兵二十余万"，比当时荷兰东印度公司在亚洲地区的实力（40 艘船）强大得多。1656 年 9 月，郑成功借助于荷兰人海上掠杀中国船只事件，禁止所有船只与荷兰人交易，荷兰人在东方的贸易体系由此陷入瘫痪，郑氏的海上贸易网络迅速覆盖到整个东南亚，称雄于大洋之上。1657 年的荷兰东印度公司的报告显示，他们在东南亚、日本都遭到郑氏集团的挤压。荷兰只得派台湾商馆通事何斌来到思明州（厦门），请求郑成功取消贸易禁令。荷兰人万万没有想到，四年后，强大的郑成功舰队跨过海峡，东征台湾，"招讨红夷"，驱除荷虏，次年收复了台湾。

郑氏集团从东南沿海而创造出来的这段历史，是中国历史上继郑和下西洋之后再次夺得海洋发言权的非凡表演，他们以"大海为天堑"所抒写的 17 世纪的海上传奇，通过大榕树下与宗祠中的"讲古"，通过前、后辈人茶余饭后的代代相传，深入普通百姓心里，成为闽南人世世代代的记忆与骄傲，构建了东南沿海人的胸襟与胆略，甚至在闽南乃至更广阔的区域，成为一种民族的集体潜意识。诞生于闽南渔村的陈嘉庚，也是在这群海洋民族英雄们的熏陶与激励中成长起来的。郑氏集团对于当时整个世界的海上格局的改变，成为陈嘉庚的生命中挥之不去的历史积淀，影响了陈嘉庚的一生。1920 年，陈嘉庚为厦门大学选址，他一眼就认定已是荒冢之地的五老峰下的几千亩土地，将它作为"能与世界各大学相颉颃"的厦门大学校址，因为那片土地曾经是郑成功训练虎兵的演武场；1922 年，陈嘉庚建集美学校办公楼，他将楼房选址于郑成功军队安营扎寨的"寨内社"，因为郑成功曾被封号"延平王"，陈嘉庚就将集美学校办公大楼取名为"延平楼"，并在楼前的一块大石上刻下"延平故垒"四个大字，以此来表示对郑成功的纪念。陈嘉庚在集美不遗余力地创建了集美航海专科学校，在厦门大学创建了中国最早的海洋系，这一切都与陈嘉庚生命中深刻的历史记忆和爱国爱乡的情怀有着直接的关系，表现出一位海外赤子永远眷念故土、永远心系国之历史的内心世界。

二、下南洋，"希望发展我祖国"

这种从故乡土地上孕育出来的面向海洋、脚踏故土、心系民族历史文化的情怀，伴随着陈嘉庚的人生脚步，走上了异乡创业的道路。1890 年 7 月，17 岁的陈嘉庚像许多闽南华侨家庭的孩子一样，作为家中长子奉父召下南洋经商，在新加坡接续、开拓、发展产业。他开始接触父亲产业的时候，首先接受的是父亲爱国爱乡的情怀。陈嘉庚父亲陈杞柏跟在异乡土地上奋斗的闽南人一样，永远都念想着自己的故乡，他们用各种各样的方式表达着自己那割舍不断的乡愁。陈杞柏一生经营过 18 间商号，其中也有他与族人合伙开的。在陈杞柏的这 18 间商号中，商号用的不是"安"字便是"美"字，取"安"字的商号 13 间，以"美"为名的商号 5 间，像顺安、德安、源安、福安、振安、竹安、协安、金胜美等。安是同安，美是集美，即陈嘉庚的故乡同安县集美社。陈杞柏用故乡的名字来给自己的商号命名，而不是用通常习惯的"旺""隆""兴""达"来表达对生意的祈盼，这种心系桑梓的赤子衷肠后来在儿子陈嘉庚身上更是被发扬光大。"久客异域，归志未达，思乡萦怀，无时或已"，从父亲身上承续下来的这种最为宝贵的情怀，让陈嘉庚毕生牵挂故乡怀揣祖国，毕生为故乡的父老乡亲奉献不已。

陈嘉庚下南洋创业，带的是一颗发展、报效祖国与家乡的心。他后来多次提到他的在外打拼，是"希望发展我祖国，亦不外实业、教育以尽天职。经营地方之利，乃还地方之益。一息尚存，此志不灭"①。

"发展我祖国"，"经营地方之利，乃还地方之益"，"一息尚存，此志不灭"，这样一种愿望与意志，一直贯穿在他创业的整个过程，特别是明显地体现在陈嘉庚最重要最大的实业——橡胶种植与胶品制造上。

18世纪蒸汽机发明后，英帝国一下子超越过最早走向海洋的葡萄牙、西班牙和荷兰，在东方成为后来居上的殖民统治者。蒸汽机所引发的工业革命，在19世纪与20世纪之交进入鼎盛时期，也带来西方世界对橡胶、铜、铁的大量需求。于是，西方帝国殖民下的东南亚一带，由于特殊的热带亚热带环境，出现了橡胶种植业的热潮，新马（新加坡、马来西亚）一带成了橡胶种植业的兴旺之地。

三、称雄橡胶产业，"为祖国未来工业之引导"

橡胶业是欧洲发展起来的产业，但欧洲橡胶资源缺乏，欧洲殖民者便把橡胶种子带到适宜种植橡胶的东南亚，借助于东南亚气候、便宜的山地与劳动力，在殖民地的土地上发财致富，开始时很少有华人商家染指。在这种情况下，华人中谁要是先进入这个西方带来的新领域，谁就可能得商家之先。觉察出这个商机的有留学英国爱登堡大学、后来成为厦门大学校长的林文庆博士，他从英国回到新加坡后，看到英国商人在新马一带的橡胶种植方兴未艾，就鼓励马六甲的陈齐贤进入这个领域。在他的鼓励下，陈齐贤发起组织一个华人联营企业——马六甲树胶木薯公司，成为新马一带种植橡胶的先驱。

此时，陈嘉庚虽在1906年遇到短暂的经营困难，但他并不气

① 陈嘉庚1926年8月28日致集美学校校长叶渊函。

馁，而是踌躇满志地寻找着企业发展的转机。他说“稍有诚意爱乡爱国者，自当卧薪尝胆之不暇”，他从林文庆的介绍中了解到陈齐贤的橡胶种植业绩，了解到投资橡胶种植谋取巨大利润的态势，于是千方百计地找到了陈齐贤，向他咨询有关橡胶种植与橡胶子的情况，并最后以 1800 元从陈齐贤手里带走 18 万粒橡胶籽。正是这 18 万粒的橡胶籽，开辟出陈嘉庚实业的一片崭新天地，为日后陈嘉庚创建东南亚工商企业王国、成为遐迩闻名的“橡胶大王”扎下了牢固基础。陈嘉庚让工人将橡胶籽撒播在自己原有的种植黄梨的福山园，在黄梨树中套种橡胶树。三年后，他又在福山园相邻之处，购置 500 英亩地，专门种植橡胶。

不出陈嘉庚所料，当他把福山园扩大到一千亩的时候，世界橡胶行情上涨，价格一路飙升，呈现出大好趋势。1910 年 4 月，也就是陈嘉庚扩大福山园范围的第二年，伦敦股市以每磅橡胶 12 先令的高价闭市，这一年全年的橡胶价格走势坚挺，趁着橡胶市场兴旺，陈嘉庚果断地将千亩福山橡胶园转手卖给英国人，售价 32 万元，获利 25 万元。在抛出福山园后，他即刻回旋到原本开办黄梨厂的柔佛，在柔佛买下两处土地，一处是位于笨珍港的祥山园，一处位于老谢港，陈嘉庚依旧将这两个地方命名为福山园，都用来垦殖橡胶和黄梨。这围绕着橡胶种植的一出一进，显示出陈嘉庚在工商战场上的魄力与智慧。

当时的新加坡，大部分商人对橡胶业的认识还是比较模糊，不敢轻易在这个新领域下手，他们习惯于做胡椒、甘蜜生意。而陈嘉庚则看准机会，果断决策，盯住不放，从 18 万粒橡胶籽开始，迈步走进了构建橡胶王国的辉煌历程。陈嘉庚为什么敢于在人们举棋不定时，勇敢地踏上橡胶行业？他曾在给集美学校校长叶渊的信中说：“弟念此咱吾国未萌芽之工业（指橡胶制品业——作者），为挽回利权计，首事不得不身任难境，故凡诸靠得住之方，每怠于用心者是也。”①

---

① 陈嘉庚 1922 年 12 月 7 日致集美学校校长叶渊函。

　　1916 年，陈嘉庚敏锐觉察到战争引来的对橡胶制品的需求，胶片变得炙手可热，他果断将一座黄梨厂改造成树胶厂，以制造胶片外销欧洲各国。第二年，他又建了一间胶片厂，紧紧抓住了橡胶市场的发展契机。那时的橡胶市场掌控在英国人手里，几家英资公司垄断了新马一带的橡胶业，市场操纵在英资集团手中，价格涨跌由英国人说了算，美国商人不满英资集团从中牟利与对美资的诸多阻难，于是前来新加坡开设洋行，直接与当地橡胶商人接触，直接向新马商人购买橡胶。陈嘉庚借助这个机会，凭借李光前的智慧与英语语言能力，与美国商人直接洽谈交易，其公司的橡胶制品出口业务突飞猛进。

陈嘉庚公司橡胶制品厂

　　陈嘉庚曾经坦率地说过，"欧战宛如一座矿山"。在第一次世界大战的战火蔓延、马六甲海峡四周的大洋遭受冲击时，陈嘉庚显示出一个诞生在大海边的商人的天风海涛般气魄、胆略和高远。他从远洋航运市场需求出发，以冒险敢拼的精神，找到战争中的商业突破口，开辟了获取丰利的航运业务。他不仅大力种植橡胶，而且及时从欧战市场的需要出发，将企业的主业转移到胶片磨制，向橡胶制造业迈出重要一步，成为新加坡华族由橡胶种植向橡胶制造跨越的先驱。这期间，他添置了柔佛 5000 亩橡胶园。1917 年，第一次世界大战结束的前一年，陈嘉庚公司已经有了 1000 多名橡胶工人、1200 多名黄梨厂工人，还有数百名负责暹罗米业和马来西亚橡胶园业务的工人。到战争结束时，陈嘉庚公司的企业规模之大已经世人皆知，经营也形成多元化格局，所下辖的业务有黄梨罐头业、碾米业与熟米业、树胶加工业、木材业、船务及中介商业，公司部门也随之增加拓展，如机械工程部、锅炉制造部、树胶部、胶园部和船务部等。公司主营橡胶种植及橡胶制造，在马来西亚设立 9 处树胶分厂，并逐渐创造出闻名遐迩的"钟牌"橡胶制品，包括轮胎、胶鞋等军事、交通、民生橡胶品牌。1925 年，他的橡胶业达到最高峰，盈利达 400 万元，总资产达 1200 万元，建立起雄冠南洋的橡胶企业王国。陈嘉庚不忘初心，将自己制造的橡胶制品的品牌以"中字系列"命名，在以"钟"为形象的品牌标志上，以中国的"中"字为其中心符号，深深表达了内心"久客南洋，心怀祖国，希图报效，已非一日"[①]的爱国主义精神。

后来，英国殖民部大臣访问新加坡和马来西亚，在他向英国政府的报告中，写下一段对陈嘉庚企业的考察报告：

陈嘉庚先生在新加坡的工厂，是亚洲最令人瞩目的大企业之一。这位雄心万丈的企业家在新加坡拥有制造长筒靴、鞋、皮革、胶制品（如汽车和自行车轮胎），以及糖果的工厂。工厂

---

① 陈嘉庚:《筹办厦门大学附设高等师范学校通告》,《东方杂志》1919年第16卷第12号。

规模庞大，产品多元化，而这些全都是凭他的个人努力创造出来，并赋予中国式之管理模式。他有数千名员工，包括不少素质优秀之妇女，他们将产品输往中国各地及远东地区。一向以新加坡为枢纽的菠萝罐头工业，其东主及管理人亦是中国人，荷东印度公司产自苏门答腊及婆罗洲的乳胶，几乎全都是经过新加坡加工后才运往欧美各地。

陈嘉庚的企业王国已然挺立在东南亚世界里，作为中国人，他在异邦的土地上创建起了一个橡胶王国。陈嘉庚回忆起这段历程时感慨地说出了他的创建初心："橡皮熟品制造厂之创办，我亦为一种理想之提倡。20世纪称为橡皮之时代，欧美之盛，固不待言，岛国日本亦已设厂至数百家，独我国则尚未萌芽。新加坡为橡皮出产地，且距离我国不远，男女侨胞数十万人，若能设备大规模制造厂，不特可以利益侨众，尤可以为祖国未来工业之引导。"①将自己的企业创建与发展当作一种理想，一种将来"为祖国未来工业之引导"的理想去"锐意进行"，正是陈嘉庚"深怀爱国之情，坚守报国之志"的典范表现。

第二节 "改进国家社会，舍教育莫为功"

陈嘉庚"深怀爱国之情，坚守报国之志"的精神，突出表现在他一生的兴学举动与伟绩上。他抱定"教育为立国之本，兴学乃国民天职"的信念，以倾资兴学报效祖国，用高远的志向和魄力强大祖国教育，一生在中国及世界其他地方创办、参与创办建设或资助过的学校有118所，他在故乡的办学范围从学前教育、基础教育、专科教育到本科、研究生教育，构成一个非常完整的教育育人体系。

① 陈嘉庚：《畏惧失败才是可耻》,《东方杂志》1934年第31卷第7号。

著名的教育家黄炎培说："发了财的人，而肯全拿出来的，只有陈先生。"华侨领袖黄奕欢说："在全部华人的教育事业史上，嘉庚先生是前无古人的。"

一、创造故乡教育奇迹，民族不遭天演淘汰

陈嘉庚在故乡兴学开端于 1894 年，那年他回集美大婚。他发现结婚花费后自己还余有二千大洋的积蓄，就用这二千大洋举办学塾，将那些分散在各家各户私塾中与没能读书的孩子们集中起来学习，将这所学塾取名为"惕斋"，并在学塾大门的两旁门柱上刻下一副楹联，上联为"惕厉其躬谦冲其度，斋庄有敬宽裕有容"，下联为"春发其华秋结其实，行先乎孝艺裕乎文"。"惕斋"源于《周易·乾》中的"君子终日乾乾，夕惕若厉，无咎"。原意是君子始终是白天勤奋努力，夜晚戒惧反省，虽然处境艰难，终究没有灾难。他希望故乡的孩子们能通过读书学习，摆脱愚昧，成为勤勉努力、时时反省、谦以处世、行以孝文的有修养讲文明的人。后来陈嘉庚在《南侨回忆录》的弁言中特别提到："自廿岁时，对乡党祠堂私塾及社会义务诸事，颇具热心，出乎生性之自然，绝非被动勉强者。"①

但"惕斋"乃是旧式教育，生活奋斗于英殖民地的陈嘉庚，在多次往返于新加坡和集美之人生旅途上，愈发感受到西方的富强和家乡愚昧落后的巨大反差，在调查比较了东西方几个国家的教育状况后他指出：英美法德等欧美先进各国，男女不识字者不及百分之六七；日本为新进之邦，不识字者也不满百分之二十，而中国百人中则有九十余人不识字。他认为在这种状况下，中国人在世界竞争中未免要遭受天演的淘汰。

1911 年 10 月 10 日，武昌起义爆发；1912 年 2 月 12 日，清帝退位，辛亥革命胜利，统治中国几千年的封建帝制破灭。陈嘉庚觉

① 陈嘉庚:《南侨回忆录·弁言》，厦门大学出版社 2022 年版，第 1 页。

得报效祖国的时机终于来了。"民国光复后余热诚内向，思欲尽国民一份子之天职"，他说自己没有其他才能参加政务或公共事业，"只有自量绵力，回到家乡集美社创办小学校"。① 实际上，并非陈嘉庚没有其他参与政务与公共事业的才能，而是他认定了"教育立国"之道，他在《集美小学记》中说："余侨商星洲，慨祖国之陵夷，悯故乡之哄斗，以为改进国家社会，舍教育莫为功。"

这个时期，陈嘉庚的企业整体上差强人意，一年获利 40 万元。而他种下的 18 万颗橡胶种子正遇上橡胶业的大好时机。1912 年 9 月，他乘着辛亥革命成功的东风，回到故乡集美，开始了在故乡创办现代教育的光荣之旅。1913 年 1 月 27 日，乡立集美两等小学校（即集美小学）开学，全村陈姓适龄儿童走进了新式学堂，陈嘉庚由此奠定了建设集美学校的第一块基石，集美从此有了一所有别于私塾旧学的现代学校。

陈嘉庚在这一年秋天再度返回新加坡，发展他在南洋的实业。他知道办学校需要资金，为了心中一个宏伟的办学蓝图，他需要让公司更强大有力，让自己拥有更多的资金来建设校舍，招聘师资，增

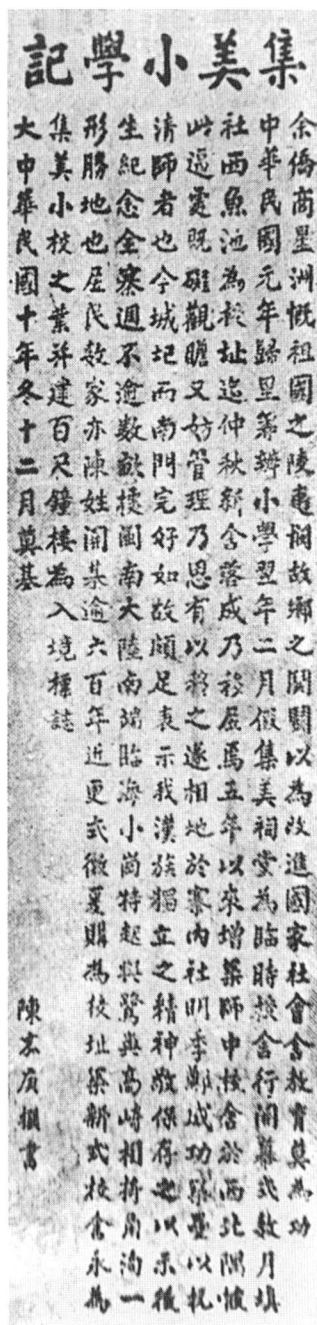

陈嘉庚亲撰的《集美小学记》

---

① 陈嘉庚：《南侨回忆录·创办集美小学》，厦门大学出版社 2022 年版，第 14 页。

强教育设施，扩大办学规模。1916 年 10 月，他让弟弟陈敬贤偕夫人王碧莲回到集美，按照他的计划，一是创办集美师范，以解决家乡迫在眉睫的小学师资问题；二是办中学，让越来越多的小学生毕业后有继续升学的空间；三是办女学，开启女子入学受教育的新风。1917 年 2 月，集美女子小学正式开学，渔村女孩率先打破了闽南地区千百年来的传统陋习，走进了能给她们带来不同命运的现代女子学校，集美村出现了女孩背起书包的新鲜景象；1918 年 3 月，集美中学开学，一个从小学到中学的现代基础教育体系在集美建构而成，陈嘉庚开办的普及教育之花在故乡开始全方位开放。此时，与集美中学同时开学的还有集美师范学校。

在为报效祖国而兴学、为国家社会进步而办学的历程中，陈嘉庚特别关注教育与国家需求和社会发展的协同一致，为此他创办了师范、水产、航海、农林、工业、商科等多种职业学校，为近代国家经济建设培养了大批专业人才，是我国近代职业教育的先驱者之一。

陈嘉庚说："因办集美小学始感师资之缺乏、闽南文化之衰弱，故曾办师范而兼他。"实际上，1913 年回乡创办集美小学时，陈嘉庚就对福建的教育做了一番考察，他已经意识到要改变福建的教育衰败，得从培养师资下手。他发现，家乡同安全县仅有 3 名师范毕业生，而闽南数十县，也基本是这个情况，师资极其缺乏。再看整个福建省，省立师范已经开办十多年，每年新招学生 80 名，在校学生有 300 多名，待遇很高，膳食费均免，但这些学生大都是官僚或城里有钱有势人家的子弟，大都没有服务教育的志愿，只是想求得一纸毕业文凭，获得一点荣誉，并不愿教书。看到福建教育界状况如此恶劣，陈嘉庚很是惊骇，"余认为欲提高闽南教育文化，则亟须多办私立师范学校"，于是一不做二不休，在集美办起师范，"当即使其实现"，以"矫正省立师范招生偏枯之弊"。[①] 集美师范开办几

---

① 陈嘉庚：《复兴集美学校募捐启事》，《南洋商报》1939 年 8 月 5 日。

年下来，陈嘉庚便欣喜地看到师范毕业生在乡村社会服务教育者越来越多，"出洋执教者尤日众"。之后，他在创办厦门大学时又强调将教育学列为重点建设科目，以培养中学良好师资，造就足够的育人师资队伍。陈嘉庚师范办学不仅立足于当时中国和东南亚地区对教师的现实需求，更着眼于教师培养对中国教育发展和社会进步更长远、更深层的影响。他预想到未来中国实现普及教育，需要更多教师。他认为，"我国教育不振，根源由于师范学校之腐败，师资不得其人，则一切学校出身者底子已不端正，自然不能很好地为人民服务"。他指出："有良好之大学，自有良好之中师。有良好之中师，自有良好之小学。"[①] "一个良好教师可以影响千百个学生，转移社会风气的潜力完全在此。"[②] 这里，体现出他为提高国家现代教育水平与培养社会急需人才而进行的思考与付出的努力。

陈嘉庚1918年创办的集美师范学校校舍

① 杨进发：《战前陈嘉庚言论史料与分析》，新加坡南洋学会1980年版，第34页。
② 王曾炳、陈毅明、林鹤龄编：《陈嘉庚教育文集》，福建教育出版社1989年版，第243页。

在发展师范教育的同时，陈嘉庚深感我国在水产、航海、农业、工业、商业等方面职业人才的缺乏，忧患于祖国实业落后、商业不振，便大力兴办职业教育、培育技能型人才，以振兴实业、报效国家。1920年，他因深感"海权丧失，渔利废尽"的痛苦，力主"开拓海洋，挽回海权"，抱着"振兴航业，巩固海权，一洗久积之国耻"的信念，创办了集美水产科，后成立集美学校水产航海部。与此同时，他思索了中国"地非不大也，物非不博也，资本非不雄而厚也"，但商业却"不振"的原因，认为就在于"商人不知商业原理与常识"，"补救的方法"便是"兴办学校"培养商业人才，于是，他创办了集美学校商科，1921年创办厦门大学时也将商科列为首先创办与重点建设的学科。1926年，他因为考虑到"我国素以农业立国，然因科学落后，水利未兴，改良无法，故收获不大，民生困苦"，究其原因是"缺农村学校"，未能培养农业科学水利人才，于是，函告集美学校校长叶渊在同安天马山麓择地，开办农科部门，并斥资十万元，设立集美学校农林部。陈嘉庚的这一系列的职业教育创办，考虑国家经济产业发展需要和办学地的地理条件。他为中国近代职业教育作出的贡献，便是出自他那"心怀祖国，希图报效"的赤子衷肠。

这样报效祖国的经典之笔，则是他在1921年为了"四万万之民族不居人下"和"为吾国放一异彩"而创办的厦门大学。

就这样，陈嘉庚在祖国故乡创办了集美小学，集美中学，集美师范，集美幼稚园，集美学校航海专科、水产科、商科、农林部、国专部，以及集美女子师范、集美幼稚师范，创办了"能与世界各大学相颉颃"的多科性大学厦门大学，并配套建设了学校实验室、图书馆、医院、储蓄银行、科学馆、体育馆、军乐亭、植物园等设施，在中国南部形成一个包括学前教育、初等教育、中等教育、职业教育直至大学本科与研究生教育的完整的教育体系。陈嘉庚报效祖国、培养国家社会进步的建设人才的心愿终于梦想成真，成为现实。

四、心怀祖国　异邦办学

作为一位华侨领袖，陈嘉庚在异邦土地上的办学举动，同样体现出他"心怀祖国，希图报效"的初心。

陈嘉庚对新加坡教育的贡献，是从改革新加坡的道南学堂开始的。新加坡道南学堂创办于1906年，早于陈嘉庚在故乡创办的集美小学，它是新加坡福建帮专供福建子弟读书的学堂，陈嘉庚是110名发起者之一，但初创时的道南学堂为旧学，学生读的是《三字经》《百家姓》《千字文》一类的儒家蒙教教材。辛亥革命成功那年，陈嘉庚被选为新加坡中华总商会第六届委员会协理及道南学堂第三届总理，这时他的工商企业开始走向蓬勃发展时期，陈嘉庚的领导能力与见识智慧开始为福帮所赏识与抬举。陈嘉庚上任道南总理后，首先面对的是学生快速增添带来的校舍不足问题。在他的领导下，道南学堂筹到了义款四万元（陈嘉庚本人捐款最多），在毗邻美国领事馆、与中华总商会会址仅一箭之遥之地，建成了1700平方米的新校舍，解决了福帮华侨子弟求学的燃眉之急，也提升了陈嘉庚在新加坡华侨心中的地位。

有了新校舍，陈嘉庚便着手将旧学堂转变成现代教育学校。看辛亥革命胜利后的道南学堂学生依然"之乎者也"地读书，陈嘉庚想到传统旧学固然能让海外子弟懂得根的文化，却缺乏现代人必须具备的科学和历史地理之类的知识体系，便以学堂总理的身份，引入英语教育的课程，规定公民、算术、地理、历史、科学、国文为新课程内容，增加了包括了体操课、音乐课、绘画课等活动课，建构起道南学堂中西合璧的教育方案，突出了学习理论与增强心理、身体素质结合的全面发展的育人方针。[1]从道南学堂开始，陈嘉庚在

① 陈嘉庚：《新加坡华校历史沿革星洲道南学校三十周年纪念会上之演讲》，《南洋商报》1936年11月9日。

新加坡先后创办了五所华校，也捐助了几所英文学校，并在 1915 年创办崇福女校，1918 年创办南洋女校，打破了南洋华人轻视女性教育的传统陋习。

创办南洋华侨中学是陈嘉庚在新加坡办华侨学校最精彩的一笔，是他心系中国、报效中华的一次重要体现。早在 1913 年创办集美小学时，陈嘉庚就从集美致信新加坡中华总商会，提出"新加坡不能没有一所华侨中学"，建议开办华侨中学。当时在新加坡马来亚一带生存发展的华侨分为五帮，即操闽南方言的福帮、操潮汕方言的潮帮、操客家话的客帮，此外还有广州帮与海南（琼）帮。各帮创办各帮的小学，教育上并不互相来往。到 1917 年，新马两地有近百名小学生将毕业离校，他们都具备就读中学的资格，却没有中等侨校可上。陈嘉庚和广州帮侨领、南洋兄弟烟草公司老板蒋英甫以及其他一干有识之士，立即将跨帮开办中学学校的问题实质性地提出来。1918 年，陈嘉庚毅然肩起重任，以道南学堂总理的名义，联合客帮的启发小学、应新小学，广州帮的养正学校，潮帮的端蒙学校，琼帮的育英学堂等十五所华文小学总理和其他代表，联合发出《实行筹备华侨中学的通告》，共同呼吁创办南洋华侨中学。这一年，陈嘉庚被推举为新加坡中华总商会临时主席。他发表慷慨激昂的演说，激励华商踊跃捐助华侨中学开办，指明华侨中学旨在维新中华，保存国粹与精神。在他的领导下，总商会一致通过兴办南洋华文中学建议，推举陈嘉庚为筹备临时主席。由此举动，新马一带的五帮华人拧成一股绳，开启了华族的一次统一行动。1919 年 3 月 21 日，新加坡第一所华文中学宣告成立，这也是新马华人第一所打破地域和帮群界限合办的中学。中学成立之后，陈嘉庚多次担任校董事会主席，直至 1934 年其女婿李光前接任位置。有了华侨中学后，南洋的千百位小学毕业生获得了继续升学攻读的机会，为南洋的教育尤其是华人子弟的中华传统文化传承与现代科学教育发挥了难以估量的价值。

陈嘉庚1919年创办的新加坡南洋华侨中学

华文中学的创办和华文小学雨后春笋般的涌现，接踵而至的问题是师资队伍问题，陈嘉庚很清楚"国家赖良好教师以保存，民族赖良好教师以复兴"①。那时，新加坡华人社会的教育出现"教师荒"，征聘闽粤教师实际上也相当困难，但新马的教师需求量却以每年增加千人的趋势发展。面对着华文教育的这一实际情况，陈嘉庚即电请重庆国民政府教育部部长陈立夫，建议在闽粤两省设华侨师范学校，"培育有志侨教青年，以为教育华侨教育之用"。②然而，陈立夫并未答应陈嘉庚的请求。随后，抗日战争全面爆发，国民政府福建教育厅下令集美师范停止招生，闽、粤两省先后被日军侵占，新加坡向闽粤两省选聘教师的路也断了。紧要关头，陈嘉庚当即提议在新加坡创办南洋华侨师范学校，号召海外侨胞"披发缨冠"创办南洋师范，培养师资，以"教育侨民子弟，使之勿忘祖国"。③1941

---

① 陈嘉庚：《筹办南洋华侨师范学校缘起》，《南洋商报》1941年3月21日。

② 陈嘉庚：《关于在闽粤创设师范学校提案》，《南洋商报》1941年2月1日。

③ 陈嘉庚：《南侨回忆录·教部阻设南洋师范》，厦门大学出版社2022年版，第433页。

年，南洋华侨师范学校成立，解决了南洋华侨学校急需师资的问题。太平洋战争结束后，南洋师范学校改为南侨女子中学，专门培养华侨女学生。"教育侨民子弟，使之勿忘祖国"，这句号召南洋侨胞积极创办师范培养有志侨教师资的话语，表明了陈嘉庚无论是在国内还是在海外都不遗余力地办学，都体现了他"胸怀祖国，希图报效"的精神。

第三节　回归祖国，为中华崇光终生奋斗

新中国成立后，陈嘉庚毅然决然放弃新加坡英属臣民的身份，回到祖国怀抱，为了实现"中华崇光之一日"而终生奋斗。陈嘉庚是在新加坡接到毛泽东主席邀请后回到祖国与新中国领导人共商国是的。

一、共商国是，"心通胜于言通"

1949年1月20日，当中国人民解放军兵临北京城下之时，毛泽东通过特殊渠道，给陈嘉庚发去了一个庄重的邀请，邀请函写道：

嘉庚先生：

中国人民解放斗争日益接近全国胜利。召开新的政治协商会议，建立民主联合政府，团结全国人民及海外侨胞力量，完成中国人民独立解放事业，亟待各民主党派及各界领袖共同商讨。先生南侨硕望，人望所归，谨请命驾北来，参加会议。肃电欢迎，并祈赐复。

毛泽东　一月二十日 [1]

陈嘉庚接到毛泽东的邀请函后，为中国人民革命胜利感到振奋，

---

[1]　朱水涌：《陈嘉庚传》，厦门大学出版社2024年第2版，第351页。

为四万万之民族即将结束黑暗统治走向光明道路而高兴，他立即给毛泽东回复一电：

> 毛主席钧鉴：
>
> 　　革命大功将告完成，曷胜兴奋，严冬后决回国敬贺。蒙电邀参加新政治协商会议，敢不如命。唯庚于政治为门外汉，国语又不通，冒名尸位，殊非素质，千祈原谅。
>
> 陈嘉庚[①]

这年4月23日，百万雄师过大江，国民党统治中心南京解放。人民解放军以摧枯拉朽之势，势如破竹地向南挺进，横扫蒋家王朝的黑暗统治。5月5日，76岁的陈嘉庚从新加坡启程，经香港，于

1949年陈嘉庚与新政协筹备委员会委员合影
（前排左起谭平山、章伯钧、朱德、毛泽东、沈钧儒、李济深、陈嘉庚、沈雁冰）

---

① 朱水涌：《陈嘉庚传》，厦门大学出版社2024年第2版，第351～352页。

6月4日抵达北京，并在6月7日与毛泽东、刘少奇、周恩来等会面，开始与新中国领导人共商国是，开启了他为新中国的建立与发展奋斗的崭新历程。

6月15日，他带着"心通胜于言通"的特殊感情，参加新政协筹备会，成为对新中国成立发生极重要作用的新政协筹备会代表，他在筹备会的讲话中表示自己深感责任重大；9月25日，他参加了周恩来召集的关于国旗、国歌、纪念日的讨论；9月21日至9月30日，中国人民政治协商会议召开，陈嘉庚作为华侨首席代表讲话，参与了大会的全部议程，选举出人民政协全国委员会委员和中央人民政府主席、副主席、委员；10月9日，陈嘉庚参加了中国人民政治协商会议第一届全国委员会，当选为全国政协常务委员；19日又参加了中央人民政府委员会第三次会议，讨论决定政务院副总理、政务院委员及各部委负责人的任命。他向周恩来表示：对中央人民政府的组成和政务院各部委领导的任命，自己打心里满意。

1950年2月，他返回新加坡，真实地向侨胞报告了自己回国的观感，介绍新中国所执行的新政治新制度新政策，以及国内的工业、农业、军事，他说："新中国建设之目的，为改善人民生活，其重要者为衣食住行。"①他接受《南侨日报》记者的采访，向南洋华侨介绍了他所认识的共和国领导人的良好形象，从心底发出人民政协会议"很顺利、成功"的直观感受，表现出对开国大典的深刻记忆与兴奋。他用了足足半个小时，向记者叙述了天安门开国大典的盛况，赞美天安门前30万群众为着人民政府成立而热烈欢呼的伟大场面，赞美北京人民提灯庆祝的那一片火烈的"火海"，赞美那走过天安门前的雄伟的人民武装队伍，赞美那由三四百人组成的雄壮整齐的乐队。

---

① 陈嘉庚:《新中国观感集》，新加坡南洋华侨等赈总会1950年版，第131～132页。

　　这次回到新加坡，陈嘉庚有一个新的人生决定——放弃新加坡的英属臣民身份。他在新加坡奋斗了60年，度过了自己最重要的人生历程，创立了雄冠南洋的工商企业集团，领导了800万华侨的抗日救国运动和保卫新加坡的战斗，成为南洋华侨的最高领袖和一面闪烁着民族光辉的华侨旗帜，新加坡是他不能离弃的第二故乡。然而，新中国成立了，他一生所追求所期盼的祖国强大已经实现，自己的生命所要奉献的祖国已经曙光满天，他知道回到祖国更能直接报效于自己的国家，更有机会实现自己的生命追寻，作为全国政协常委会委员与中央人民政府委员，他意识到自己应该回到那百废待兴的祖国。在作出这个重要的人生决定时，他把自己回国参加人民政协和参观考察祖国各地的见闻感想写成文字，集成《新中国观感集》在新加坡出版，让南洋的侨胞们更加了解新兴的祖国和改天换地的家乡。他对五儿子陈国庆说："一个强大的新中国已经出现。从此，中国再不受帝国主义列强欺凌，这个史无前例的大变化发生在你们这一代，你们就可以抬起头，你的子孙后代也可以抬起头来。""我打算告老，回故乡集美。"[①]就这样，1950年5月21日，他告别了曾经生活和奋斗了多年的新加坡，放下满堂儿孙，只身一人回到新中国，这年他77岁。就在他回到祖国那些日子，他已经向新中国提出了七项建议，建议在全国中小学普设科学馆、在沿海各重要地区设立水产航海学校、增加纸烟的税率并停止公务人员之配给、新建住宅应注意卫生设计、设立华侨教育领导机构、引导华侨回国投资以及救济华侨失学儿童。七项建议，件件针对现实问题，件件富有远见，"久客南洋，心怀祖国，希图报效，已非一日"，在新中国那足以让自己的生命痛快淋漓地报效的日子到来之时，陈嘉庚无法再"久客南洋"，而从此回归祖国回到故乡，继续报效祖国。

---

　　① 　陈国庆：《回忆我的父亲陈嘉庚》，中央文献出版社2001年版，第98页。

二、"上以谋国家之福利，下以造桑梓之麻祯"

回到祖国后，陈嘉庚先后担任中央人民政府委员、全国政协常委会委员、华东行政委员会副主席和全国人大常委会委员，1954 年后又当选为全国政协副主席和全国侨联主席。1955 年 8 月，已经 82 岁的陈嘉庚在京参加完第一届全国人大第二次会议后，从北京出发，偕庄明理、张楚琨等人，走访考察东北、西北、西南、中南 16 个省，行走几十个名城，行程 25000 多公里，置身于轰轰烈烈的社会主义建设，感受第一个五年计划实施两年多的祖国新面貌。这是老人的第三次新中国之旅，也是老人最后一次的祖国万里行。1956 年元旦，他将他的这次行程写成《伟大祖国的伟大建设》，作为中国新闻社的新年特稿发表，文章最后他感慨地写道："事实证明，只有社会主义才能使国家富强，使人民幸福。社会主义是完全适合中国国情的。"

陈嘉庚的"久客南洋，心怀祖国，希图报效，已非一日"是与其"久滞海外，不能回梓，思乡蒙念，无日能忘"①相通的，在他的报效祖国情怀中，有种"况不能救乡何能救国"②的观念，"上以谋国家之福利，下以造桑梓之麻祯"的家国情怀是陈嘉庚爱国主义的一个特色。教育立国、倾资兴学是这样，晚年回到祖国也是这样。

1950 年 9 月，陈嘉庚离开北京回到厦门集美定居，从这个时候到他逝世前，他经常行走于北京与厦门之间，一边与党和国家领导人共商国是，一边则为家乡的建设发展深谋远虑、殚精竭虑。他提议修建并设计连接厦门岛与集美的海堤，解决了厦门岛与大陆连接的问题；他提议并两次写信给毛主席，提出解决福建没有铁路的落

① 陈嘉庚：《南侨回忆录·在安溪之集美学校》，厦门大学出版社 2022 年版，第 358 页。

② 陈嘉庚：《在仰光福建会馆报告闽人惨状》，1940 年 12 月 15 日。

后状况，要求建设鹰厦铁路，让福建的现代工农业乘上时代的列车飞奔起来；他不顾年近八十的高龄，不辞劳顿地穿行于集美与厦大之间，倾心倾力修复与扩建厦门大学、集美学校，让一个全新的集美学校展现在世人面前，让万吨轮船进出厦门港口看到新的厦门大学和新中国新气象。

宏伟秀丽的厦门大学建南楼群

这一切，表明陈嘉庚坚守报国之志与报效祖国的永不放弃的坚定信念。不仅在耄耋之年不歇息，就是在逝世之前，他留在人世间和留给儿女们的也是对于国家与他所创办的集美学校的牵挂。1961年8月10日，也就是他逝世的前两天，他闭着眼睛向来看望他的庄明理及陪同在身旁陈国怀、陈联辉、叶祖彬和林和成最后交代了三件事：第一，死后运回集美安葬。第二，人总要死，早死晚死不要紧，最要紧的是国家的前途。我们应尽早解放台湾，台湾必须回归祖国。第三，集美学校一定要继续办下去，香港集友银行，厦门、上海两所集友银行都是集美学校的校产。话讲完老人舒了一口气，好似放下了心里一块石头。第二天周恩来总理在医院当场指示：第一，按嘉老的意愿办理。第二，解放台湾是全国人民包括台湾同胞、爱国华侨的共同愿望。嘉老关心台湾回归祖国，爱国精神给广大华侨树立良好榜样，他的愿望一定会实现。第三，集美学校一定照嘉老的意见继续办下去，一定把它办得更好，请他放心。这是陈嘉庚弥留人间的最后日子留给我们的宝贵精神财富，一颗赤诚的爱国之心，一份深切的报国之情。

结　语

陈嘉庚的爱国主义深刻地体现在他那"久客南洋，心怀祖国，希图报效，已非一日"的情感与具体践行中，报效祖国是陈嘉庚创建南洋商业王国的强大精神动力，是他倾资兴学、教育立国、为新中国成立与建设事业不懈奋斗的强大引擎。从人生的"拔节孕穗期"开始，陈嘉庚就在故乡的文化传统与海洋的历史波涛中种下了爱国的基因；17岁下南洋时带着"发展我祖国""一息尚存，此志不灭"的信念，自强不息创业，以一种将来"为祖国未来工业之引导"的理想"身任难境""锐意进行"，建立起雄冠南洋的橡胶工业王国；为了报效祖国，他怀抱"教育立国"信念，倾其所有，在故乡创办学校，建构起一个包括学前教育、初等教育、中等教育、职业教育直至大学本科与研究生教育的完整的教育体系，培养国家社会进步的建设人才，为祖国强大作出卓越贡献；同时，为"教育侨民子弟，使之勿忘祖国"，在海外创办华侨学校；新中国成立后，更是在爱国之情、报国之志的激励下，为祖国的繁荣发展和人民的幸福生活奋斗不已。

习近平总书记说："实现中国梦必须弘扬中国精神。这就是以爱国主义为核心的民族精神，以改革创新为核心的时代精神。这种精神是凝心聚力的兴国之魂，强国之魂。"[①] 他还指出，爱国主义"是

---

① 习近平总书记2013年3月17日在第十二届全国人民代表大会第一次会议上的讲话。

中国人民和中华民族维护民族独立和民族尊严的强大精神动力，只要高举爱国主义的伟大旗帜，中国人民和中华民族就能在改造中国、改造世界的拼搏中迸发出排山倒海的历史伟力"。[①] 继承陈嘉庚的爱国主义精神，弘扬爱国主义的民族精神光辉，有助于汇聚起共襄强国盛举的磅礴力量，在全面实现中华民族伟大复兴的中国梦的历史征程上，迸发出排山倒海的历史伟力。

思考题：

　　1.陈嘉庚的爱国主义精神的特点是什么？他的光辉一生如何体现出"心怀祖国，希图报效"的思想？

　　2.习近平总书记希望广大华人华侨弘扬陈嘉庚什么精神？为什么？

---

①　习近平总书记 2019 年 4 月 30 日在纪念五四运动 100 周年大会上的讲话。

第三章　当民族复兴精卫　做担当使命愚公

习近平总书记在庆祝中国共产党成立 100 周年大会上的讲话中指出："1840 年鸦片战争以后，中国逐步成为半殖民地半封建社会，国家蒙辱、人民蒙难、文明蒙尘，中华民族遭受了前所未有的劫难。从那时起，实现中华民族伟大复兴，就成为中国人民和中华民族最伟大的梦想。"陈嘉庚的人生历程经历过晚清时期、北洋军阀时期、抗日战争与解放战争时期，以及新中国成立与建设时期，这正是中华民族从"国家蒙辱、人民蒙难、文明蒙尘"的欺辱中自强地站立起来，成为东方巨人的历史时期。人是历史塑造中的人，但人同时是创造历史的人。陈嘉庚奋斗生活的这个时期，也是中华民族伟大复兴的历史浪潮风起云涌的时期。自鸦片战争特别是甲午中日战争以来，祖国积弱积贫，民族内忧外患，一个个卖国条约被逼签订，一片片国土被列强分割，国家面临着生死存亡，用陈嘉庚的话说便是"国势危如累卵"，到了倾巢之下无完卵的地步。当中华民族陷入危急关头，中国仁人志士发出了救国图存、民族复兴的呐喊，有抱负有道义的中国人都在苦苦地寻找着中华民族重新崛起的道路。为了这中华民族复兴的"最伟大的梦想"，有人奋起武装革命，虽"屡战屡败，屡败屡战"也在所不惜；有人主张实业救国，发展民族工商业以增强国家实力；有人倡导教育救国，以"知识就是力量"启蒙国民，振兴民族；也有科学救国者，发展科技，制造坚船利炮，驱除外寇。陈嘉庚则坚信："诚以救国之既乏术，亦只有兴学之一方，纵未能立见成效，然保我国粹，扬我精神，以我四万万民族，抑或有崇光之一日。"①

第一节　为四万万之民族不居人下，创与世界相颉颃之伟业

一、不忘历史痛苦记忆　祈望民族复兴之日

陈嘉庚祈望民族复兴、中华崇光的思想，是伴随着他的成长历程而发展强大起来的。陈嘉庚出生那年，日本借琉球事件讹诈，逼迫清政府签订《中日北京专约》，清政府赔白银五十万两。陈嘉庚11岁那年，即1884年（清光绪十年）7月，法国远东舰队在司令孤拔率领下，突袭福州马尾港。马江战役爆发，清政府辛苦建立起来的福建水师被打得七零八落，清王朝接近二十年才积累起来的东南海上军事力量，顷刻灰飞烟灭。1894年陈嘉庚21岁，中日甲午海战爆发，中国惨败，出卖国家的《马关条约》被迫签订，中国承认日本对朝鲜的控制，割让辽东半岛、台湾全岛及所有附属各岛屿、澎湖列岛给日本，赔偿军费二亿三千万两白银，开放沙市、重庆、苏州、杭州为商埠，允许日本在中国通商口岸开设工厂，偌大的清王朝，竟然如此败于蕞尔岛国日本之手。《马关条约》签订的第二年，也就是1896年（清光绪二十二年），又一个丧失国家主权的《中俄密约》签订，"密约"表面上是中俄携手对付日本的军事同盟，实际上是俄国借助密约单方面获得种种权益，趁机将势力渗入东北三省。因此，当四年后八国联军入侵北京时，最先攻破北京城门的是沙皇的军队。这些耳闻目睹的民族耻辱，祖国一次次被蚕食的现实，让海边长大的陈嘉庚痛心不已，想到厦门海域与台湾海峡曾经有过的海上辉煌，想到郑成功父子曾经如何让荷兰、葡萄牙、西班牙的东

---

① 陈嘉庚：《筹办南洋华侨中学演词》，《国民日报》1918年6月18日。

印度公司屈服，青年陈嘉庚的内心，激起一股"四万万之民族岂有居人之下之理"的阳刚之气。后来，陈嘉庚在他的《南侨回忆录》中，一笔笔地记下了 1840 年以来列强瓜分中国领土的罪状，记下中国一次次丧失主权的历史。

一八三九年林则徐在广东烧英商鸦片，一八四〇年英军来攻各海口。

一八四二年与英订立《南京条约》，割香港及赔款与英国。

一八五八年英法联军陷大沽，复在天津立条约，赔款并准许领事裁判权。

一八六〇年英法又陷北京，订立《北京条约》，赔款及割地，是年俄国因调处之功，迫清朝批准《瑷珲条约》，割黑龙江以北边区境地、乌苏里江以东之地。

一八八五年中法战争战败，法国侵占安南。

一八九五年中日战争战败，割台湾及赔款。

一八九七年德国籍山东曹州教士案，占胶州湾及山东铁路权，并许可开采各矿产。

一八九八年法国占广州湾，英占威海卫及九龙半岛。

一九〇〇年义和团事变，八国联军入北京，除惨杀、奸淫、抢劫外，复赔款母利逾十万万元，订三十九年逐年交还母利。

一九三一年日本占领东三省，自日本未占领以前，在帝俄时代，列强各划定范围，俄定长城以北，英定长江流域，法两广及云南，德山东，日福建。

一九四五年我国与美、英、苏四国联军打败日本，称为"大战胜利"，收复台湾及东三省，然因国内政争，竟失去外蒙古全部及旅顺、大连主权。①

---

① 陈嘉庚：《南侨回忆录·战后补辑》，厦门大学出版社 2022 年版，第 541～542 页。

这份刻骨铭心的记录，是陈嘉庚跨越两个世纪的身之患、心之疾。心存忧患，多难兴邦，只有记住苦难承受苦难，才有重新振兴的希望。对于如何兴邦振兴民族，陈嘉庚有自己的想法，他说，"吾国国运危如累卵，存亡未可预卜，然我民族赖以维系于不堕者，统一之文化耳"，"昔波兰为强邻所灭而今日得以复国者，为能保存其民族文化故也"。① "保我国粹，扬我精神"，延续中华民族的根脉，才有民族复兴的希望，而这就必须发展教育，通过兴学，崇光中华，陈嘉庚特别强调，"今日国势危如累卵。所赖以维持者，惟此方兴之教育与未死之民心耳"。②

二、创办"世界之大学"　"欲为吾国放一异彩"

1919 年 5 月 4 日，震惊中外的五四爱国主义运动爆发，东方的睡狮醒了。身在新加坡的陈嘉庚无比激动，他从五四运动浪潮中看到了中华民族"民心不死，国脉尚存"，看到了"彼野心家能剜我之肉，而不能伤我之生；能断我手臂，而不能得我之心"③的精神现实，由此他教育立国的雄心更有了凌云壮志，他教育立国的脚步迈出了更大更宏伟的步伐。此时他已经在故乡集美学校建立起一套较为完整的中小学教育体系，也完成了新加坡的道南学校、华侨中学的建设，但这位身处异国他乡的华侨，凭着他十几年在英殖民地的观察和在国际市场上打拼的经验，通过对现代欧洲强国的观察与思考，已经很清醒地看到，"今日之世界，乃科学强盛之世界"，他说，"科学建设为建国首要之图"，科学要发展，有赖于专门之大学，"有

①　陈嘉庚：《谈闽省教育》，《南洋商报》1933 年 8 月 14 日。

②　陈嘉庚：《筹办厦门大学演讲词》，《厦门大学校史资料》第一辑，厦门大学出版社 1987 年版。

③　陈嘉庚：《筹办厦门大学演讲词》，《厦门大学校史资料》第一辑，厦门大学出版社 1987 年版。

了专门大学之设立，即实业、教育、政治三者人才，乃能辈出"。[①]
他看到了科学是兴国、强国的关键因素，而科学则有赖于专门之大
学。于是，就在五四运动爆发的激浪翻滚的五月，他决定回国实现
自己创办大学的梦想。这次回国办学，陈嘉庚自己预计要用四五年
乃至五六年的时间，于是将南洋的实业交给胞弟陈敬贤和公司经理
李光前管理，并特地将公司的高层、中层职员召集在一起，在新加
坡恒美米厂设告别晚宴，晚宴的餐桌有意摆成一个"中"字，吃中
国菜，饮中国酒。陈嘉庚特别向同人宣布他将长住中国，竭力兴学，
望诸君"一心协力进行"，他郑重宣布："此后本人生意及产业逐年
所得之利，除花红外，或留一部分添入资本，其余所剩之额，虽至
数百万元，亦决尽数寄归祖国，以充教育费用。"[②]这一举动，清晰地
体现了陈嘉庚回国创办大学的雄心壮志与振兴民族的意志与决心。

1919 年 5 月下旬，陈嘉庚回到故乡集美。7 月上旬，他在《东
方杂志》第 16 卷第 12 号上向社会发出了《筹办厦门大学附设高等
师范学校通告》，在通告里，陈嘉庚指出今日之中国，"专制之积弊
未除，共和之建设未备，国民之教育未遍，地方之实业未兴，此四
者欲望其各臻完善，非有高等教育专门学识，不足以躐等而达"。海
外赤子为国家为国民之教育的拳拳之心，跃然纸上。作为一个生于
闽地长于闽地的闽南人，陈嘉庚特别强调："吾闽僻处海隅，地瘠民
贫，莘莘学子，难造高深者。良以远方留学，则费用维艰，而政府
难期，长此以往，吾民岂有自由幸福之日耶？"正是为了祖国的制
度、教育、实业的"各臻完善"，为了振兴民族给故乡儿女们"自由
幸福"，陈嘉庚向社会宣布："谨订七月十三日下午三点钟假座浮屿
陈氏宗祠，开特别大会，报告筹办详情。"这个报告筹办情况的大会

① 陈嘉庚：《本报开幕之宣言》,《南洋商报》1923 年 9 月 6 日。
② 陈嘉庚：《愿诸君勿忘中国——1919 年 5 月离星归国前在恒美厂宴请同人时
演讲》，厦门大学校史编委会：《厦大校史资料》第一辑，厦门大学出版社 1987
年版。

便是筹办厦门大学的报告会。

陈嘉庚为中华民族伟大复兴的高远目标而创办厦门大学的宏愿，在筹办厦门大学报告会上有着鲜明的体现。1919 年 7 月 13 日下午 3 时，筹办厦门大学报告会在厦门浮屿的陈氏宗祠召开，就在这个报告会上，陈嘉庚作了一次慷慨激昂的演讲。他先将我国与欧美先进国家、日本等国不识字者的人数作了比较，阐述了教育不兴则国遭淘汰的现实，"欧美先进各国，统计男女不识字者不及百分之六七，日本为新进之邦，亦不满百分之二十，我国则占百分之九十余"，他指出如此的国民教育状态，岂有不遭"天演淘汰"之理。面对着各界人士，他不无伤感地感叹道："嗟嗟！我国不竞，强邻生心，而最痛巨创心者，尤莫我闽若也。"[1] 国家贫弱，强敌侵犯野心剧增，他们"得陇望蜀，俟隙而动"，国人倘若"不早日猛醒，后悔何及"，这些话既表达出了陈嘉庚内心的痛，也透露出他深藏于深层的那份对中华民族贫弱的焦虑。为了民族不遭"天演淘汰"，为了四万万之民族不再居人之下，陈嘉庚道出了一段振聋发聩的话："民心不死，国脉尚存，以四万万之民族，决无甘居人下之理。今日不达，尚有来日，及身不达，尚有子孙，如精卫之填海，愚公之移山，终有贯彻目的之一日。"[2] 这里，陈嘉庚非常明确地表明，创办厦门大学就是为了四万万之民族不居人之下，为达到这一目的，要当填海的精卫，做移山的愚公，直至"贯彻目的之一日"。陈嘉庚这段演讲，流淌着五千年中华文明延绵不断的精气神，充满了民族的浩然之气，更是中国现代高等教育滥觞时期的一个典型表征。中国现代高等教育是在"救亡图存"的时代浪潮中发展起来的，但只有陈嘉庚的演讲词，如此鲜明地直接地将一所大学的创办，与"四万万之民族，决无甘

---

① 陈嘉庚：《筹办厦门大学演讲词》，《厦门大学校史资料》第一辑，厦门大学出版社 1987 年版。

② 陈嘉庚：《筹办厦门大学演讲词》，《厦门大学校史资料》第一辑，厦门大学出版社 1987 年版。

居人下之理"的民族复兴信念联结在一起。一年后，即 1921 年厦门大学第一批校舍群贤楼群奠基时，陈嘉庚特别选择了 5 月 9 日这个民国的"国耻日"举行奠基仪式，以此表示厦门大学创建的不忘国耻、勠力复兴。那一天，陈嘉庚把这份《筹办厦门大学演讲词》装在一个石匣子中，安放在厦门大学首批校舍群贤楼群的奠基石下。这个具有浓厚的中国色彩与闽南文化特点的举动，明确而坚定地表明了厦门大学的创办与中华民族伟大复兴的命运与共。

陈嘉庚、林义顺、林文庆等视察厦门大学建筑工地

筹备厦门大学报告会上，陈嘉庚号召"内地诸君及海外侨胞"，"负国民之责任，同舟共济，见义勇为"，为创办厦门大学捐资"立集"[1]，以"救国图存，匹夫有责"的使命感，支持厦门大学的创办，他自己宣布捐出了一百万洋银开办费和三百万洋银经常费用，这四百万洋银

---

[1] 陈嘉庚：《筹办厦门大学演讲词》，《厦门大学校史资料》第一辑，厦门大学出版社 1987 年版。

是当年陈嘉庚的全部实有资产。

对于为了四万万之民族不居人下而创办的厦门大学，陈嘉庚以高远的胆识给了一个很明确的定位："为吾国放一异彩"的"世界之大学"。校长林文庆不止一次地说到陈嘉庚与他的交谈，说厦门大学"虽名为厦门大学，实则世界之大学"[①]。在《组织大纲》中，厦门大学一开始就确立"研究高深学问，培养专门人才，阐扬世界文化"三大办学宗旨；在《厦门大学校旨》中，厦门大学一开始就提出建设"能与世界各大学相颉颃"的大学的办学目标；在人才培养上，开创时期的厦门大学就立下"造就人才之至旨"，即"抱至伟至大之毅力，至勇至诚之愿望，各奔所学，各尽所能，为国家增光，为人民造福"，"不仅为我们的民族，还应当尽我们的能力以改进全世界人类的命运"。[②] 如此的办学大气、大势、大作为，皆源自陈嘉庚心怀国之大者，为民族复兴兴学的大气魄、大格局与大思路。厦门大学开学时只有118位师生员工，但陈嘉庚向福建督军府要下了数千亩的土地，因为在他的规划中，厦门大学要在"第四个五年"，即办学20年时成为拥有2万名毕业生的大学，为此，陈嘉庚在开办时就为厦门大学留下了开阔的办学发展空间。

厦门大学1921年奠基的最早楼群群贤楼群

然而，要办一所能"为吾国放一异彩"的"世界之大学"是很

①　《林文庆先生在中华俱乐部之演说词》，《南洋商报》1926年2月2日。

②　林文庆：《陈嘉庚先生提倡教育之目的》，《厦门大学八周年纪念特刊》1929年4月。

艰难的，发展的道路充满风风雨雨。20 世纪 20 年代末到 30 年代初，世界爆发经济危机，新加坡销往欧洲市场的橡胶价格猛跌，每担从 70 ～ 80 元降到 7 ～ 8 元，陈嘉庚的橡胶产业处于崩溃边缘。1929 年，陈嘉庚的公司已是资难抵债，面临倒闭，汇丰银行和一家财团准备支持陈嘉庚的公司，为公司注入资金，条件是陈嘉庚停办集美学校和厦门大学，但陈嘉庚毅然决然地拒绝了这个要求，他说："企业可以收盘，学校决不能停办。"1934 年陈嘉庚股份公司宣布收盘，在此困境中，陈嘉庚将给儿子陈济民、陈阙祥购置的三栋别墅出售，用这笔钱维持了厦门大学的运转，做出了"出卖大厦维持厦大"的惊世之举。陈嘉庚曾对校长林文庆说："你须为厦大奋斗到死！我也愿为厦大奋斗到死！"[①]"为厦大奋斗到死"的精神与意志，也就是为四万万之民族不居人下而不息奋斗的精神与意志，充分体现了陈嘉庚为了中华民族伟大复兴而甘当填海之精卫、移山之愚公的精神与品格。今天，我们正处于实现中华民族伟大复兴关键时期，中华民族伟大复兴进入了不可逆转的历史进程，在这样的历史大潮中，我们更要弘扬嘉庚精神，坚定信心，攻坚克难，当民族复兴的精卫，做担当使命的愚公，为实现几百年来中国人民期盼与奋斗不止的民族复兴伟业而执着奋斗、砥砺奋进。

---

① 《愿为厦大奋斗到死——在新加坡吾卢俱乐部的演说》，《南洋商报》1935 年 1 月 9 日。这是陈嘉庚给林文庆复函中的话，林文庆 60 岁时，写信向陈嘉庚提出辞去厦门大学校长职务的退休请求，陈嘉庚以此言回绝，之后林文庆到新加坡为厦大募捐筹集办学经费，就在怡和轩俱乐部的欢迎会上表示："要与陈嘉庚先生共同为厦大奋斗到死。"

第二节　危难中挺起民族脊梁　烽火中华侨旗帜飘扬

当民族复兴的精卫，做担当使命的愚公，在中华民族遇到危难遇到了危险的时候，陈嘉庚便勇敢地站出来，挺起中华民族的脊梁骨，担当起历史赋予一个中国人、一位华侨领袖的历史使命。

一、"公理犹存，国耻定雪"

1928 年 4 月，南京国民政府分编四个集团军举行第二次北伐，以图征服张作霖，统一全国。支持张作霖的日本田中义一内阁一直企图将东北、内蒙古从中国分离出去，想到一旦国民政府的北伐成功，英美势力就会向中国北方发展，日本在东北的利益就会受损，分裂东北的企图便会泡汤，于是以"就地保护侨民"为借口出兵山东，阻挠蒋介石军队北上。1928 年 4 月 19 日，日军派遣第六师团 5000 人在青岛登陆，对青岛和胶济铁路沿线实行军事占领，并将军事占领堂而皇之称为"保护帝国臣民"。第二天，日军驻天津的三个步兵中队抢在北伐军进入济南前侵入济南。5 月 1 日，北伐军攻入济南，任命战地政务委员会外交处主任蔡公时兼任山东特派交涉员，负责与日本驻济南领署联系交涉。5 月 3 日，日军以两个被流弹所击的士兵为借口，突然向国民党北伐军驻地发起大规模军事进攻，致使北伐军 7000 多人缴械。之后，日军在济南烧杀掳掠奸淫，无恶不作，唆使日侨义勇团杀害中国学生、工人、店员，5 月 3 日一天被害的中国人达 3625 人，济南一时尸体遍街，血流成河，成为日寇残杀中国人的屠场。这一天深夜，日军公然践踏国际法，包围并强行搜查山东交涉署，特派交涉员蔡公时义愤填膺，坚持民族气节，高喊"中国人可杀不可辱"，激励交涉署张麟书、张鸿渐、王炳潭等人怒斥日军野蛮行径，日军恼羞成怒，对交涉署人员割耳、切鼻、断腿，蔡公时等人被拽到屋外，遭受枪杀，山东交涉署除一位勤务兵侥幸逃出外，无一人幸免，这就是史上所称的济南惨案。

济南惨案发生后，抵抗日本的怒火在神州大地与海外华侨华人群体中燃起。1928年5月11日，陈嘉庚领导怡和轩发出赈济山东难民的通告，呼吁华人社团与个人响应。短短四天，120个华人团体站出来响应。5月17日下午，为济南惨案召开的大会在新加坡中华总商会举行，到会各界代表1000多人，一位代表愤恨地切下自己左手的一只小指，号召全体华人做一名血性男儿，同仇敌忾。陈嘉庚被提名为大会主席，他以大会主席身份做了《公理犹存，国耻定雪》的演讲，谴责日本军队"野心凶暴，险恶蛮横，实全世界所未有"。他说，"今我国势虽弱，然人心未死，公理犹存，必筹相当之对待"，他号召全体华人"第一就是抵制，第二就是筹款"，一如既往地抵制日货，反抗日本暴行，筹款赈济山东难民，以让"死者可葬，伤者可医，散者可聚"。[①] 会后，新加坡成立山东筹赈会，陈嘉庚任主席，副主席是潮帮的陈秋槎，委员会设在怡和轩。由此，一场持续9个月之久、有10万人投入、席卷整个新马社会的华人、跨帮跨派的民间政治运动如火如荼地开展起来，怡和轩也因此成了中国人在新加坡的政治大本营。山东筹赈运动开展18天，便获得捐款50万元的惊人实绩，100天时达到100万元，到1929年1月总结时，新加坡华人总共认捐了134万元，各地华人捐款达500万元（国币）。这一运动将南洋的抵制日货活动推向高潮，日本在南洋的经济遭到严重打击。当日本就济南惨案提出言和时，陈嘉庚又电告国民政府外长，"日兵未退，先许言和"，"万万不可迁就"，而要乘"民

---

① 陈嘉庚：《公理犹存，国耻定雪——在筹赈山东惨祸全侨大会上的演讲》，《南洋商报》1928年5月18日。

气初盛，抵制正剧"，振兴国货，"毅力坚持"①，表现出一种与侵犯恶行与罪恶毫不妥协、斗争到底的民族气概。山东筹赈运动是南洋华侨一场全民性的抗日爱国运动，是陈嘉庚第一次站出来领导的跨帮跨地的运动，陈嘉庚在山东筹赈会运动的考验、洗礼和助推下，个人威望骤然提升到一个极高的位置，南洋800百万华侨之领袖的地位由此而奠定。

山东筹赈会募捐到的钱，大部分汇缴到当时的南京政府，部分用于接济蔡公时的家属，陈嘉庚还以筹赈会的名义在德国定制了一尊蔡公时先生铜像。这尊铜像直至2006年4月才从新加坡晚晴园移运到中国济南，于2006年5月3日纪念济南惨案78周年时安放在济南趵突泉"五三惨案"纪念园内。山东筹赈会的成功，在整个东南亚的影响是空前的，它"为一九三零年代各项群众运动，在组织原则、形式及技巧等方面，树立了楷模"。②

1931年"九一八事变"，日本打响入侵中国的第一炮，作为当时已经是新马华侨心目中的中国事务发言人，陈嘉庚立即在新加坡召开声讨日本的侨民大会，并通电欧洲日内瓦国际联盟以及美国总统，要求他们履行各种国际条约、维持世界和平、伸张正义，陈嘉庚警示国际组织"导火线自此发生，将造成将来世界纷乱"，他说："余明知开会发电虽无丝毫效力，然祖国遭此侵暴，海外侨民不宜塞耳无闻，自应唤醒侨民鼓动志气，激励爱国，冀可收效于将来。"③

1932年7月，集美学校要选派学生到日本留学，陈嘉庚即刻拦住。他说，"日贼亡我之野心至为明显，东三省万无退还之理势，列强决无坐视之狼狈"，他预料到"我国与暴日势不两立，必有一日分

①　陈嘉庚1929年2月11日为日本突然毁弃济南惨案解决条款致中国外长电。

②　杨进发：《华侨传奇人物陈嘉庚》，李发沉译，陈嘉庚纪念馆2012年，第163页。

③　陈嘉庚：《南侨回忆录·九一八与南洋之抵制日货》，厦门大学出版社2022年版，第52页。

裂解决"，派留学生往日本，实为"凉血之举动"。①

1933 年，他又在《答客辩》中对日寇近年来对中国犯下的桩桩罪行痛加鞭挞：

> 主使韩人，惨杀华侨，冀以引起报复，遂其奸谋，凶恶野蛮，无与伦比！此一事也。
>
> 九·一八夜，诬毁铁路，袭占邻国，不宣而战，狡言自卫，野心无厌，甚于盗贼！此又一事也。
>
> 一二·八夜，焚毁我闸北，图占我上海，虽奸谋未逞，而暴行更彰。此又一事也。
>
> 威胁溥仪，资为傀儡，强造伪国，欺人欺天。狡诈无耻，至斯而极！此又一事也。
>
> 九国条约，国联盟约，非战公约，安危事动寰宇，祸福关系人群，何等重大？而乃敢冒不韪，甘为罪魁，违盟背信，毁法乱纪？此又一事也。
>
> 太平洋旧德领群岛，受国联委治，竟私营军备，据为己有，侈谈生命线，积极备战争，视欧美列强为无物。贪狼兽性，愈演愈烈！此又一事也。
>
> 综上六者，穷凶极暴，绝理灭伦，罪迹显然，举世咸知。任何古今中外占人土地，灭人国家之野心侵略者，亦无如此狂悖凶悍！②

二、国家大患一日不除，国民大责一日不卸

1937 年 7 月 7 日夜，日军在北平西南卢沟桥附近演习时，借口

---

① 陈嘉庚 1932 年 7 月 16 日致集美学校校董函。
② 陈嘉庚：《答客辩》，《集美周刊》1933 年第 14 卷第 3 期。

一名士兵失踪，向中国守军开枪射击，并炮轰宛平城，卢沟桥事变发生，中国全面抗战爆发。在"中华民族到了最危险的时候"，陈嘉庚以全部心力投入到这场民族独立与民族解放战争，领导南洋800万华侨，为祖国的抗战和世界反法西斯战争，作出了卓越贡献。

"七七事变"爆发后，海外华侨认同祖国的民族意识潮流被推向最高潮，他们群情激愤，万众一心，同仇敌忾，共赴国难。新马华社社团会员、学生与工人纷纷组织各类筹赈活动，掀起了规模空前的群众运动支援祖国抗战，仅新马两地就迅速涌现出118家华侨救亡团体。

那些日子，陈嘉庚整天坐在怡和轩里，注视着华北局势以及整个战争的发展态势。8月13日，一场持续三个月的大规模的惨烈的淞沪会战打响。新加坡华社侨领叶玉堆、李俊承、陈延谦、周献瑞、李光前、陈六使来到怡和轩，请陈嘉庚出面领导新马的抗日救亡运动。此时，英国人也暗中支持陈嘉庚出来领导新马华人的救亡运动。8月15日，也就是淞沪会战的第三天，新马华社118个团体派出700名代表，在中华总商会举行大会，大会举陈嘉庚为临时主席，确定成立"马来亚新加坡华侨筹赈祖国伤病难民大会委员会"，简称"星华筹赈会"，陈嘉庚被推举为执委会主席。陈嘉庚说："此次抗战救亡为有史以来最严重之国难，国民须尽量出钱出力。"[1] 他宣布："今日大会目的专在筹款，而筹款要在多量及持久。新加坡为全马或南洋华侨视线所注，责任非轻。"[2] 会上，陈嘉庚带头捐每月国币2000元，一直捐到战事结束为止。那时，陈嘉庚的企业已经倒闭，自己已经没有在握的财力，但他依然身先士卒，带头筹赈。星华筹

---

[1]　陈嘉庚：《南侨回忆录·马来亚筹赈会议》，厦门大学出版社2022年版，第72页。

[2]　陈嘉庚：《南侨回忆录·新加坡筹赈会成立》，中国华侨出版社2014年版，第69页。

赈会的成立，标志着南洋支援祖国抗战进入有领导、有组织、有周密计划的行动。陈嘉庚看到整个南洋不断高涨的抗战救亡情绪与力量，于1937年8月24日在《南洋商报》发表一封致马来亚各帮侨领公开信，邀请他们共同筹建一个泛马来亚筹赈组织，统一指挥更为广泛的抗战募捐活动。这个倡议促成了新加坡马来亚十二个地区百名代表聚集吉隆坡召开一次协调讨论会。

1937年12月，菲律宾中国筹赈会主席李清泉向陈嘉庚提议，南洋华侨应在新加坡或香港组建一个领导全南洋华侨抗战筹募的总机关；1938年5月，厦门沦陷，李清泉第二次向陈嘉庚建议设立南洋华侨筹赈总机关，领导募款等行动。此时印尼雅加达中国筹赈会主席庄西言也向陈嘉庚提出同样的要求，庄西言还向国民政府行政院孔祥熙求助，请孔祥熙出面邀请陈嘉庚出来组织领导南洋八百万华侨的支援祖国抗拒日寇的活动。陈嘉庚明白，这是他义不容辞的时候了。

1938年10月10日，南洋华侨支持祖国抗战最重要的也是最富有纪念意义的大会在新加坡华侨中学开幕，大会的口号是"立国五千年忍使黄魂洒赤血，华侨八百万誓扶白日照青天"，180多名来自马来亚、印尼、泰国、菲律宾、北婆、砂劳越、缅甸和越南的代表聚集在新加坡华侨中学礼堂，成立南洋华侨筹赈祖国难民总会（简称南侨总会），讨论华侨支援祖国抗战的主题。会场上飘扬着中国国旗，会场内外是"团结""救亡""抗敌""雪耻"的口号，墙上贴满了"有钱出钱，有力出力，抗战必胜，建国必成"、"先国后家，先公后私，国家兴亡，匹夫有责"的标语，主席台中央悬挂着孙中山肖像，两旁书写着他的遗言："革命尚未成功，同志仍须努力。"陈嘉庚作为大会临时主席致辞，强调全体侨胞要忠诚祖国，号召全体侨胞"更各尽所能，各竭所有，自策自鞭，自励自勉，踊跃慷慨，贡献于国家"①，在国家危急的生死存亡之际，"不当亡国奴，就要打到底，宁为玉碎，不为瓦全"。②大会足足开了7天，一直到10月16日才圆满闭幕，会上成立了由东南亚各国各地区21名代表组成委员会的南侨筹赈总会，陈嘉庚在危难中担起南侨总会主席的重任，成为800万华侨抗日救亡运动的最高领导者和组织者，以华侨领袖的身份登上中国抗战的政治舞台，带领东南亚全体华侨鼎力支持祖国抗战。

在陈嘉庚领导下，南侨总会发出了"国家之大患一日不能除，则国民之大责一日不能卸；前方的炮火一日不能止，则后方刍粟一日不能停"宣言，他们在东南亚各地建立了200多处筹赈组织，发动持续不断的抗日筹赈运动，陈嘉庚要求"吾侨要为祖国长期抗战后援，使军火能源源接济，而无告缺之虞，方能守最后之胜利"。③从那时起到1941年12月太平洋战争爆发，那4年的1000多个日日夜夜，陈嘉庚就待在怡和轩办公室处理南侨总会那"一日不能止"的纷繁事务，每天工作长达十几个小时，几乎未曾回过家，除了协助他工作的几位子女，家里的其他人只有在大年初一这天，到怡和轩向他拜年时才能与他相见。在那些日子里，他不断地发表讲话、发出公告，分析抗战的长期艰巨与最后的必胜，激励南侨"充大精诚，固大团结，宏大力量"，坚持不懈地为祖国抗战筹款，源源不断地为抗战前线集送冬衣、棉被、药品等生活用品与汽车、坦克、飞机等军事装备。4年中，南侨总会共募集抗日义捐达5亿国币，认购救国公债2亿5000万，捐献飞机217架，坦克27辆，救护车1000多辆。据有关方面统计，包括间接汇给祖国家属等方面的

① 陈嘉庚：《南侨回忆录·附录三：大会开幕主席陈嘉庚先生致词》，厦门大学出版社2022年版，第82页。

② 陈嘉庚：《南侨回忆录·附录四：南洋各属华侨筹赈祖国难民会代表大会宣言》，厦门大学出版社2022年版，第88页。

③ 陈嘉庚：《暴敌凶残，鬼神如有知必当共愤》。

款项，抗战中由南洋流入中国的巨款达50亿元国币，抗战筹赈活动情形就像陈嘉庚在《南侨回忆录》中所写："……风起云涌，海啸山呼，热烈情形，得未曾有，富商巨贾，既不吝金钱，小贩劳工，亦尽倾血汗。"800万华侨抱定，"必须坚持不懈，无论人事如何变动，时境如何困难，要当排除瞻顾，勇往直前，出钱出力，能多固好，即少亦佳，务期普遍永久，以与祖国持久抗战，步步联系，息息相关，遥相呼应"[①]。信心之坚定，情怀之诚毅，可谓惊天地泣鬼神。

三、为国效命，尽国民天职，成时势英雄

1937年12月，日本占领南京，紧接着加紧对中国沿海港口的封锁。1938年5月，厦门失守。10月，日寇占领广州，中国通往外面世界的海上通道被切断，英国等西方国家与苏联支援中国抗战的军需与其他物资运抵中国前线的通道被切断。此时，起于缅甸的腊戌、止于云南畹町的滇缅公路成了中国抗战的生命线。滇缅公路翻越过海拔3000多米的云岭、怒山、高黎贡山等横断山脉，跨过怒江、澜沧江、漾濞江等大江大河，穿过8处惊险万分的悬崖峭壁，道路崎岖，重峦叠嶂，全长1146公里，是抗战时期中国西南唯一的国际通道，国际支援中国抗战的军事装备与各种物资全靠这条公路输送，国民政府还专门成立了西南运输处来负责这条公路的运输。当时国际上还支援中国10000多辆汽车用于战略运输，滇缅公路才刚刚开通，抗日前线与滇缅公路运输最缺的是汽车司机和机修工人。于是，国民政府西南运输处致电南侨总会主席陈嘉庚，请求南侨总会支持，代招华侨机工回国服务。

陈嘉庚接到电报后，召集总会各路领导协商，并立即在报上发布南侨总会《通告第六号：征募汽车修机驶机人员回国服务》，号召

---

① 陈嘉庚：《南侨回忆录·南侨总会任务》，厦门大学出版社2022年版，第118页。

"际兹国族凌夷之日，正好男儿报国之时"，华侨机工"当可联袂而起，为国服务，共肩民族复兴之责，以尽国民之天职"。① 陈嘉庚说："海外华侨就南洋而言，人口有八百多万人，当兹祖国被侵略而抗战，如在壮健之年，而有相当能力者，均宜回国服务。"② 他号令华侨机工要"毫不犹豫"地"对我国滇缅全路修驶人员负完全供应之责任"。③ 1939 年 2 月 17 日农历除夕，第一批 80 名南侨机工在过年的鞭炮声中踏上征程。

陈嘉庚在南洋华侨筹赈祖国难民总会成立
大会上演讲

出发前，陈嘉庚在怡和轩召见全体出征的华侨机工，他为"青年有志具此牺牲精神"而感动，认为青年机工回国服务的精神，"足为全马来亚之模范"。2 月 22 日刚刚送走第一批回国机工的陈嘉庚通函南侨各埠筹赈会鼎力，在南侨机工《组织法及其手续》中特别要求回国服务机工"须注重忠诚为国，肯牺牲，能耐苦，有恒心"。2 月 25 日，南侨总会发出《第七号通告》，3 月 7 日，发出《第八号通告》，号召华侨司机机工"竭诚贡献，以抢救祖国之危亡，尽其国民之天职"。3 月 13 日，第二批 207 名回国服务的华侨机工走向祖国的滇缅运输线。3 月 21 日，南侨总会又发出《第九号通告》，开始第三批机工的征募，激励南侨青年"为国效命，以成时势之英雄"，

---

① 南侨总会：《通告第六号：征募汽车修机驶机人员回国服务》，《南洋商报》1939 年 2 月 14 日。

② 陈嘉庚：《望机工擅自勉励审慎勤勉》，《南洋商报》1939 年 3 月 27 日。

③ 陈嘉庚：《在南侨总会欢送机工回国会上致词》，《南洋商报》1939 年 4 月 5 日。

响应极其热烈，第三批回国服务的南侨机工，人数达到 594 名。就这样，一次次南侨总会征募汽车机工的通告接踵发布，一批批自愿回国效劳的南侨机工从新加坡马来亚经安南或经仰光踏上祖国的土地，投入抗日救亡的战斗。

从 1939 年 2 月到 8 月，共有 9 批 3192 名南侨机工回到祖国的抗日战场，其中有一部分司机从仰光直接驾着国际支援的汽车奔赴抗战前线，更多的南侨机工则投入到滇缅公路这条抗战生命线的运输战斗。他们响应华侨领袖陈嘉庚的号令，放弃南洋安逸富裕的生活，放弃优厚的工资待遇，选择为国分担，选择浴血奋战。滇缅公路上的日日夜夜，是他们在南洋根本想象不到的艰苦，丛林峻岭，林烟瘴气，蚊虫野兽，住帐篷吃陋食，病了缺医少药，更为严峻的是喋血运输。当时，日本为了阻拦国际支援物资运抵中国前线，特别组建了"滇缅路封锁委员会"，命令驻扎越南的 100 架陆航机轮番轰炸滇缅公路沿途的桥梁、站口，阻拦中国汽车的运输。对此，陈嘉庚在《南侨回忆录》中写道："……敌机时常来轰炸，闻两个大桥多被炸坏，军火减运不少，每天仅可行半日而已，余甚为忧虑。"[1]脚下是万丈深渊，头上是敌机狂轰滥炸，一条抗战的生命线，每时每刻都面临着死亡的威胁，但就是在如此艰难困苦中，南侨机工背负着民族重任，置生死于不顾，将决定战争胜负、民族存亡的军事装备与生活物资，源源不断地输送到祖国抗战最需要的地方。从 1939 年到 1942 年，滇缅公路运输的军需物资达 450 万吨，平均每天有 300 吨物资从这条公路运抵抗战前线与后方。但在这 1100 多公里的生命线上，有 1000 多名的南侨机工献出了生命，滇缅公路平均每公里就有一名南侨机工牺牲在这里。

---

① 陈嘉庚：《南侨回忆录·敌机炸两桥》，厦门大学出版社 2022 年版，第405 页。

行驶在滇缅公路上的华侨机工车队

"奠建国之基于风雨飘摇之日，启复兴之运于河山破碎之时，操心弥苦而抱志弥坚，努力愈大而收功愈著"，就这样，抗日烽火中的陈嘉庚及其领导的南侨总会，在民族遭遇日寇铁蹄践踏、山河破碎之时，怀揣"吾侨爱国，素不后人，则于建国复兴之大业，何可袖手旁观"[1]的民族大义，与祖国抗战步步联系，息息相关，遥相呼应，无论在财政资金上，还是在资源与装备上，有力地支援了抗日战场，为抗战的最后胜利作出卓越贡献。陈嘉庚这面华侨旗帜，在中华民族抗战的烽火硝烟中熠熠生辉，闪烁着不朽的民族光辉。

第三节　圆华侨"救乡"梦想　写福建铁路新篇

在一百多年来的中华民族伟大复兴的历史浪潮中，海外华侨展开的各种各样的"救国""救乡"运动是复兴浪潮中的一朵特别的浪花。20世纪二三十年代，南洋的闽籍华侨不忍家乡的落后，为改变

---

[1]　陈嘉庚：《南侨回忆录·南侨总会成立》，厦门大学出版社2022年版，第81页。

家乡面貌，促进家乡繁荣，捍卫亲眷与父老乡亲的利益，主动发起一项项进行政治革新、铲除恶势力、建设新福建的爱国爱乡自救运动，他们或出资兴学，或开设实业，或投资基础设施，表现出南洋华侨心系桑梓、期盼国家兴盛的心愿。这样的一些繁荣家乡的梦想，正如陈嘉庚在全国人民代表大会第一次会议发言中所说："今天，在毛主席的领导下，都可实现了。"

一、半个世纪的华侨铁路梦

20 世纪初期，南洋闽籍华侨多次开展"救乡"运动，在闽籍华侨的"救乡"计划中，兴建漳厦铁路是最重要的项目。

闽侨的故乡铁路之梦发生在清末新政时期，那时在华侨的资助下，从厦门嵩屿港至漳州江东桥修过一段 28 公里的铁路，这是福建历史上的第一条铁路。铁路由当时的福建全省铁路公司兴建，陈宝琛督办，筑路资金主要来自新加坡的华侨募捐。但铁路公司由官僚把握实权，以至于筑路成本平均每公里近 8 万银圆，高出成本一倍。眼见着筑路捐款被如此挥霍，失望的华侨不愿再追加投资，原本计划的厦门到漳州的铁路也就在江东桥戛然而止，没能继续向前延伸。对此，陈嘉庚曾追忆道："但主办诸人，既无管理路工常识，其所委任实际管理人员，又率为自己引用的私人，任凭朋比为奸，怠工浪费，不加过问，致工程拖延日久，到了期限，铺轨仅至江东桥为止，所有路款，即已告罄。"[1] 1911 年底，厦门海关税务司巴尔在《海关十年（1902—1911）报告》中很惋惜地写道："1911 年间，由于缺乏资金，筑路工程完全停止了。由于本地投资者没有表现出任何再认购资本的意愿，似乎将不会有任何把铁路继续修筑到漳州的前景了，这最初的目标看来将成为泡影。"巴尔还指出，没有铁路，运输的困难必定成为大片矿藏的开采所"不可逾越的障碍"，只有将连接

---

[1]　陈嘉庚：《鹰厦铁路与厦门港口的重要性》，《厦门日报》1956 年 12 月 11 日。

闽西、安溪等矿区与沿海的铁路交通开辟，"情况才可能改观"。当时福建与闽籍华侨已经意识到在闽西、在厦门周边的安溪存在着大量的矿藏，如果没有铁路，矿藏也只能依然藏在山坳中。

又过了 10 年，到 1921 年，厦门口岸一个新的繁荣时期兴起，厦门海关税务司麻振在作《海关十年（1912—1921）报告》时，又意识到厦门发展的"最大的困难是交通"，厦门应尽快成为一个连接福建各地、江西以及长江流域其他省份的铁路交通中心。直到 1931 年，厦门海关报告的重点依然是厦门缺乏与富庶的中国中部相连接的铁路，认为致使厦门成为南部中心省份集散港口的希望"耽搁和损害"的原因，便是没有铁路交通。

正是在这种情况下，当南洋的福建华侨掀起"救乡"运动时，修建铁路的希望便重新燃起。1924 年，在马尼拉中华商会会长李清泉倡议下，旅菲闽侨成立了"闽侨救乡会"，并选李清泉为会长，南洋其他地方华侨一呼百应。这一年，印度尼西亚四大糖王之一、已经定居在鼓浪屿的黄奕住也开始为救乡运动多方奔走。1924 年 5 月 28 日和 6 月 26 日，上海《申报》连发两篇消息报道黄奕住的实业救乡行动，黄奕住针对十多年来搁下不动的 28 公里的铁路现实指出："漳厦铁路建设至今，形存实亡。其急需改造与急需建筑之必要。"1924 年 8 月，黄奕住抵达上海，向交通部申请修筑漳厦铁路，但恰恰在这个时候，军阀混战导致南北交通断绝，无奈中黄奕住不得不返回鼓浪屿。对此，《海关十年（1922—1931）报告》写道："由于政治动荡……1926 年，一些本地金融家从中央政府获得批准，承担该铁路的改进和扩建，但内地的动乱阻止了这一计划的实施，没有完成任何建设。"尽管如此，黄奕住并不气馁，反而将计划扩展为一个规模更大的从漳州到龙岩的漳龙路矿计划。

1926 年 3 月 15 日，"南洋闽侨救乡会代表大会"在鼓浪屿召开，李清泉、黄奕住、林文庆等 50 多名闽侨领袖参加了这次大会，北京、上海的福建同乡会也派出代表参加，会上提出了"敷设铁路为救乡之根本要图"，黄奕住提出"续办漳厦铁路抵龙岩"，并且计划待厦门、漳州、龙岩全线通车后，继续敷设覆盖全省的其他干线，由龙岩经永定通潮汕为第二干线；由厦门、漳州通同安、经泉州至福州为第三干线；由福州通南平、经浦城出福建，与江西、浙江铁路相连为第四干线。规划宏伟，壮志雄心。会后成立漳龙路矿计划筹备处，发起民办福建全省铁路股份有限公司，派出工程师勘测敷设路线。1926 年，北洋政府同意黄奕住经营福建全省铁路。但到 10 月，何应钦率领北伐军东路军进入福建，北洋政府倒台，敷设铁路行动停止。此时，国民党通过北伐宣言提出"银行、铁路、航道之属，由国家经营管理之，使私有资本不能操纵国计民生"，黄奕住的漳龙路矿计划破产。

1932 年，十九路军入闽，福建政权再度变动。由于南洋华侨曾对十九路军有过巨大支持，十九路军总指挥蒋光鼐对闽侨抱有好感，加上 1933 年 5 月独立的福建省政府成立建设委员会，李清泉担任常务委员，于是，漳龙路矿筹备处在鼓浪屿重新开张，黄奕住再次提出敷设铁路到龙岩的计划，得到蒋光鼐的支持，中途停止的勘探工作再度启动。1933 年蒋光鼐发动福建政变，成立中华共和国人民革命政府。然而"革命政府"短命，仅仅存在两个月，在蒋介石军队的攻击下，福建政变宣告终结，漳龙路矿计划随之灰飞烟灭，从此再没人提起。抗战爆发后，日军侵占厦门，嵩屿火车站被日军炸毁，驻守漳州厦门的中国军队撤退时实施焦土战略，把残存的铁路全部拆卸或炸毁，从此，福建再也没有一寸铁路。

现实让亲身经历"救乡"失败的福建华侨心里尤为清楚，个人的命运乃是与国家民族的命运紧紧联系在一起的。正如陈嘉庚所说，"长久以来，华侨期望祖国强盛"，"可是旧时代的中国，在国际上处在被压迫的地位，内政又非常腐败，所以经济、文化以及其他各项事业都很难发展。那时候，华侨要在家乡安居也有困难，更谈不上建设祖国和家乡"。新中国成立后，陈嘉庚以自己的切身体会，深切地感受到"一个强大的新中国已经出现"，"华侨不再是海外孤儿，而有了一个伟大的慈母。这就是伟大的中华人民共和国"。"在这个伟大的祖国，华侨可以和全国人民一道，贡献自己，参加建设事业。实现建设家乡的理想。"新中国给海外中华儿女带来了民族复兴、国家强盛、家乡繁荣的希望，当年华侨的"救乡梦"重新焕发出美丽的光彩。

1950 年 5 月，在离开新加坡回归祖国时，陈嘉庚开始实现华侨"救乡计划"的梦想，他说："本省山多田少，崎岖险峻，交通不便，面积十二万平方公里，人民一千二百余万人，未有一寸铁路，此殆为世界所无，各项事业之不振，民生之困苦，与此不无关系。"他指出厦门要建设铁路发展商港，如果福建有铁路，厦门与漳州、龙岩、福州、泉州及浙赣铁路连接起来，则"厦门海港深阔，数万吨巨舰可以停泊，为我国沿海数一数二良港"[①]。他深深地感到："国家之有铁路，如人身之有血脉，缺乏铁路交通的地方，百业不振，文化落后，正如人身患了麻痹，生活的技能必然损失。"[②]这不仅仅是陈嘉庚的愿景，也是福建万千民众与海外千万闽侨近半个世纪的梦想，是近代史上南洋华侨"救乡计划"中一个没能完成的夙愿。于是，一回到祖国，陈嘉庚就开始了圆梦旅程。

二、新中国的万里飙轮诗

1950 年 6 月，在全国政协一届二次会议上陈嘉庚正式提出修建福建铁路的问题，他说福建全省无铁路，交通落后情况亟待解决。但 1950 年 10 月抗美援朝战争爆发，全国的焦点放在这场伟大的保

① 陈嘉庚：《新中国观感集》，新加坡南洋华侨筹赈总会1950年版，第139页。

② 陈嘉庚：《鹰厦铁路与厦门港口的重要性》，《厦门日报》1956年12月11日。

家卫国战争中，福建铁路的修建问题一时无法考虑。陈嘉庚是个拿定了主意就一定要践行要干成事的人。1952年5月和12月，他先后两次写信给毛泽东主席，提出修建福建铁路的急切性，毛泽东主席接信后，立即批示："此事目前虽不能兼顾，但福建铁路的正确意见，当为彻底支持。"毛泽东主席将指示发送给有关负责同志办理。1953年2月，抗美援朝战争接近尾声，有一天周恩来来到陈嘉庚北京下榻的地方，与陈嘉庚交流福建铁路和发展工业的问题，并明确表示要尽快修建福建铁路。那天，"嘉庚先生非常高兴。事后他对很多人说，'总理确实伟大、谦虚，我没有次序地什么都讲，他不插话，耐心地等我讲完。我一共讲了多少个问题连自己也记不清，还是总理最后替我和姚笛一个不漏地归纳成几个问题，并做了明确的答复'"①。之后，中央还派了王震、彭德怀等先后到厦门实地考察，华东区领导陈毅也大力推波助澜，周恩来又多次与陈嘉庚交流意见。1953年7月，《朝鲜停战协定》在板门店签订，朝鲜战争结束。7月3日，中共厦门市委接到周恩来总理拍来的一份电报，嘱咐市委将电报转给陈嘉庚。市委书记林修德立即将电报交给市委办公室的林沙，并嘱咐林沙绘一张闽赣地图，一起交给在厦门居住的陈嘉庚。电报的内容是关于鹰厦铁路的勘查与选择情况，周恩来告诉陈嘉庚勘查的铁路线有三条，经过对比论证，决定采用的方案为：自江西鹰潭经闽北、闽西而闽南，厦门为铁路的终点。这个方案正是陈嘉庚设想的方案。林沙奉命用一张比四开大一点的道林纸，按电报所示用虚实两种线条画了一张鹰厦铁路的路线图，与电报一起交给了陈嘉庚，陈嘉庚一看，喜出望外，顿时笑开了颜。半个世纪以来闽侨铁路"救乡"梦想即将实现，福建无铁路的历史即将结束。1954年春天，到北京参加全国人民代表大会的陈嘉庚，又与毛泽东主席、周

---

① 张其华：《在陈嘉庚身边十年》，《回忆陈嘉庚文选》，中国文史出版社2013年版，第195页。

恩来总理当面交流福建铁路事宜，此时，中央已经把鹰厦铁路的建设列进第一个五年计划，毛主席与周总理告诉陈嘉庚：已经作出决定，即将动工兴建。

1955年2月，在寒冷的天气中，建设鹰厦铁路的爆破声、哨声、开山凿洞声开始响起，此起彼伏，组成闽赣大地的建设交响，从朝鲜战场上开回来的人民解放军铁道兵部队，在闽赣的崇山峻岭中开凿隧道、搭建桥梁、铺设铁轨，逢山开路，遇水架桥，挖出了46条隧道，建造了1973座桥梁涵洞（其中桥163座）、2条5公里长的海堤，挖填土石方6500多个劳动日，从1955年8月20日铺下第一根钢轨，到1956年12月9日铺轨到厦门，铁道兵以平均一天建超过一公里铁路的速度，完成了全长694公里的鹰厦铁路。鹰厦铁路的建设在中央的直接领导下，在中国人民解放军的艰苦奋斗下，比原计划提前一年建成，全线修建经费折合400多万两黄金。1957年4月12日中午12时，从厦门开出了福建有史以来第一列北上客车，建设者与人民群众欢呼雀跃，福建没有一寸铁路的历史结束了，半个世纪以来华侨的梦想实现了。40位从海外赶回来的华侨乘上这第一列从鹭江边开出的火车，兴奋地随车北上，列车上的侨胞李禧先生即兴作诗一首：

> 梧村塘外殷轻雷，
>
> 万里飙轮倾刻来。
>
> 吩咐春风为传讯，
>
> 一行恰好百花开。

这一年，陈嘉庚在北京参加全国人大一届三次会议，毛泽东见到陈嘉庚，特意走到他面前，高兴地对他说："鹰厦铁路一通，三个姓陈的都高兴了。"毛泽东的"三个姓陈的"指的是陈嘉庚、福建省副省长陈绍宽和华东军区司令员陈毅。

鹰厦铁路通车后，陈嘉庚撰写了《鹰厦铁路与厦门港口的重要性》一文，很激动地叙述了请造福建铁路的过程。他说："今天我看见鹰厦铁路在福建通车，我永远激动。这是毛主席英明果毅施行富国利民政策所赐予的成果。"他特别感激王震将军所率领的铁道兵，"执行艰巨的工程，发挥伟大的力量"，他对鹰厦铁路通车后厦门的发展充满憧憬："政府以鹰潭为铁路起点，以厦门为铁路终点，是具有为全国运输统筹利益之成算。"通了铁路交通发达之后，将来的厦门港将"容纳五洲万吨之商船，东南亚贸易之市场将以此为集散地点"，"厦门港之重要性必然提高不少"。①

从请建鹰厦铁路到鹰厦铁路建成通车，在这段刚刚回到祖国的日子里，陈嘉庚虽为耄耋之年，却心系桑梓，心怀国之大者，不仅与党和国家领导人共商国是，参与国家各项大事的研讨制定，而且在家乡修复与扩建集美学校、厦门大学，参与建设厦门海堤，建设华侨博物馆与集美解放纪念碑，以毕生之力，为国奔波，为家乡人民造福。

结　语

习近平总书记指出："中华民族的昨天，可以说是'雄关漫道真如铁'。近代以后，中华民族遭受的苦难之重、付出的牺牲之大，在世界历史上都是罕见的。但是，中国人民从不屈服，不断奋起抗争，终于掌握了自己的命运，开始了建设自己国家的伟大进程，充分展示了以爱国主义为核心的伟大民族精神。中华民族的今天，正可谓'人间正道是沧桑'。改革开放以来，我们总结历史经验，不断艰辛探索，终于找到了实现中华民族伟大复兴的正确道路，取得了举世瞩目的成果。这条道路就是中国特色社会主义。中华民族的明天，

---

① 陈嘉庚:《鹰厦铁路与厦门港口的重要性》,《厦门日报》1956年12月11日。

可以说是'长风破浪会有时'。经过鸦片战争以来170多年的持续奋斗，中华民族伟大复兴展现出光明的前景。现在，我们比历史上任何时期都更接近中华民族伟大复兴的目标，比历史上任何时期都更有信心、有能力实现这个目标。"[①]陈嘉庚正是一位经历过中华民族昨天与今天的爱国华侨领袖，在"雄关漫道真如铁"的岁月里，他喊出"四万万之民族，决无甘居人下之理"，并以填海之精卫、移山之愚公的民族精神艰苦奋斗，自强不息；在"人间正道是沧桑"的新中国，他看到"一个强大的新中国已经出现"的大好历史，不顾桑榆之老，继续以填海之精卫、移山之愚公的精神，为民族复兴、人民幸福而奋斗不已，鞠躬尽瘁；而今天，中华民族伟大复兴进入了不可逆转的历史进程，当我们向往着"长风破浪会有时"的明天时，我们更要弘扬嘉庚精神，继承填海之精卫、移山之愚公的精神，实现中华民族从昨天、今天到明天的美好梦想。

思考题：

1.陈嘉庚的"四万万之民族，决无甘居人下之理"与中华民族伟大复兴有什么样的历史联系？

2.为实现中华民族伟大复兴的中国梦，当代青年应如何弘扬嘉庚精神？

---

① 习近平总书记 2012 年 11 月 29 日在参观《复兴之路》展览时的讲话。

第四章　把握历史方向　心系国之大者

陈嘉庚作为杰出的华侨领袖和爱国实业家，为实现强国富民的理想，毕其一生以赴之。他爱国兴学倾心教育事业，关心祖国建设并投身救亡斗争，推动华侨团结、争取民族解放，被伟大领袖毛泽东主席誉为"华侨旗帜，民族光辉"。在中国历史的伟大转折面前，陈嘉庚展现出了非凡的智慧和坚定的信念，他始终站在民族大义的高度，以敏锐的政治眼光和深厚的爱国情怀，牢牢把握历史发展的脉络，深刻洞察到中国共产党人所代表的正义力量和民族未来的希望，毅然决然地选择了支持中国共产党。这一选择不仅是对历史方向的精准把握，更是对中华民族前途命运的深刻关怀。他强烈的爱国主义精神与行动不仅在历史的洪流中熠熠生辉，更超越了政治分野、跨越了国界，为中华民族的独立和解放事业贡献了不可磨灭的力量，也为人类文明增添了一份宝贵的财富。陈嘉庚的历史选择不仅影响了当时的时代进程，也在后世成为民族团结和爱国主义的伟大象征，激励着无数后来者在中华民族伟大复兴的道路上继续前行。

第一节　从民族复兴把握历史，以"立国福民"确立方向

民族复兴和利国富民是陈嘉庚一生的追求。他始终将个人命运与国家的命运紧密相连，致力于为民族复兴贡献力量。在抗日战争

的艰难时期，他不仅积极组织侨胞捐款，还亲自回国考察，深入了解抗战形势，以便更好地动员海外华侨支持祖国。他对国民党内部的腐败现象深感不安，敢于提出质疑，展现出对国家和人民的强烈关切。此外，他在面对国共摩擦时，主动寻求对话与合作，推动双方团结一致，共同抵御外敌。陈嘉庚的信念和行动不仅诠释了爱国主义的真谛，也为后世树立了榜样，彰显了个人在历史洪流中的重要作用。他的一生是为国奉献的典范，深刻体现了爱国情怀与实际行动的结合。

一、排除万难，亲身归国

陈嘉庚组织南侨慰劳团，饱含深沉的爱国情怀与使命担当。尽管年事已高、局势复杂，他毅然决意亲自带团，护卫团体声誉，守护民族尊严，彰显了海外华侨对祖国抗战的坚定支持。他对团员严格要求，强调谦逊和人格修养，凸显了他对民族精神和道德责任的高度重视。这一行动不仅表达了他对祖国的深情厚意，更诠释了中华民族在危难时刻挺身而出、同舟共济的伟大精神。

1939 年 12 月 4 日，陈嘉庚让《南洋商报》刊登了组织"南侨回国慰劳视察团"启事，10 日，他又在《南洋商报》作了答记者问，向全体华侨告示南侨总会组织慰劳团的动机、目的与办法。组织慰劳视察团的目的，一方面在于鼓舞祖国同胞抗战志气，另一方面又以祖国抗战民气激励侨胞多献义捐，多寄家费。1940 年 2 月，慰劳团正式成立。团员约 50 名，其中 30 余名于 2 月底到新加坡集合，进行准备工作。陈嘉庚再三告诫他们："此回系到祖国工作，而非应酬游历者比，务希勤慎俭约善保人格。"[1]他强调每一位团员都是代表南洋全体华侨的，言行须时时审慎，并以"谦逊"作为赠言，要求

---

[1]　陈嘉庚：《南侨回忆录·慰劳代表抵星》，厦门大学出版社 2022 年版，第 141 页。

团员带回祖国，谨守勿失。另外，他还郑重地提出一条要求：万勿用纪念册向国内名流领袖请求题签，不能以此消磨别人的宝贵时间，更不应用此来标榜自己的交际才能，抬高身价。1940年3月2日至4日，陈嘉庚分别与各地抵新的慰劳团团员举行座谈会，并分发调查视察提纲30条。5日晚，在怡和轩俱乐部设宴为慰劳团饯行。

组织慰劳团这一年陈嘉庚66岁，他最初只是发动组团，自己无意参加回国慰劳行动。他感到回国有三种困难：一是不通国语，二是年老怕寒，三是数年来腰骨常疼痛不耐久坐。况且如果只到重庆，不去别的地方，则意义不大。所以"不归则已，要归必须能领导团员，尽力多行，以尽南侨代表责任"。由于上述原因，陈嘉庚原本并没有计划亲自参加慰劳团，然而，当时所发生的两件事，促成了他这次重要的生命之旅。

第一件事是一些国民党人向重庆政府指称慰劳团成员大多为共产党人；第二件则是国民政府驻新加坡总领事高凌百听到组团回国慰劳之事后，立即找了陈嘉庚，毛遂自荐要担任慰劳团团长，想以此邀功请赏，捞取政治资本，他向陈嘉庚表示自己非去不可的意志。陈嘉庚历来讨厌高凌百，他立即以慰劳团已有团长为由谢绝高凌百的要求。鉴于这种情况，陈嘉庚意识到要不是自己带团，就很难阻拦高凌百的欲望。他马上找来南侨总会副主席庄西言与南侨总会秘书李铁民，要他们与自己作伴，由李铁民担任自己的翻译，一起带团回国。

1940年3月，南侨慰劳团近50名成员分三路从南洋各地在昆明会齐后向重庆进发。3月26日，陈嘉庚、庄西言、李铁民三人自仰光飞赴重庆，比慰劳团其他成员早16天到重庆。这是陈嘉庚第6次回国，距离上一次回国创办厦门大学，已经19年过去了。

二、荒唐见闻，深感不安

陈嘉庚在抗战时期回国考察，面对国民政府的铺张浪费和官员的奢靡腐败，深感失望。他秉持简朴务实的精神，拒绝奢华接待，强调抗战时期应专注于救亡图存，而非铺张应酬。他的不满源于对国家和人民深厚的责任感，体现了忧国忧民的爱国情怀与坚定的理想信念。

彼时，国民党政府因看中陈嘉庚在华侨界的号召力和筹赈能力，不惜耗费大量的人力物力财力开展欢迎接待工作。为此，陈嘉庚明确表示：此行回国时值艰难抗战时期，一为慰劳国内奋力抗战的军民，二为考察国内抗战的真实情况以备向海外侨胞报告，助推日后募捐助国。若各界有开会宴请，尽量联合成一次就好。他还强调，如果能前往八路军所在地延安，他也打算亲自去看看。

陈嘉庚（前排中）、庄西言（前排右三）一行在重庆机场受到热烈欢迎

为避免铺张浪费，他在报纸上刊登启事，说明慰劳团一切费用已自备，并辞谢各方盛情以表真诚。冯玉祥看到陈嘉庚刊登的启事后被深深打动。他感慨道："我久闻先生实践爱国义务，毁家兴学，影响中外，抗战后领导华侨源源捐输襄助战费，汪精卫叛国，先生首倡攻击，我久铭钦佩，今日得见，深慰下怀。"①

在重庆等待慰劳团的日子里，陈嘉庚还对国民党各界政要都进行了礼节性的拜访，大多没有留下什么好印象。陈嘉庚刚到重庆就听说政府经常用来设宴的嘉陵宾馆是行政院院长孔祥熙私人开设的，陈嘉庚认为官不与民争利，且孔祥熙身居高位，便不信有这种事。直到孔祥熙亲口承认此事，陈嘉庚愕然并坦言："我国法律官员可否兼作营业，余未详知，若可者，则自来立法错误，若不可者，则有法律而不行矣。"②而后，陈嘉庚便在与监察院院长于右任的交谈中得知监察院形同虚设；在与司法院院长居正的会面中得知官民皆尚未明白司法独立之宝贵，或求情或威胁干预司法。在与重庆全国报界记者协会主席范长江的会谈中得知，由于政府审查过严，钳制文章的刊登与报业的发展，以致南侨总会每月寄送的捐款汇款统计表都不为民众所知，更不要提其他国事要闻。陈嘉庚就此事询问时任《中央日报》的王经理，却得到了经费不足和政府保密的托词。听此回答，陈嘉庚当即驳斥，如果政府和党部没有做坏事，何惧人知？党部每月开支人民血汗钱超千万，何惜这点小钱？陈嘉庚此番言论并非空穴来风，而是连日来对重庆的考察令他失望不已。前方战事吃紧，自己连年在外筹款，但国民政府奢靡无度、挥金如土，大小官员纸醉金迷、夜夜笙歌。

陈嘉庚到重庆的一个月内，蒋介石便因官员频繁奢侈应酬而两

---

① 陈嘉庚：《南侨回忆录·冯将军来访》，厦门大学出版社 2022 年版，第147 页。

② 陈嘉庚：《南侨回忆录·重庆嘉陵宾馆》，厦门大学出版社 2022 年版，第192 页。

次下令：一禁官民各界勿作无谓宴饮等应酬，二惩茶店酒楼主人。然而禁令究竟是否有效不得而知，但官员在战时仍花天酒地的境况可见一斑。这也不怪陈嘉庚结束考察回到南洋后对校友直言："中央大员有不少人是贪污的，比如吴铁城，几乎天天宴客，估计单单这项开销就已经超过了他的俸给不知多少倍！他还在嘉陵江边建筑一座豪华别墅，依照我的估计，非花叻币五十万以上不可，他如果不贪污，这些钱从哪里来？"洋相百出的还有一直阻挠慰劳团回国的高凌百，他在行政院院长孔祥熙招待慰劳团的宴会上出言不逊，"教育"慰劳团成员要认清自己不过是领薪水的普通人，此行到首都能得到行政院院长及诸贵官的厚待是何等的荣幸！此后回南洋都应心存感激、极力报国，方不负政府诸般美意。陈嘉庚得知后，斥责团长及团员"任彼夜郎狂吠"[①]。对于以高凌百为首不学无术只会攀炎附势并自居高贵官员的国民党要员，他直呼："唯诸贪污腐败官僚，乃妄自夸大也。"[②] 基于此，陈嘉庚对此次在重庆时的所见所闻十分失望，也为国家的前途担忧，直呼："第就外表数事，认为虚浮乏实，决无一项稍感满意，与抗战艰难时际不甚适合耳。"[③]

三、国难当头，大义为先

陈嘉庚的事迹体现了深刻的爱国主义精神和对国家命运的高度责任感。在国共摩擦加剧、抗战局势紧张的背景下，他并未被表面现象所左右，而是秉持为国为民的信念，主动探寻解决之道。这种无畏的精神力量源于他对民族复兴的坚定追求和为民服务的责任担

---

① 陈嘉庚：《南侨回忆录·孔宴慰劳团》，厦门大学出版社 2022 年版，第169页。

② 陈嘉庚：《南侨回忆录·孔宴慰劳团》，厦门大学出版社 2022 年版，第169页。

③ 陈嘉庚：《南侨回忆录·重庆与延安》，厦门大学出版社 2022 年版，第233页。

当。爱国主义在他身上不只是口号，更是一种贯穿生命的使命感，正是这种坚定不移的信念引领他作出关乎国家未来的关键抉择，成为凝聚民族力量的重要旗帜。

陈嘉庚曾在《南洋各属华侨筹赈祖国难民会代表大会宣言》中这样宣告，"中国立国五千年，夙以和平正义昭天下，不幸邻邦日本，军阀专横，妄图吞并中国以为征服世界之准备"，"我之国土，虽涂满黄帝子孙之血，亦涂满三岛丑夷之血"，正是在此存亡关头，中国毅然奋起抗战，"中国之抗战，实为御侮而战，实为自卫而战，实为维护国际盟约而战，实为保障世界和平而战"，"抗战断无不胜，建国断无不成"。1940 年 5 月 24 日，陈嘉庚等乘车奔驰西安与慰劳团第一团会合。到达西安后，陈嘉庚提出要谒祭黄帝陵。5 月 31 日，陈嘉庚一行人来到黄帝陵山脚下，陈嘉庚在黄帝陵前发表简短演说，向祖先向到场的国人表明，自己代表着南洋八百万华侨而来，旨在鼓励抗战民气而来。[①]站在祖先面前，陈嘉庚再一次发出了南洋八百万华侨捍卫祖国、驱除日寇的铮铮心声。

陈嘉庚在拜访军事政治部部长陈诚将军时，与副总参谋长白崇禧有过一面之缘，当时为避嫌就没有再次拜访。不料几天后，白崇禧来电约见，称有要事要与陈嘉庚当面详谈。陈嘉庚赴约后得知是为中央政府与共产党摩擦严重一事。原来全面抗战后约一年里还相安无事，但不料一年后意见摩擦日益加深。国共摩擦的根源在于国民党对共产党力量壮大的恐惧与阶级利益的不可调和，其"限共"政策直接导致军事冲突升级。白崇禧的调和意图虽基于抗战大局，但无法改变国民党高层的战略方向。白崇禧担心如果不尽早调和国共关系，一旦决裂会对抗战形势不利。因为他对共产党在抗日战争期间坚持独立自主的敌后抗战政策的所作所为并不讨厌，就想作为

---

① 陈嘉庚：《南侨回忆录·中部县祭黄陵》，厦门大学出版社 2022 年版，第 216～217 页。

中间人调和，无奈长沙战事吃紧当即赶往前线。白崇禧最近回来后发现，国共之间似乎已有剑拔弩张之势。因此白崇禧想将"划定界线"作为调解办法去征求蒋委员长同意。陈嘉庚听了白崇禧的陈述后不禁感叹，在南洋时便略有耳闻，一直以为是汉奸造谣，没想到国共之间的摩擦比之前听闻还要严重。

　　不日，同为参政员的共产党人叶剑英、林伯渠、董必武等人前来拜访陈嘉庚，并带来了陕西自产可御寒防雨的羊皮衣三件作为见面礼。这是陈嘉庚和共产党人的第一次接触，双方就解决国共两党摩擦问题交谈了几个小时。陈嘉庚问他们是否知道白崇禧有意以"划清界线"之法从中调停。叶剑英当即回答："我等万分赞成，第不知中央有无诚意，若我等绝对无问题，但求能一致对外，中央勿存消灭我等之意，白君能主持公道，则均可接受矣。"①至此，陈嘉庚直观地了解到中国共产党一致对外的诚意，并应允了过几天再到中共办事处参加茶会的邀请。届时，叶剑英、林伯渠和邓颖超一起来接陈嘉庚前往村舍中共办事处，参会者有百余人。在茶会上陈嘉庚向大家介绍了南洋华侨总会、南洋华侨义捐和抗战的情况，南洋华侨纵使寄人篱下仍倾其所有拥护抗战，因此也深切期盼国内能团结一致对外。如果内战，南洋华侨定大失所望便不愿再增加义捐和家汇。最后陈嘉庚恳切寄语："万望两党关系人，以救亡为前提，勿添油助火，国家幸甚，民族幸甚。"②叶剑英听后深以为然，并希望陈嘉庚也能呼吁国民党一致对外。

　　陈嘉庚到重庆后屡次听到国民政府指责"共产党搞摩擦，无心抗日""共产共妻"等的传言，对共产党便没有什么好感。但在与共产党人这两次接触中，陈嘉庚深觉他们和传闻的共产党大不一样，

---

　　①　陈嘉庚：《南侨回忆录·中共党员来访》，厦门大学出版社 2022 年版，第164 页。

　　②　陈嘉庚：《南侨回忆录·中共欢迎会》，厦门大学出版社2022年版，第177页。

他们既没有青面獠牙的妖气，也无横行无忌的匪气，反而谈吐文雅，彬彬有礼。正所谓耳听为虚眼见为实，为了进一步了解中国共产党，也为了寻找中国的希望之星，陈嘉庚迫切地想亲自去延安看看。茶会后，陈嘉庚真诚地提出想去延安拜访毛主席，并详细地向叶剑英询问了去延安的行程和交通住宿情况。几天后，陈嘉庚便收到了毛主席的邀请，毛主席正式邀请他去延安访问。在那个动荡的年代，陈嘉庚以国家大义为先，不顾自身安危，决定亲自前往延安考察。他的这一选择，体现了他对国家前途命运的深切关注，对中国共产党领导下的革命事业的坚定支持，不仅为抗日根据地提供了物质上的帮助，更在精神上给予了巨大的鼓舞，为海内外中华儿女树立了爱国主义的标杆。

民族复兴是最高利益，而为民服务则是根本利益。正是因为这样的信念，陈嘉庚将自己的命运与祖国的命运紧密相连。在祖国处于危难之际，陈嘉庚毫不犹豫地坚定支持抗战，竭力维护祖国的根本利益。他积极团结组织爱国华侨，为祖国捐资筹款，克服重重困难，甚至不顾病体亲身归国，展现出他为国捐躯的决心。在国共摩擦纷争之际，陈嘉庚为了寻找民族和国家的希望与未来，毅然决然地前往延安，尽管前路艰险。他在最困难的时刻选择站出来，不仅是为了国家的未来，更体现了民族责任感。这种坚定的信念是他行动的动力，也是他生命的指引。回顾陈嘉庚的这两次重大抉择，背后的原因都可以归结为一点，那就是无私无畏、为国为民的爱国主义精神。这种精神不仅仅体现在口号上，更通过他的实际行动深入人心。爱国主义是贯穿中华民族的重要血脉传承，它是凝聚人心的精神力量、激励团结的精神旗帜，也是民族独立自强的精神支柱。在陈嘉庚身上，我们看到了一种为国奉献的深情。这种情感不是表面的爱国情绪，而是一种深入骨髓的责任感与使命感。无论外部环境如何变化，陈嘉庚始终以国家和民族利益为重，展现出了一位真正爱国者的风范。

第二节　耳闻目睹新世界，中国希望在延安

1940 年的回国慰劳，为陈嘉庚带来一个新的希望，开拓出一个新的视野，也为他带来一个新的憧憬。这不仅是个人的选择和转变，更是在特定历史条件下，一个爱国者对国家和民族命运的深刻反思和积极回应。通过重庆与延安之行，陈嘉庚发现自己一度仰慕和不遗余力支持的蒋介石，已经难以担当起拯救国难、振兴民族的重任。而延安却正在生长着一种新精神，那里正居住着一位人格高尚、高瞻远瞩的共产党人，陈嘉庚意识到自己找到了真正的朋友，找到了中华民族的希望。伴随滚滚延河水，一道光照进了陈嘉庚的心中，巍巍宝塔山上空的红星，从此照亮了陈嘉庚的生命旅程。

一、一波三折，抵达延安

抗日战争期间，陈嘉庚逐渐意识到国民政府的腐败与欺骗，他对共产党的向往日益增强，渴望了解延安的真实情况，最终选择赴延安考察。然而，延安之行却受到了国民党反动派的层层阻挠。这一旅程不仅是他个人历史的转折，也是他为中华民族的光明未来所作出的坚定选择。

1937 年 7 月，随着抗日战争的全面展开，陈嘉庚看到中华大地被日寇疯狂践踏，气愤不已，于 1938 年率南洋 800 万华侨在新加坡迅速成立了"南洋华侨筹赈祖国难民总会"这个抗日救国的统一组织，并担任主席，积极组织财力、物力、人力以支援祖国抗战。"唯精诚始足以言团结，唯团结始足以言力量。精诚充，则团结未有不

固；团结固，则力量未有不宏。"①陈嘉庚认为蒋介石领导的南京政府是继承孙中山的衣钵，会将革命进行到底，所以发誓一定要为其效力，完成老友遗愿。自 1927 年南京国民政府成立以来，陈嘉庚一直在奉行自己的爱国事业，他多次在公开场合声明："中国国民政府乃中国国内外四万万七千万共同信赖之唯一政府……国民政府之主张，即中国全国国民之主张"，②但其初心不抵蒋介石的蒙骗。

蒋介石图谋陈嘉庚的钱财，特意在 1936 年的生日宴上广邀海内外爱国人士，远在新加坡的陈嘉庚只能捐款相赠，南京国民政府的一些官员就在旁怂恿他为蒋介石购买一架飞机做寿，为表诚意，陈嘉庚直接捐款 130 多万元，在当时足以购买 10 多架飞机。据统计，国民政府的军费不到 20 亿元，而陈嘉庚号召华侨光是一年就向国内捐款共计 11 亿元，蒋介石将这笔捐款几乎全部用于"剿共"或党内腐败上。同时，国民党凭借着自己的执政权力，在海外大肆进行反共宣传，将共产党塑造成"共产共妻"和"江洋大盗"的形象。

为实地了解国内的抗战情况，慰问在前线浴血作战的将士，1940 年 3 月，陈嘉庚决定亲率"南洋华侨回国慰劳考察团"回国考察各地情况，适时调整物资捐赠。1940 年 3 月 26 日他在重庆机场举行的各界的临时欢迎会上说道："然余久未回国，究可往若干处，能否到达，不便预告。若第八路军所在地延安，如能到达，余亦拟亲往视察，以明真相，庶不负侨胞之委托。"③

当时《南洋商报》的青年记者张楚琨带给他一本斯诺的《西行漫记》，一个外国人笔下的红星世界深深震撼了心怀祖国的陈嘉庚，

---

① 陈嘉庚：《南侨回忆录·南侨总会成立》，厦门大学出版社 2022 年版，第90页。

② 陈嘉庚：《南侨回忆录·南侨总会成立》，厦门大学出版社 2022 年版，第88页。

③ 陈嘉庚：《南侨回忆录·自仰光飞重庆》，厦门大学出版社 2022 年版，第145页。

二万五千里长征的传奇，中国共产党人的理想、信念与作风，还有在黄土高坡上扭开了的人民当家做主的大秧歌，使陈嘉庚向往不已。在重庆待的两个月时间里，陈嘉庚耳闻国共两党摩擦日益加深的情形，目睹陪都国民政府"前方吃紧，后方紧吃"的腐败局面，使他对国民党非常失望，更加想前往延安探寻真相。

陈嘉庚决心将访问延安的计划付诸实施，极大地震动了蒋介石，蒋介石决定亲自出马劝阻。1940年5月5日，陈嘉庚结束在重庆的慰劳考察活动飞往成都，到达后，蒋介石随即以兼任的四川省主席的名义发出请柬，请陈嘉庚参加一个规模盛大的宴会，并让夫人宋美龄一同前往作陪。宴会结束后，陈嘉庚再一次提出要去延安的打算，蒋介石听后十分恼火，张口便大骂共产党无民族思想，口是心非，背信弃义，试图打消陈嘉庚去延安的念头，但陈嘉庚据理力争："代表华侨职责，回国慰劳考察，凡交通无阻要区，不得不亲往以尽任务。"蒋介石听后只好悻悻道："要往可矣，但当勿受欺骗也。"[1]

5月25日，陈嘉庚从兰州到达西安，距离延安也就只有两天的汽车路程，国民党更是费尽心机地阻挠陈嘉庚的延安之行，尽一切可能不让陈嘉庚倾向共产党。慰劳团第一团到西安时，原计划下榻西安招待所，但因招待所附近驻留着中共代表，国民政府负责接待的人员未经慰劳团许可，便强行要人将陈嘉庚等人的行李搬进汽车运往新驻地，防止慰劳团成员与共产党人接触，限制慰劳团的自由。第二天一早，八路军总司令朱德闻讯来拜访陈嘉庚，并邀请第一团到他的办事处共进午餐，第一团接受了朱德的邀请。国民党闻讯后，立马告知慰劳团陕西省政府蒋鼎文主席请吃中饭，故意刁难。为顾全大局，陈嘉庚只得给八路军办事处打电话，向朱德讲明原委，并约定下午三点前往拜会。到了三点，国民党却安排人手将

---

[1] 陈嘉庚：《南侨回忆录·蒋公问何往》，厦门大学出版社2022年版，第196页。

嘉庚精神的传承

慰劳团载往远处参观访问，有意将时间拖到傍晚才回到西安，刻意阻止慰劳团与朱德、周恩来的会面。因此，陈嘉庚不得不放弃第二次的约定。

几天之后，陈嘉庚到访七贤庄八路军西安办事处，一是询问前往延安交通事宜，二是专门为慰劳团失约朱德总司令的茶会表示抱歉。由于朱德与周恩来两人一个早已回了延安，一个去了重庆，于是陈嘉庚便请办事处负责人向二人转达自己的歉意。八路军西安办事处负责人答应一定转达陈先生的意思，同时安排一大一小两辆汽车前往延安，小车载送陈嘉庚、侯西反、李铁民等三人，大车载送护兵与燃料。5月30日，当陈嘉庚等三人正准备启程时，西安国民政府负责接待的寿家骏科长又出现在众人面前，声称奉省主席蒋鼎文之命，带着一辆新的大汽车来护送陈嘉庚等人，以便沿途照料。陈嘉庚看出这是国民党给八路军的难堪，但对此小事也就客随主便，改乘新的大车，三辆车子一齐向延安进发。5月31日，陈嘉庚等人在中部县祭拜黄帝陵后，来到陕西国民政府管辖的最后一个县区洛川。一些当地民众打扮的人来到车旁，拦住了陈嘉庚的车子，向车内投递了多件文书，信封上写着"陈嘉庚先生赐启"等字样。陈嘉庚浏览完五件文书后，看到其内容都大同小异，无非是"诉骂共产党""请求主持正义事"之类的东西，便立即意识到这是国民党"一手之作为"，借农民投书的形式，蛊惑不信任与怨恨共产党。[①] 陈嘉庚认为这是小人的弄巧成拙，他厌恶地将那些文书全部撕碎，抛到了路边的深沟里。

1940年5月31日下午5点多，黄土高坡迎来了特别的南洋客人——陈嘉庚、侯西反、李铁民，三人终于冲破重重干扰，来到了红旗招展的地方，来到了革命圣地延安，受到了当地各界代表

---

① 陈嘉庚：《南侨回忆录·洛川民众投书》，厦门大学出版社 2022 年版，第 218 页。

5000多人的热烈欢迎。延安各界在露天广场举行了临时欢迎大会，延安人民以热腾腾油糕似的热情和滚滚米酒般的真诚，迎接这位领导南洋八百万华侨坚持抗战的领袖。没有排场，没有美酒佳肴，有的是席地而坐的三四千民众的笑脸与掌声。坐在前排的数百人都是会听闽南话的军民，他们是来自厦门大学、集美学校以及南洋各学校的青年，还有陈嘉庚的故乡与南洋的同胞乡亲。在欢迎会上，陈嘉庚用闽南语发表了热情的讲演，向欢迎的人群介绍了南洋同胞抗战筹赈的情况，表达了南洋侨胞支援祖国抗战的热诚和对抗战胜利的期盼。

延安各界欢迎陈嘉庚一行抵达延安

晚上，陈嘉庚、侯西反、李铁民等三人被安排在延安城外的交际处住宿，这是边区政府最好的住处，当时还住着著名作家茅盾。交际处并非像重庆的高楼大厦那般，而是黄土高坡下的窑洞，窑洞深约三丈，阔一丈，高九尺，看上去像山洞，原始得很，但陈嘉庚看着自己住的窑洞，却觉得别有一番天地。在延安，毛泽东主席还特地派了自己的警卫员陈昌奉为陈嘉庚服务。陈昌奉是跟着毛主席走过万水千山的红军战士，陈嘉庚便在与陈昌奉的接触中，实实在在地了解到他在《西行漫记》中读到的二万五千里长征的奇迹。

共产党在延安迎接陈嘉庚一行留影

二、深入考察，感悟良多

陈嘉庚将希望投向延安，这不仅是因为他在重庆目睹了国民政府的腐败，更是源于他自身的信仰、抱负及文化基因。在毛泽东的接待中，陈嘉庚深刻感受到一种平等无阶级的氛围，这是共产党与人民之间的紧密联系，是马克思主义关于社会平等和阶级消灭理想的生动体现。这一切让陈嘉庚意识到，真正的爱国情怀不仅在于物质的富足，更在于为国家的未来而奋斗的精神。

与重庆的繁华景象相比，延安显得十分朴实本分。在陈嘉庚来到延安的第二天，毛泽东便在院中设宴为其接风洗尘。6月1日下午4时，陈嘉庚与侯西反乘车前往杨家岭赴毛泽东主席之约，毛泽东在窑洞门口迎接这两位越洋过海而来的南洋客人。陈嘉庚注意到，毛主席的窑洞极其简陋，大小与自己下榻的交际处窑洞略同，十几只木椅，大小高矮不一，写字桌是旧式的乡村民用家私。毛泽东给陈嘉庚的印象也与报上刊登的照片一样，只是头发颇长。毛泽东告诉陈嘉庚：因为窑洞凉，最近病了，有两月没有理发。还说因为自己是夜间办公，鸡鸣时才睡觉，下午才起床，所以才约在下午相见。陈嘉庚劝他注意身体，改变工作习惯，毛泽东说"十年如是，已成习惯"。说话间，有南洋学生与集美学校校友进来，也不用客套敬礼，来了便坐，坐了便谈，"绝无拘束"。随后，朱德与王明夫妇到来后，也是自如地坐下来与大家交谈，陈嘉庚顿时感到有一种自己想象不到的"平等无阶级"气氛，与国民党的等级森严形成了鲜明对比。

晚上，毛泽东就在窑洞前招待陈嘉庚用餐。由于延安地处陕北，条件十分艰苦，招待陈嘉庚的桌子也早就在岁月的冲刷下显得凹凸不平，破旧斑驳，只能勉强用四张报纸遮盖，主食是大米和小米混在一起蒸来的二米饭，菜色也十分朴素单一，就是毛泽东在杨家岭开垦出来的一块地上栽种出的土豆、白菜和辣椒，唯一的荤鲜就是放在饭桌最中央的一碗整鸡鸡汤。毛主席看到陈嘉庚迟迟没有动筷，便开玩笑地说道："我只有五块钱的津贴，一个月只有三块钱的菜金，一天菜金一毛钱，买不得鸡做汤，陈先生可别小瞧了这只鸡，这是邻居大娘家中的老母鸡，现在还在下着蛋，她儿子生病还舍不得杀呀！也就是听说陈先生来了，否则我们也没有这般口福。"晚餐的和谐无拘，餐桌上的粗茶淡饭，让陈嘉庚很是感慨。陈嘉庚一生简朴无华，即使是家财万贯，在自己与家人的生活上依然坚守勤俭持家的传统。他的发家史也是一部艰苦奋斗的历史。联想到陪都重庆的灯红酒绿、觥筹交错，联想到蒋介石在嘉陵宾馆宴请的豪华堂皇，国民党的挥霍奢侈与共产党的勤俭节约悄然形成了鲜明的对比，陈嘉庚从两种不同的招待中，思考起两个地方、两个政府、两个党的不同品格。

陈嘉庚（中）在延安

为了彰显中国共产党的诚意，毛泽东在那几天也经常前往陈嘉庚所居住的窑洞探望。在延安的这几天时间里，陈嘉庚与毛泽东一共会谈了四次，其中有两次毛泽东亲临延安交际处与陈嘉庚共进晚餐。从孙中山先生提出的三民主义，到如今国民党与共产党联合抗日，从最初共产党建立到如今发展壮大，以及当下抗日战争的形势，凡是能聊得到的话题，二人无所不谈，聊得十分投机。不仅是着眼于过去和当下，二人对中国未来的构想也逐步展开思路：从领导中国人民赶走外来侵略，在世界范围内站起来，再到带领中国人民不断摸索，不断奋斗，让中华民族傲立于世界民族之林，最终实现共产主义……在交谈中，陈嘉庚一再表明海外华侨希望国共两党精诚团结、一致对外的意愿。毛泽东也向他讲述了共产党团结抗日的诚意，并请他帮忙办两件事情：一是转告蒋委员长，衷心希望两党一致对外，早日取得抗战胜利；二是希望陈先生把延安的真实情况告诉南洋侨胞。陈嘉庚听后十分爽快地答应了下来。

在这种深层次的交流当中，毛泽东谈笑风生，讲古论今，其雄才大略、远见卓识、博大的胸怀让陈嘉庚深深地折服。陈嘉庚也发现，毛泽东的和蔼可亲与平易近人，并非因为自己是外来之客而表现出的客套，而是刻在骨子里的一种精神品质。延安老百姓和共产党的淳朴和善良就是最真实的写照。更让陈嘉庚感到欣慰的，是他与毛泽东对抗战时局和中华复兴思考上的心有灵犀。自抗战全面爆发以来，陈嘉庚发表过不少演讲与文章，这些演讲与文章始终贯穿着一种思想：反对和谈妥协，反对速战速决，主张持久抗战，坚持团结抗战，坚信抗战必胜。这些思考与思想，恰恰与延安毛泽东《论持久战》等著作中表达的思想不谋而合。毛泽东对抗战形势的精辟分析，对战争问题的透彻论述，以及对中国未来的构想，都让陈嘉庚倍感钦佩。这一场景不仅是两位历史人物间的个人互动，更是陈嘉庚对中国共产党思想理论的深入理解，是陈嘉庚与中国共产党关于抗战和中华复兴思想火花的碰撞和交融。

历史的偶然总会蕴含着必然，人的命运也往往因遭遇偶然而发生重大变故。因随行的李铁民碰伤了头、侯西反吃伤了肚子需要住院治疗，陈嘉庚原定在延安停留的三天就延长到了九天。从三天到九天，时间的偶然差异让陈嘉庚在之后的每一天都对延安有了更深入更深刻也更坚定的认识。1940 年 5 月 31 日至 6 月 8 日，67 岁的陈嘉庚在延安广泛接触各界人士，悉心进行考察研究，了解到了许多八路军英勇抗击日寇的事迹和陕北军民艰苦生活的状况。他多次拜会毛泽东、朱德，并亲自与延安当地财政、公安、司法各界的负责人进行深入交谈；参观女子大学、抗大第三分校、延安新市场及安塞铁工厂、印刷厂；广泛接触集美学校和厦门大学的校友及归侨青年；了解边区民主政治的实施情况……通过这些活动与接触，他了解到延安的政治、民生、官兵士气和抗日的斗志，在延安这座山城里看到了一个充满生机的新天地。

经过长时间、大范围的参观考察，陈嘉庚真切感受到中国共产党领导下的边区建设成就。他看到延安政治清明、经济发展、社会和谐，与国民党统治区形成鲜明对比。这让他看到了中华民族的希望所在，盛赞延安的建设成就"光荣芬芳，前古后今，殆无出其右"。在延安，虽然没有山珍海味、美酒佳肴，但延安人民的热情却让陈嘉庚大为感动；虽然没有富丽堂皇的酒店宾馆，但老百姓们脸上洋溢的笑容和接连不断的掌声，让陈嘉庚眼前一亮；虽然没有专车全程护送，但耐心且充满活力的招待员，让陈嘉庚发自内心地赞赏。延安，这个革命圣地，以其朝气蓬勃、生龙活虎的氛围，廉洁奉公的作风和人人平等的理念，深深感染了爱国华侨陈嘉庚。在这里，陈嘉庚深刻领悟到共产党能够赢得人民群众广泛支持的奥秘，认识到共产党的思想与实践真正符合广大人民群众的根本利益，彰显了为民族谋复兴、为人民谋幸福的坚定信念与不懈追求。

1940年6月7日晚上8点，中共中央及陕甘宁边区政府在中央大礼堂为陈嘉庚一行举行了盛大的欢送会。欢送会由朱德总司令主持，王明致辞，毛泽东、吴玉章、萧劲光以及各界代表千余人参加。陈嘉庚也在王明致辞后发表了在延安的最后演讲，他兴奋地表示，这次访问延安，最满意的是真正看到中共方面坚持国共团结、坚持抗战到底的坚定立场和诚恳态度，对延安地区各界艰苦奋斗的精神尤为感奋，再次强调"四万万五千万人皆欲团结""万一不幸破裂，则不团结之罪，两党二三位领袖当负全责"。① 通过这次访问，陈嘉庚对中国抗战胜利有了绝对的信心。延安山沟里的共产党的质朴廉洁，官民关系的水乳交融，还有上上下下饱满向上的精神状态，跟

---

① 陈嘉庚：《南侨回忆录·不团结罪责》，厦门大学出版社2022年版，第232页。

重庆的腐朽堕落截然不同，给了陈嘉庚最直观最美好的印象。陈嘉庚在后来的《南侨回忆录》中写道："至延安视察经过，耳闻目睹各事实，见其勤劳诚朴，忠勇奉公，务以利民福国为前提，并实行民主化……与民众辛苦协作，同仇敌忾，奠胜利维新之基础。余观感之余，衷心无限兴奋，梦寐神驰，为我大中华民族庆祝也。"①

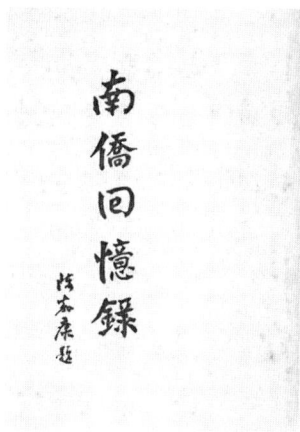

《南侨回忆录》（陈嘉庚题）

三、中国的希望在延安

在延安，陈嘉庚看到了中国共产党人廉洁朴素的生活方式，这与国民党政府官员的奢侈和腐败形成了鲜明对照。延安的社会秩序、人民的生活状态以及对抗日战争的坚定态度，也使陈嘉庚备受感动。这些所见所闻极大地改变了陈嘉庚对中国共产党的看法，并增强了他对抗战胜利和民族未来的信心，延安之行使他开始相信中国的希望在延安。

陈嘉庚在考察延安的过程中，亲眼见证了延安政治清明、清正廉洁的风貌：无贪污腐败，无苛捐杂税；军民团结，一心抗战，斗志昂扬；官兵平等，上下一心，同仇敌忾；兴利除弊，为民造福。他深刻认识到，过去耳闻的诸如"青面獠牙""共产共妻"以及民众

① 陈嘉庚：《南侨回忆录·弁言》，厦门大学出版社2022年版，第4～5页。

凄苦等传闻皆属无稽之谈。延安这片土地，在他面前愈发清晰地展现出一个民主、清廉、人道且艰苦奋斗的新世界。这也是他梦寐以求的"尧天舜日"，在他的心弦上引起了强烈的共鸣。更让他感到十分兴奋的是，共产党的领导，从毛泽东到他接触到的各级领导，都真心实意地维护团结抗战的局面，坚决反对内部分歧和摩擦。在考察中，他深刻体会到，共产党所展现的格局与胸怀正是心系国之大者的体现，他们关注的不是党派之争，而是国家和民族的根本利益。看到眼前的一切，陈嘉庚对开创这片新天地的巨人毛泽东充满了无限的敬意。他感慨地说："我未往延安时，对中国的前途甚为悲观，以为中国的救星尚未出世，或还在学校读书，其实此人已经四五十岁了，而且做了很多大事了，此人现在延安，他就是毛主席。"陈嘉庚从延安的窑洞中感受到了一种全新的气息，一种足以让人们坚信抗战必胜、建国必成的希望。"一切为民者，则民向往之。"在延安，中国共产党的领导人用民主、平等、清廉与简朴的作风折服了陈嘉庚。从他们的身上，陈嘉庚看到了中国的出路和希望，看到了共产党得人心、得天下的历史必然。

延安之行为陈嘉庚带来了新的希望，也促使他作出了历史性的选择。他发现，延安正孕育着一种全新的精神，这里居住着一位人格高尚的共产党人——他始终从民族和民众的利益出发，展现出非凡的宏才大略。这一刻，陈嘉庚深刻意识到，他找到了真正的朋友，也找到了中华民族的希望。在延安与毛泽东交谈时，毛泽东向陈嘉庚表示必定坚持国共合作、一致对外抗敌，也请陈嘉庚能将延安的真情实况告知各地民众与南洋华侨，消除那些强加在共产党头上的不实之词，陈嘉庚答应了毛泽东的请求。作为一位深受传统文化熏陶的爱国者，陈嘉庚对毛泽东一诺千金，在接下来的行程中，他一再谈到延安，谈起在延安的所见所闻。离开延安之后，怀着"喜慰莫可言喻，如拨云雾而见青天"的心情，陈嘉庚热情地向国内外讲述延安的真实面貌，分享自己在延安的见闻，盛赞陕甘宁边区建设所取得的巨大成就并大力宣传自己在延安的所见所闻，宣传中国共产党团结各方力量抗日救国的诚恳态度和英明政策。话里话外，全是陈嘉庚对包括毛泽东在内的共产党人的敬佩和支持。

1939 年 7 月 24 日，在重庆应国民外交协会的邀请，他作了《西北的观感》讲演，用真诚的话语打开了外界了解延安的窗口："那里自抗战以后，土地革命已经停止了，一切抗日的人都很自由。民众生活也很好，不痛苦，说到教育，也很好……他们进行了大规模的开荒运动，一年之内开垦了百万多亩田地，这些都是事实。"陈嘉庚详细介绍了他在延安九天中亲眼所见的真实情况，对传闻中所谓的"共产党没收私产、资财共产、男女混杂、妇女公妻、民生潦倒"等谣言逐一加以澄清。他指出，延安的民众如今自由经营，政府从不干预，生活井然有序；恋爱自由而礼节朴素，正是孙中山先生倡导的三民主义的具体体现。他还向人们传递了"朱毛"全力支持抗日政策的决心，号召全国民众团结一致，为争取抗战胜利、捍卫民族生存而奋斗。这一切使得国民党严格控制下的大后方人民对延安的印象耳目一新，受到极大鼓舞。陈嘉庚还在重庆召开的记者会上，直截了当地告诉全国人民："延安让我如拨云雾见青天，中国的希望在延安，为我大中华民族庆幸！"

陈嘉庚在延安的所见所闻，使他对中国的未来充满了新的希望。在此之前，虽然陈嘉庚已经对国民党的腐败和无能感到失望，但他并未找到真正值得信赖的力量。然而，延安之行改变了这一切。他亲眼看到中国共产党如何在极端困苦的环境中，依然保持高昂的斗志和明确的政治目标，如何在人民群众中树立起广泛的威信，并成功地将抗战事业推向新的高度。这一切使陈嘉庚深刻认识到，中国的希望在延安，在中国共产党。这种认识不仅仅是对共产党抗战成绩的肯定，更是对其未来领导中国走向独立和富强的信心。陈嘉庚看到了一个新的中国，一个不同于国民党统治下的重庆的崭新天地。在他看来，只有中国共产党，才能真正代表广大人民的利益，带领中国走出战乱与贫困，走向光明与繁荣。从此，陈嘉庚与国民党分道扬镳，南京国民政府和蒋介石在他心中的光环灰飞烟灭了，而红星高照的延安与在延安运筹帷幄的那位四十多岁的领袖，唤起了这位67岁老人新的历史希望，也是这位老人心中中华民族的新希望。

第三节　投身祖国建设，与中国共产党同向同行

1948年，中国共产党取得了辽沈、淮海、平津三大战役的胜利，全国解放指日可待。此时，在新加坡的陈嘉庚已着手办理护照手续准备回国，响应毛泽东的邀请参加新的政治协商会议，共商国是。

一、拥护共产党，侠胆衷肠

陈嘉庚作为杰出的华侨领袖和爱国实业家，始终站在民族大义的高度，以敏锐的政治眼光和深厚的爱国情怀，牢牢把握历史发展的脉络，心系国家命运。

1949年6月4日，陈嘉庚应毛泽东之邀来到北平共商建国大计，受到董必武、林伯渠、叶剑英等中共高层领导的欢迎。6月7日晚，周恩来到北京饭店拜访陈嘉庚，并带他到香山见毛泽东。毛泽东一见陈嘉庚，便说："嘉庚先生，我们又见面了！我们分手到现在整整十年了。"随后，毛泽东便立即邀请陈嘉庚参加即将召开的新政治协商会议筹备会。

15日晚，人民政协筹备会议如期举行。陈嘉庚在会上说："这是中国历史上一件大事情，是我们世代子孙幸福有关的一件大事。由于中国共产党毛泽东主席的正确领导，人民解放军的英勇战斗，全中国大部分土地已得到解放，而贪污独裁为全国人民所深恶痛绝的

蒋介石反动集团，现在只剩了奄奄一息。海外华侨无不同声欢呼。"他情不自禁地回忆起1940年回国慰劳之行，"当抗战时期，本人回国慰问，亲到重庆、延安，看得十分明白：重庆蒋介石政府，只知道搜刮民脂民膏，肆意挥霍；而延安毛主席和其他中共领导者，则勤劳刻苦，处处为人民打算"。他对毛主席不避危险、亲到重庆和蒋介石谈判的举动深感敬佩。同时坦言，想让"蒋介石还政于民，等于与虎谋皮"。他感慨地说："中国共产党虚怀若谷，广邀各民主党派，各人民团体及各界民主人士来共商建国大计。正如毛主席时常所说，遇事和群众商量。因此我对中国共产党和毛主席，实在无限钦佩。"他兴奋地告诉代表，"这次祖国大革命的胜利，对全世界极有影响，对海外华侨也有很大影响"，"华侨在海外地位也可提高"，相信"海外华侨听到新政协筹备会成立的消息，一定非常高兴"。在讲话中，陈嘉庚对于自己被推选为新政协筹备会代表深感责任重大。

1949年9月21日，在毛泽东的宣布声中，中国人民政治协商会议开幕。陈嘉庚代表海外华侨对《中华人民共和国中央人民政府组织法》和《中国人民政治协商会议共同纲领》"表示完全接受和极力拥护"，并说道："站在海外爱国华侨的立场，我们特别感到这三个草案，符合我们的愿望。"他还强调，"海外华侨已成为全中国人民民主统一战线的成员"，"有充分的代表权和发言权，这使得我们华侨在祖国政治中的地位空前提高了，我相信侨胞一定感到无限的快慰"。他尤其对新民主主义经济政策、民族政策、外交政策中提出的便利外汇、吸引华侨回国投资、改善华侨在海外的地位等政策倍加赞赏。

1949年10月1日，陈嘉庚受邀与中央人民政府委员会暨中国人民政治协商会议第一届全体代表登上雄伟的天安门。下午三时，毛泽东向全世界庄严宣告：中华人民共和国中央人民政府今天成立了！升国旗、奏国歌、鸣礼炮，检阅三军，一个伟大的国家和几亿

中国人民政治协商会议场景图

伟大的人民，从此站立起来了。陈嘉庚站在天安门城楼上，心中不禁又响起刻骨铭心的几句话："以四万万之民族，决无甘居人下之理，今日不达，尚有来日，及身不达，尚有子孙，如精卫之填海，愚公之移山，终有贯彻目的之一日。"他无限感慨，中国人民终于站起来了，一生奋斗的目标终于实现了。他的心头，一时闪过这样的念头：叶落归根，是回到家国怀抱的时候了。

二、与党同行，生命荣光

陈嘉庚，这位杰出的爱国华侨，凭借其卓越的政治智慧和深刻的历史洞察，在中国近现代历史上留下了不可磨灭的印记。爱国是嘉庚精神的核心，是中华民族宝贵的精神财富。回顾陈嘉庚爱国情怀培育与锤炼的历史，我们能深刻认识和理解其丰富内涵与时代价值。无论是在国共内战中的坚定立场，还是在新中国成立后的不懈奉献，他都展现了超凡的勇气与远见。陈嘉庚不仅以实际行动支持祖国的发展，还通过广泛的国际影响力，积极宣传新中国，助力国家在全球舞台上树立良好形象。他的卓越贡献不仅为中国的历史书写了光辉的一页，也成为了后世华侨心中永恒的榜样。

华侨领袖陈嘉庚

1. 鞠躬尽瘁于祖国大地

陈嘉庚对新中国的支持不仅体现在政治立场上，更体现在他将自己的实际行动完全投入到祖国的建设中。他积极参与中国人民政治协商会议的筹备工作，为新中国的成立作出了重要贡献。在开国大典上，他亲临现场，见证了新中国的诞生，这一历史时刻不仅让他感到无比自豪，也进一步坚定了他对新中国未来的信心。他的奉献还体现在他对祖国各方面建设的持续关注与投入。他并没有选择继续留在新加坡享受安逸生活，而是决心回到战后的中国，全力以赴支持国家的恢复和发展。他不断推动国家的工业化进程，提出了许多关于工业发展、经济重建和社会进步的宝贵意见，参与到国家的各项建设中，展示了他对国家未来的深远关怀。陈嘉庚一生致力于实业救国和教育事业，他深信，经济的独立和发展是国家强盛的基础。在他看来，一个国家如果不能实现经济上的独立，就无法在国际舞台上立足，也无法改善人民的生活。正因为如此，即使在晚年，陈嘉庚也始终关注中国的经济发展和民族工业的振兴，对国家的未来充满期待。他时刻牵挂祖国的发展，力求通过自己的努力，助力中国走向繁荣昌盛。他在生命的最后时刻，仍十分挂念祖国的建设事业，体现了他对中国建设的无限热爱和无私奉献。

2. 利用影响力宣传新中国

陈嘉庚利用他在南洋地区的广泛人脉和社会影响力，积极开展对新中国的宣传工作。通过参与侨胞大会、发表公开演讲、撰写文章以及与各国华侨领袖交流等方式，陈嘉庚全力向国际社会推广新中国的政策和发展战略。他向海外侨胞阐述新中国在经济、社会、文化等方面取得的显著成就，强调新中国的政府是为人民服务的政府，鼓励侨胞对新中国充满信心。这种广泛而深入的宣传，不仅帮助新中国在海外树立了积极的形象，也逐步消除了国际社会对新中国的误解和偏见。作为华侨的代表，陈嘉庚不仅通过自己的成功和成就为华侨树立了榜样，更通过实际行动激励了无数海外侨胞。他不仅仅是一位成功的企业家，还是一位不遗余力地推动华侨回国投资与发展的先行者。陈嘉庚深知，一个国家的强盛离不开经济的繁荣，而华侨则是中国经济建设的重要力量。他不断呼吁海外华侨回国投资，积极参与祖国的经济建设和社会发展。他坚信，华侨的回归不仅能带来资金和技术，更能为新中国注入新的活力和思想。陈嘉庚的这一举动，不仅在经济上为新中国提供了重要支持，也增进了海外侨胞与祖国之间的情感纽带。此外，陈嘉庚的努力还促进了中外之间的交流与合作。他多次在国际舞台向世界展示新中国的和平发展理念，推动了中国与世界其他国家之间的了解与合作。在他的积极推动下，越来越多的国家开始认识新中国，这为新中国与其他国家建立外交关系和经贸联系作出了重要贡献。

三、时代风范，光耀后世

陈嘉庚的思想与行动不仅在他的时代熠熠生辉，更对后世产生了深远的影响。无论是在海外时将祖国的命运深植于心，还是在支持中国共产党、投身新中国建设的过程中，陈嘉庚都始终以坚定的信念和实际行动诠释了对国家和民族的无私奉献。不惧困苦、坚毅前行，坚持为国家和民族作贡献成为陈嘉庚爱国情怀的鲜明底色。嘉庚精神，不仅激励了一代又一代中国人，还在全球华侨群体中广泛传播，成为华侨团结与发展的象征，同时也为中国的现代化建设和国际形象提升注入了强大动力，光耀后世。

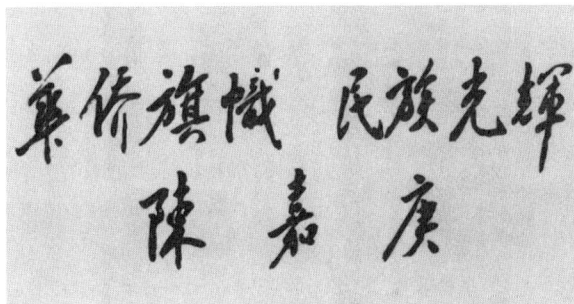

邓小平手书"华侨旗帜　民族光辉"

1. 家国在心，情怀永恒

陈嘉庚的爱国情怀深深扎根于他的内心，并贯穿了他一生的决策和行动。身处海外，陈嘉庚始终将祖国的命运与发展放在心中最重要的位置。他的爱国精神不仅体现在口头的表达上，更体现在实际行动和坚定信念中。尽管长期居住在新加坡，陈嘉庚从未放松对祖国的关切和对中国现代化建设的支持。作为一位杰出的华侨领袖，陈嘉庚深知，自己的影响力不仅限于个人财富和事业成功，更在于能够通过自身的努力和资源，为祖国的发展贡献力量。从反抗外来侵略再到投身新中国建设，陈嘉庚从来没有停止对祖国的关注和支持。1913年，陈嘉庚在家乡厦门集美创办集美小学，此后陆续创办集美师范、集美中学、集美航海学校等十余所学校，形成"集美学村"。他坚定地将国家利益置于个人利益之上，为祖国的复兴和发展付出了大量心血。1938 年 10 月 10 日，"南洋华侨筹赈祖国难民总会"（简称"南侨总会"）在新加坡成立。在陈嘉庚的带领下，南侨总会在东南亚各地发动持续不断的抗日筹赈活动。到 1941 年，南侨总会已募集捐款达 5 亿国币，捐赠飞机 217 架、坦克 27 辆、救护车 1000 余辆。他对祖国的深厚情感和坚定信念，不仅让他在生活中始终保持对国家和民族的关切，也让他在关键时刻作出果敢的决策。对家国的执着和忠诚，是嘉庚精神的核心，光耀后世，激励着无数后人。在陈嘉庚的一生中，爱国情怀是贯穿始终的主线。他将祖国的命运与自身的事业紧密相连，不论是在海外的奋斗中，还是在回到祖国后的建设中，都始终将国家利益和民族复兴放在首位。他的这种情怀和精神，成为了中国近现代历史上一抹亮丽的风采，永远铭刻在民族记忆中。

2. 坚守信念，支持共产党

陈嘉庚对中国共产党的支持，不仅仅是政治上的选择，更是他深厚爱国情怀的自然延续。作为一位远离祖国的华侨领袖，他在抗日战争期间目睹了中国共产党在战争的艰难时刻展现出的强大组织能力和动员优势。战后的中国面临复杂的内外挑战，国家的未来充满不确定性。在这种背景下，陈嘉庚对中国共产党的支持不仅源于对其实际能力的认可，更因为他对中国共产党战后建设构想的深刻信任。他看到了中国共产党在国家建设中的长远视野和强大执行力，并将这些认识与他对祖国未来发展的愿景结合起来。在陈嘉庚的眼中，中国共产党不仅是抵抗外敌、实现国家独立的力量，更是重建和发展新中国的关键。陈嘉庚的选择展现了他作为一位杰出华侨领袖的战略眼光和深厚爱国情感。他的支持为中国共产党赢得了宝贵的外部支持，也为新中国的建立和发展奠定了坚实的基础。陈嘉庚在关键历史时刻的果敢决策和坚定支持，不仅改变了自身的前途命运，也为国家前途命运的重要转折注入了强大的动力。他的支持和行动，不仅体现了他对中国共产党及新中国未来的深远考量，更体现了他对国家和民族命运的高度责任感和深切关怀。

3. 精神永驻，影响深远

陈嘉庚的爱国精神和对中国共产党的支持，深远地影响了中国现代化进程及全球华侨群体。他的行动和决策，不仅推动了新中国的建立，也为国家的发展提供了重要的精神支持。嘉庚精神作为一种深厚的爱国主义精神，激励了一代又一代中国人在国家发展的道路上不断前行。

首先，陈嘉庚的精神和行动对中国现代化建设产生了重要影响。他的坚定支持和实际行动，不仅帮助中国共产党抓住了国家建设的宝贵时机，也为新中国的发展提供了宝贵的经验和启示。嘉庚精神的核心在于对国家和民族的深厚爱国情感、对中国共产党领导下的新中国的坚定信念以及在关键时刻挺身而出的责任担当。这种精神成为中国现代化进程中的重要精神动力，激励着中国人民坚定信念、顽强奋斗、矢志不渝地追求国家繁荣和民族复兴。

其次，陈嘉庚的精神在华侨群体中产生了广泛的影响。作为杰出的华侨领袖，他的事迹和精神激励了大量海外华侨为祖国的发展和民族的进步贡献力量。他的行动成为华侨的骄傲和榜样，推动了华侨群体的团结与发展。华侨们继承和发扬了嘉庚精神，通过各种形式支持中国的发展，促进了中外之间的交流与合作。

最后，陈嘉庚的伟大抉择和精神风貌，也向世界展现了中国人民的坚定信念和勇敢担当。陈嘉庚以自身的传奇经历与高尚品格，为世界打开了一扇深入了解中国的窗口，让各国对中国的发展进步有了更为立体、深刻的认知。中国的崛起，不仅体现在经济上取得的辉煌成就，更彰显于深厚的民族精神和强烈的家国担当中。陈嘉庚身上所展现出的精神特质，有力推动了中国国际形象的塑造，显著提升了中国的国际声望，成为向世界诠释中国精神、讲述中国故事的重要名片。

结　语

在历史的长河中，每个时代都有其独特的挑战与机遇，把握历史方向、心系国之大者，是一个人持续发展、不断进步的关键。陈嘉庚正是凭借对历史脉络的深刻理解和对国家命运的深切关怀，成为那个时代的杰出代表。他的一生，无论是在抵御外侮时挺身而出，还是在国家内忧外患之际坚定支持中国共产党，都始终心系国家大局，将国家和民族的命运置于个人利益之上。这种高度的历史责任感和长远的战略眼光，为后世树立了光辉的榜样。今天，我们身处全球化迅速发展的时代，面对复杂多变的国际形势，国家的繁荣昌盛依然离不开对历史方向的把握和对"国之大者"的深刻理解。正如陈嘉庚所展现的，我们要有坚定的信念和目标，并将其付诸实践。在应对各种挑战时，始终以国家利益为重，保持清醒的历史头脑和战略定力，推动国家在新时代取得更大进步。

嘉庚精神的价值核心是个人梦想、家国情怀与民族伟大复兴理想融为一体的爱国主义精神，呕心民族复兴，勇担立国强国使命，是陈嘉庚最闪亮的光辉。陈嘉庚的一生启示我们，每个人都应心系国家，关注大局，要将个人理想融入国家事业，将个人奋斗与国家命运紧密结合，推动社会进步和国家强盛。继承和发扬嘉庚精神，保持对历史的敏锐洞察力和对国家命运的深切关怀，是我们每一个人的责任。只有把握历史方向，心系国之大者，才能在世界大潮中立于不败之地，引领国家走向更加辉煌的未来。立足新时代，嘉庚精神是促进海内外中华儿女团结奋斗、铸牢中华民族共同体意识的精神动力，我们要大力传承弘扬嘉庚精神，以实际行动践行爱国主义精神，为奋力谱写中国式现代化新篇章、实现中华民族伟大复兴汇聚磅礴力量。

思考题：

1.陈嘉庚的延安之行如何深刻塑造了他的政治观念和社会行动？试从陈嘉庚在延安的所见所闻、他的思想转变以及对后续历史进程的影响三个方面，探讨延安之行对陈嘉庚个人及其在中国近现代史上的角色所产生的深远意义。

2.陈嘉庚作为著名的爱国华侨领袖，参与中国人民政治协商会议的过程和贡献如何体现了他的爱国情怀和对国家统一与民族复兴的追求？请结合陈嘉庚在会议中的角色、提出的建议以及他对会议成果的影响，分析陈嘉庚参加中国人民政治协商会议对于新中国成立初期政治格局的形成和发展的意义。

第五章　铁肩担当正义　一生追求光明

一个人应当如何面对自己的人生，在面对生活事件之时应该如何作出选择，应该追求什么样的人生？这是任何人都应该积极思考的人生问题。如果将人生比作一首慷慨激昂的乐章，那么人生选择和人生追求就奠定了乐章的基调。习近平总书记对于当代青年在学习生活过程中面临的挑战、遇到的困难感同身受，他说："要学会思考、善于分析、正确抉择，做到稳重自持、从容自信、坚定自励。要树立正确的世界观、人生观、价值观，掌握了这把总钥匙，再来看看社会万象、人生历程，一切是非、正误、主次，一切真假、善恶、美丑，自然就洞若观火、清澈明了，自然就能作出正确判断、作出正确选择。"[1]厦门大学校主陈嘉庚就用自己的言行表明了自己一生的正义抉择与光明追求。

第一节　古今中外最伟大提案　中华儿女绝不奴颜婢膝

新时代青年肩负着民族复兴的重大使命，坚定民族立场是实现这一使命的重要前提。民族立场不仅是一种情感认同，更是一种责任担当。新时代青年要知晓中华民族的历史人物和重大事件。通过学习陈嘉庚的事迹，青年可以了解中华民族曾经的辉煌与苦难，在

---

① 《习近平谈治国理政》，外文出版社 2018 年版，第 173 页。

历史变局中彰显自己的人生格局，增强民族自豪感和历史责任感。

一、古今中外最伟大提案

在中国抗战光辉史册上，记载着一个"古今中外最伟大提案"事件，这是华侨领袖陈嘉庚对国民党副总裁汪精卫卖国投降嘴脸的最有力揭露。回顾陈嘉庚对汪精卫由欣赏认可，再到坚决痛斥的渐进历程，我们一同感受被邹韬奋称为"古今中外最伟大的一个提案"的历史影响。

从1895年到1908年，孙中山连续发动的广州起义、三洲田起义、黄冈起义、七女湖起义、镇南关起义、钦州起义、廉州起义和河口起义等八次起义相继失败。起义给了腐朽不堪的清王朝一浪又一浪的冲击，但也给革命带来了重创，一批仁人志士倒在血泊中，同盟会在屡战屡败中革命士气开始低落。1908年，孙中山的革命陷入极其艰难的阶段，此时，维新派趁机冷嘲热讽，一时海外华人中掀起了批评革命党领袖的风潮。同盟会内部也闹起矛盾，并掀起一场"倒孙狂潮"。就在这多灾多难的1908年，汪精卫以同盟会总部评议会会长的身份来到新加坡，参加了支持孙中山的《中兴日报》与保皇党《南洋总汇报》的论战。陈嘉庚也就是在这时认识了汪精卫。

全面抗战爆发后，当陈嘉庚得知汪精卫的和平妥协言论时，即刻郑重声讨起汪精卫的投降行径。

1932年1月，汪精卫出任国民政府行政院院长，就透露出妥协投降的表现。七七事变后，汪精卫叫嚷用外交手段解决中日战争，并自作聪明地得出"战必大败，和未必大乱"的结论，一直对中国的抗战抱着消极态度，时刻在想着通过与侵略者周旋解决日本入侵问题，他说："我对于觅得和平的意见，在会议里不知说过多少次，到广州丢了，长沙烧了，我的意见更加坚决，更加期望其实现。"1938年初，汪精卫派出高宗武等人到上海、南京、香港同日本联系，探听日本和平的意图；7月高宗武再度潜赴东京，与日本首相近卫等人密谈，日方正式表示，希望汪精卫出来实现中日和平；10月中旬，汪精卫指定高宗武、梅思平作为他的代表，与日方交涉。

也就在汪精卫与日本开始秘密交涉的10月，陈嘉庚从英国路透社电传"汪精卫发表和谈讲话"中，获取了汪精卫跟日本进行和谈妥协的消息，他大感震惊。10月21日得到消息，22日他便以南侨总会主席的名义，发电报询问汪精卫，大意是"敌暂时得意，终必失败，路透社电传先生谈和平条件，侨众难免误会，谓无抗战到底决心，实则和平绝不可能"。电文还希望老朋友的"谈和平"不会是真的。汪精卫第二天就回电陈嘉庚，承认自己"主张调和"，认为和平为救亡图存之上策，提出"抵抗侵略与不拒绝和平，并非矛盾"论调。

陈嘉庚接到复电后，确信传闻乃属事实。10月25日，他再次致电汪精卫，指出与日本和平谈判将"影响我抗战力量，动摇我抗战决心"，他说："……先生居重要主位……一言兴邦，一言丧邦，关系至大。倘或失误，不特南侨无可谅解，恐举国上下，皆不能谅解。"以此力劝汪精卫悬崖勒马，但汪精卫依然坚持他的主张，还反过来要陈嘉庚劝告南洋华侨赞同他的主张。陈嘉庚毅然决然对汪精卫展开讨伐①。

陈嘉庚的爱国主义精神始终镌刻在心间。陈嘉庚从小就在郑成功的民族英雄氛围中成长，他的性格是越是在艰难困境中，越是要显示中国人的铮铮铁骨，他历来厌恶意志不坚定的性格懦弱者，对于投降叛国者更是深恶痛绝。南侨总会成立时，曾有北平江朝宗、池尚同、王大贞等二十一人，联名来电给陈嘉庚，劝他赞成与日和平。陈嘉庚接到来电时愤怒无比，回电痛斥他们"卖国求荣，谄媚

---

① 陈嘉庚：《南侨回忆录·提案攻汪贼》，厦门大学出版社2022年版，第105页。

无耻，沐猴而冠，终必楚囚对泣，贻子孙万代臭名"，并谴责日寇"灭天理绝人道，奸伪欺诈，毒祸人类，为幽明所不容"，"终必惨败无地"。他奉劝这些人"及早悔悟，改过自新"，以不失为"黄帝子孙"。[①]在南侨总会的工作中，他明确指出要负责明暗两种工作，明者即组织筹赈会，负责祖国抗战的筹款与劝募公债，"暗之一面，即组织爱国团，惩戒汉奸，抵抗敌货"[②]。惩治汉奸，抵抗日货，也是陈嘉庚为南侨总会提出的一项重要工作。现在，他的老朋友汪精卫既然要投降当汉奸，他也就毫不留情了。

10月26日，陈嘉庚第三次致电汪精卫，这次的电文充满讨伐的火药味，一针见血地指斥汪的行为是"秦桧阴谋，张昭降计"。第二天，他将电文以《再忠告汪精卫》为名在《南洋商报》发表，电文中指出：

> 今日国难愈深，民风愈盛，宁为玉碎，不为瓦全，继续抗战，终必胜利；中途妥协，实等自杀。孰利孰害，彰彰明甚。若言和平，试问谁肯服从，势必各省分裂，无法统摄，不第和平莫能实现，而外侮内乱，将更不堪设想，坐享渔利，惟有敌人。呜呼！秦桧阴谋，张昭降计，岂不各有理由，其如事实何哉？[③]

10月28日，陈嘉庚致电蒋介石，他担心因汪精卫的投降言论影响蒋介石的抗战信心，望委员长明了"秦桧、张昭，无世不有"，"汪先生谬谈和平，公必不被误，万乞坚决实践庐山宣言，贯彻焦土

---

① 陈嘉庚：《南侨回忆录·华北汉奸来电》，厦门大学出版社 2022 年版，第120 页。

② 陈嘉庚：《电汉口秘书处电请蒋总裁领导抗战到底》。

③ 陈嘉庚：《再忠告汪精卫》，《南洋商报》1938 年 10 月 27 日。

全面抗战三大策略，宁为玉碎，不为瓦全，以博最后胜利"①。此时，国内尚未公开汪精卫的妥协投降之举，陈嘉庚便将自己与汪精卫的来往电文交给国内主要报刊，但当时汪精卫还是国民党副总裁，重庆及各省报刊还不敢公开发表反汪的文章，汪精卫的投降之举未能得到揭露。于是在国民参政会第二届会议召开之时，陈嘉庚以参政员身份，电文向国民参政会提案："在敌寇未退出国土以前，公务人员任何人谈和平条件者，当以汉奸国贼论。"后凝练为"敌未出国土前言和即汉奸"11个字，并很快获得20位委员的签名认同。

也就在陈嘉庚致电蒋介石的那天，按大会规定，参政会议长汪精卫无奈地向大会宣读陈嘉庚提案，交由全体代表讨论。当时参政会会员中有"汪记"朋友，他们指责陈嘉庚提案是"攻击副总裁"，但更多的人则不顾"批评官吏就是反对政府"的纪律，奋然起来支持陈嘉庚的提案，提案最终获得大会通过。此间主席台上的汪精卫，用著名社会学家邹韬奋的描述是"面色突变苍白"，"神气非常的不安，其所受刺激深矣"②。对这11个铿锵有力的大字，邹韬奋称其为"几万字提案不及其分毫，是古今中外最伟大的一个提案"。

二、联合华侨，声讨汪伪

陈嘉庚的提案立即引发最广泛反响，汪精卫意识到嘴脸已被揭露，便加快自己投降卖国的脚步。11月20日，汪精卫与日本在上海秘密签订《日华协议记录》《日本协议记录谅解事项》等，并商谈汪精卫潜逃计划；12月19日，汪精卫率领党羽曾仲鸣、周佛海、陶希圣等经昆明潜逃越南河内；22日，日本近卫内阁发表所谓"中日亲善""共同防共""经济提携"三原则声明；29日，汪精卫于香港

① 陈嘉庚：《促实庐山宣告——与蒋委员长长电》，《南洋商报》1938年10月28日。

② 陈嘉庚：《南侨回忆录·提案攻汪贼》，厦门大学出版社2022年版，第115页。

《南华日报》发表电文，表示接受近卫的三项条件作为"和平原则"。1939年元旦，国民党中常委撤销汪精卫一切职务，汪精卫执迷不悟，蒋介石遂下令军统特工赴河内刺杀，但刺杀未遂，汪精卫于5月底率领周佛海、高宗武等赴日本，与日本首相平沼直接会谈；8月在上海秘密召开伪国民党第六次代表会议，宣布"反共"；12月30日，汪精卫集团与日本签订卖国求荣的《日汪协定》（《日支新关系调整纲要》）。1940年3月30日，在南京正式成立伪国民政府。

就在《日汪协定》签订的第二天，陈嘉庚再次致电蒋介石，谴责汪精卫"不仅为总理之叛徒，亦为中华民国之国贼"，要求蒋介石"宣布其罪，通缉归案，以正国法，而定人心"[1]。对于这一段过程，陈嘉庚在《南侨回忆录》中有这样一段叙述："迨汪逃至安南，余即电中央政府宣布汪卖国罪状，请革职通缉，否则必逃往南京任敌傀儡。然政府尚徇党情不纳。其后经八九个月，汪由香港而日本，始下令革职通缉，已太迟矣。"[2]

在与汪精卫的这场政治斗争中，陈嘉庚是第一个公开站出来反对汪精卫投降的海外华侨，也是第一个以海外参议员身份向国民党参政会提出强硬反投降"电报提案"的人。他的提案与声讨汪精卫的行为，有力地阻止了当时蠢蠢欲动的言和之风，对汪精卫等主张和平救亡的人提出严厉警告，同时表现出陈嘉庚领导下的南洋总会爱国抗战的坚定与坚强，对于汪伪政权来说，也预示了他们后来企图拉拢南洋华侨的失败。

在陈嘉庚的影响与领导下，南洋华侨团体和文化教育界人士纷纷举行讨汪集会，强烈地要求国民党和国民政府严惩汉奸卖国贼。1939年1月5日，在国民党中常委撤销汪精卫一切职务后，新加坡总商会电告国民政府林森主席及蒋委员长，指出汪精卫"罪已不容诛"，除籍革职，不足以蔽其辜，请求"严令通缉汪逆及其顺从，归案照办"；新马二十八青年团体也致电蒋委员长，要求严办通敌求和者。

汪精卫看到自己不仅说服不了陈嘉庚认同，反而引来一个自己最强劲的讨伐者，引发了南洋华侨的声讨，于是收买汉奸到南洋各地活动，鼓动帮派对立，制造侨帮摩擦，培植敌奸报刊，散发对日和平论调，并于1939年7月9日亲自上阵，发表《警告海外侨胞》一文，宣传其抗战结果是亡国灭种的谬论。面对汪精卫的挑衅，南侨总会于8月28日发出第二十一号通告反击，通告揭露汪精卫狡诈百出，捏造事实，蛊惑矛盾，收买汉奸，破坏筹赈，谓"汪贼卖国求荣，早为天下共弃"，广大华侨"当不为妖言所惑，辨奸讨逆，亦为天职；输财救国，勿止中途"。汪伪叛国集团力图在南洋获得同情与认同的努力，在海外华侨的铮铮铁骨面前，碰得头破血流，一败涂地。

1940年新年，就在汪精卫伪国民政府成立之际，《南洋商报》的新年特刊中为抗战中的中国带来了一篇南洋华侨讨汪运动与抗战筹赈的消息。这篇新年特刊报道了"如火如荼地在全南洋各地迅速展开"的"反汪运动"，描述了在报纸上、在演讲会上、在街头巷尾都可以看得到、听得到的"反汪运动"，记录了南洋青年用戏剧与歌咏、演唱会与游艺会等形式声讨汪精卫"媚敌投降"活动。报道称，南侨总会主席陈嘉庚最先给予汪贼"当头一棒"，南洋华侨发动的一系列反汪运动，"无异给了汪叛及诸沐猴而冠或正在大摇大摆、准备袍笏登台的汉奸辈，以至一切失败主义的动摇分子，以一颗最有力的炸弹"[1]。作为中华民族的子孙，在他乡异水奋斗的海外赤子，当祖国面临着生死存亡的时候，他们又岂能容忍投降卖国者的存在，他们宁愿浴血奋战，"使国家得借吾人血汗一洗百年之奇耻，得借吾人

---

[1] 《一年来的马华筹赈运动》，《南洋商报》1940年1月1日。

物力一报九世之深仇"①，如此的赤子忠诚，如此的对卖国投降者的愤懑与讨伐，体现的是中华民族的凛然大义与浩然之气。

陈嘉庚认为，汪伪政权是日本的傀儡政权，从而背叛了祖国和人民，这是不可原谅的可耻行径。他通过各种渠道发表演讲和文章，揭露汪伪政权的罪行，号召人们不要被他们的谎言所迷惑，要坚定地站在抗日的最前线。陈嘉庚的声讨行动得到了广大爱国人士的支持和响应，他的言行也激励了更多的人投身到抗日救亡的运动中去。他的爱国情怀和民族精神将永远铭刻在中国的历史丰碑上。陈嘉庚在抗日战争期间，对汪精卫的卖国行为进行了坚决的声讨，对汪精卫及其投降派给予了猛烈重击。这一"古今中外最伟大提案"不仅揭露了汪精卫的卖国行径，也警示了其他潜在的妥协投降势力。

陈嘉庚的声讨行动在国内外引起了广泛关注，极大地鼓舞了中国人民的抗战信心，促进了民族团结，对抗战胜利起到有益的推动作用。这种正义的担当源自陈嘉庚内心深处的民族自尊心和历史责任感。他始终把国家利益和民族大义放在人生选择的第一位。2019年5月，习近平主席在同希腊总统帕夫洛普洛斯会谈时如是说："中国人自古以来就具有家国情怀，国是第一位的，没有国就没有家，没有国家的统一强盛就没有家庭的美满和个人的幸福。"中国人的家国情怀深深植根于中华文化之中。在中华文化中，"家"和"国"是密不可分的。家庭是国家的基本单元和机体细胞，而国家则是家庭的扩大和整合。因此，个人的命运与民族、国家的命运紧密相连。青年学生作为国家的未来和栋梁，培养家国情怀对自身的成长成才至关重要。我们新时代青年要善于通过学习中国悠久的历史和文化，了解先辈们的奋斗历程和人生抉择，不断增强民族认同感和历史使命感，从而挑起中华民族伟大复兴的历史重担。

---

① 陈嘉庚：《南侨回忆录·南侨总会成立》，厦门大学出版社2022年版，第88～89页。

第二节　在光明与黑暗中抉择　在历史关键时刻担当

镜不明则如尘蒙蔽，人不明则如坠云雾。在人生的旅途中，每一个青年都会面临无数的抉择，这些抉择无论大小，都会影响他们的未来。在光明与黑暗之间作出正确的抉择，是每一个青年必须面对的挑战。2014 年 5 月 4 日，习近平总书记在北京大学同师生代表座谈时，对广大青年树立和培育社会主义核心价值观，提出"勤学、修德、明辨、笃实"的要求。明辨，就是善于从纷繁复杂的现象中明辨是非，善于在历史洪流中担当抉择。是非明，方向清，路子正，人们付出的辛劳才能结出果实。面对世界的深刻复杂变化，面对信息时代各种思潮的相互激荡，面对纷繁多变、鱼龙混杂、泥沙俱下的社会现象，新时代青年要通过树立正确的世界观、人生观、价值观，学会思考、善于分析，这样才能洞若观火、清澈明了，作出正确判断、作出正确选择。人生是一个充满希望和实现梦想的奋斗历程，坚定信念和明辨是非是走向光明的第一步。新时代的青年学子肩负着实现中华民族伟大复兴的历史使命，要想完成这一使命，就必须站稳人民立场，把握历史发展大势和社会发展方向。

一、站稳立场辨是非

陈嘉庚的人民立场是坚定的，他始终把祖国和民族的利益放在第一位，无论是在解放战争时期还是在新中国建设时期，都积极贡献自己的力量，为国家和人民作出了不朽的贡献。

抗日战争结束后，陈嘉庚一直关注国内局势，并提出战后华侨的首要问题是要站稳政治立场、分清政治是非。经过 1940 年九个月的国内考察后，他已很清楚"数年来执政权诸国民党员，处心积虑，愈行愈辣，既欲行其一党专制之霸政，又力谋其党权永远存在"[1]，他认为国民党中央政府诸要人"多野心不正举动，在内包围制造一党合污之政权，在外如香港则设党政机关，以笼络及欺蔽海外华侨"[2]。这位与蒋介石以及许多国民党高官都有过亲身接触的华侨领袖，已经看清了蒋介石及其政府的独裁统治和反动统治的丑恶嘴脸。

国共内战爆发后，他立刻站了出来，在《南洋商报》上发表文章《独裁政治没有出路，民主运动前途光明》，针对蒋介石挑起内战、企图消灭中国共产党的行径尖锐指出："世界上最强大的独裁国家如德、意、日尚且不容存在，中国岂能跟着向灭亡的独裁政治路上跑，要跑这条路，就只有没落，死亡。共产主义被一些宣传家歪曲夸张渲染好像毒蛇猛兽，由于认识不清的误解者，便把共产主义视若畏途。"他说："事实排在我们面前，独裁就是死亡。中国切不能再走这条路。"并指出："中国当前最适合的政治路线只有一条——民主。"[3]两个月后，他在接受《现代日报》记者采访时，再次对蒋介石的独裁统治进行声讨："蒋主席说来说去总是说那套老话：什么明是非，什么礼义廉耻，什么明责任守法纪……说出来好像很有道理，其实他口是心非，说话全无诚意，言行相背。他亲小人，远君子，重用恶人，排挤好人。像陈仪这班贪官，他故意予以重用，以戕害百姓；像中共那班清官，他故意加以诬陷；他为要讨好苏联，孤立中共，竟把外蒙古割给苏联。总之，蒋主席只知为他自己和他的亲戚朋友的利益打算，他未曾为整个国家民族的利益打算，所以

---

① 陈嘉庚：《南侨回忆录·南洋教育党化》，厦门大学出版社 2022 年版，第462页。

② 陈嘉庚：《南侨回忆录·挂羊头卖狗肉》，厦门大学出版社 2022 年版，第465页。

③ 陈嘉庚：《独裁政治没有出路，民主运动前途光明》，《南洋商报》1946年6月22日。

他包庇许多误国殃民的贪官，他痛恨主张民主和实现民主的好人。"[①]

就在这次采访时，陈嘉庚断言内战"不必五年，最多三年，独裁贪污者必倒，民主派必胜"。这个断言，后来竟被历史证实，其判断的准确程度令人称奇。

面对美国支持国民党挑起内战的行为，1946年9月7日，陈嘉庚以南侨总会主席名义，向美国总统杜鲁门、美国参众两院议长、南京马歇尔特使、司徒雷登大使发出通电，并将通电交由各通讯社发表，谴责美国"以借款军火，助长中国分裂"的罪行，通电指出："查蒋政府执政二十年，腐败专断，狡诈无信，远君子而近小人，其所任用官吏，如孔宋内戚及吴铁城、陈立夫、蒋鼎文、陈仪等，贪污营私，声名狼藉；以致民生痛苦，法纪荡然……本人曾经访延安中共辖地，民主政治已见实施，与国民党辖区，有天壤之别；且中共获民众拥护，根深蒂固……务望迅速改变对华政策，撤回驻华海陆空军及一切武器，不再援助蒋政府，以使中国内战得以终止，人民痛苦可以减少。"

陈嘉庚的这份通电既入情入理又严厉有力，既是对美国政府的一份劝告，又拉又打，也是对美国政府与南京政府的一份声讨，毫不手软；既是以自己切身的体会揭示国共两党的本质区别，又是以历史的教训警告美国政府"多行不义必自毙"。通电经美联社星洲分社发表，立即引起轩然大波，不仅轰动整个中国，也引起世界震动，更是在南洋华侨中引发剧烈震荡。

9月22日，在陈嘉庚通电发出两周后，马六甲中华总商会召开该会注册社团代表大会，通过了否认陈嘉庚通电的议案，会议也发出一份致美国电文，指责陈嘉庚"不惜自毁过去历史"，"中伤中美感情"，甚至骂陈嘉庚"狂悖怪诞，无以复加"，声明马六甲总商会

---

① 陈嘉庚：《坚持独裁绝没有前途，实现民主必须大流血——与〈现代日报〉记者谈话》，《现代日报》1946年8月28日。

六十四侨团"决意通电否认"陈嘉庚电。紧接着柔佛中华总会、吉隆坡二十六个侨团、婆罗洲诗巫社团代表大会、槟城六侨团等侨团组织，相继发出快邮通电，反对陈嘉庚的通电，指责陈嘉庚"攻击祖国政府""做中共尾巴"；新加坡也有几十个社团联名签发致美国政府通电，请求美国政府继续援助国民党政府；新马传媒大都为国民党控制，多家报刊都打出了反对陈嘉庚通电的旗号，就连陈嘉庚自己创办的《南洋商报》(这时股权已经发生变化)，也站到陈嘉庚的对立面，马六甲海峡的狂风巨浪凶猛地向陈嘉庚扑将过来。

就在这恶浪席卷星洲之时，马来西亚的厦大、集美的校友首先挺身而出，坚定地维护和拥戴自己的校主，接着新加坡的两校校友也愤然站了出来，与马来西亚校友一起共同发出《为拥护陈嘉庚校主最近通电的宣言》。宣言有理有据地向人们阐明了陈嘉庚的呼吁是"现阶段中国人民最迫切的一个要求，是当前最正确的一个民意，这不但可以代表南洋华侨共同的意见，而且可以代表中国人民大众衷心的愿望"，称陈嘉庚"就是中国老百姓的代言人"，号召侨胞们"辨别是非"，"主持正义"，"一致拥护陈嘉庚先生伟大而正确的通电"。紧接着，新、马的厦大、集美校友，槟城、新加坡、菲律宾、爪哇、苏门答腊等地的华侨，相继召开拥护陈嘉庚通电的大会，泰国曼谷七十一个华侨社团联名发出向陈嘉庚致敬电与致美国总统杜鲁门电，要求美国军队撤出中国。由此，"拥陈反蒋派"与"反陈拥蒋派"形成："拥陈反蒋派"以厦大、集美两校校友，福帮社团和新加坡民盟分会为主体；"反陈拥蒋派"以国民党支持的一些商会、新闻媒体、华侨社团为主。两派针锋相对，阵营势均力敌，展开激烈的口诛笔伐。在这个大风大浪中，陈嘉庚更是坚定地站在斗争的风口浪尖。

二、关键时刻勇担当

在中国内战紧锣密鼓敲响的时候，新马华侨在政治与思想上的分裂，转化成两个阵营的鏖战，陈嘉庚成为媒体、社会与多方政府关注的焦点，成为反陈拥蒋一方最主要的攻击对象。但陈嘉庚是一个看准了目标就毫不动摇地去追求去奋斗的人，在"反陈拥蒋派"的攻击面前，他毫不气馁。10 月 8 日，他接受了中央社记者采访，他说自己自七七事变以来，主张言论总是遭人攻击，但自己"一向作事均凭良心，并不因遭人反对攻击而停手不做"，否则会"失人格矣"。对于致美国总统及两院通电的立场与态度，他依然坚定不移，坚决要求"美国即刻停止助长我国内战"，"实不应再有海陆空军驻于我国"，指出美国"今日所为，实已反其传统精神，且已与过去之日本帝国主义无异"。[①] 陈嘉庚尽管对国内局势无比忧虑，但他洞若观火、明辨是非，看清历史发展大势，断定"至多不出一两年，独裁必不能生存，民主政治决可实现"，表示自己绝不放弃"主人翁地位""国民天职"。[②]

陈嘉庚对国民党贪污腐化的行径大失所望，对共产党的理念和政策表示认同和支持。他不畏强权，敢于直言，成为共产党的挚友和诤友，根本在于他把自己的小我融入祖国的大我和民族的大我之中。"主人翁地位""国民天职"就是他的伟大人格和光辉形象的展现。陈嘉庚的"忠公、诚毅、勤俭、创新"的伟大人格和崇高品质，激励着青年追求真理和光明。

陈嘉庚的这些立场和行动，不仅体现了他深厚的爱国情怀，也展现了他作为一位杰出华侨领袖的责任感和使命感。他的精神和行

---

① 陈嘉庚：《要求美军退出祖国是职责所在——答中央社记者问》，《华商报》1946 年 10 月 8 日。

② 陈嘉庚：《论天道的运行——在福建会馆及所属三校师生国庆纪念会上的演词》，《民声报》1946 年 10 月 14 日。

动激励着青年站稳立场、铭记历史、珍视和平。站稳人民立场的重要要求，是习近平总书记关于青年成长成才重要论述的根本基点，为新时代中国青年的健康成长指明了正确的方向和道路。

新时代就有新使命，新使命呼唤大担当。民族复兴、国家富强、人民幸福需要一批批"有理想、敢担当、能吃苦、肯奋斗"的有为青年。习近平总书记指出，"青年一代有理想、有本领、有担当，国家就有前途，民族就有希望"。国家进步与个人前途、社会发展与个人成长、民族命运与个人命运都是休戚相关。当前，中国正处在由"站起来""富起来"走向"强起来"的历史新征程中，青年学子更需要认识到自身所处的历史重要节点和自我负有的时代重大责任，在民族复兴的关键时刻要勇于担当，不负党和人民的期待与重托。

新时代青年学子勇于担当尽责，首先要始终牢记中国共产党的初心使命，坚定马克思主义的信仰，坚定共产主义的信念，坚定中国特色社会主义道路的信心，在求学成才的道路上勇于面对挫折和挑战，不畏艰难险阻，争当新时代的大写青年。中国特色社会主义事业发展永无止境，青年学子的为民初心和使命担当永不蜕变。新时代青年是中国特色社会主义伟大事业的建设者和接班人，要始终铭记"国之大者"，保持勇于进取的奋斗精神、坚忍不拔的斗争意志、扎实高超的斗争本领和敢为人先的创新精神，逢山开路、遇水架桥，勇于担责、敢于创新、善于挑战，在新征程中乐于吃苦、甘于奉献、勤于作为，有一分热便发一分光，成为新时代担当有为的栋梁之才。新时代中国青年还要站稳人民立场，必须强信念、善学习、增感情、重实践，在服务人民、奉献社会的伟大实践中树牢群众观点，增进人民感情，增长知识才干，接续为全面建设社会主义现代化国家新征程、实现中华民族伟大复兴的中国梦而奋斗。

第三节 创办《南侨日报》 针砭时弊赞颂光明

舆论宣传作为一种强大的社会工具，在思想斗争和观点论争中扮演着至关重要的角色。思想斗争和观点论争往往涉及价值立场、信仰信念和意识形态的冲突，而舆论宣传则是影响和引导这些思想观念的关键手段。报纸在舆论宣传中扮演着至关重要的角色，它不仅是信息传播的重要工具，也是引导公众意见、影响社会舆论、推动事件发展的关键媒介。

舆论宣传在思想斗争中具有导向作用。通过对某一特定思想或观念的宣传，舆论可以塑造和引导公众的态度和价值观，明晰社会方向和历史动向，从而影响公众的思想和行为。在当时激烈的舆论斗争中，报纸能够及时、准确、权威地传递观点，发挥稳定人心、引导舆论和凝聚力量的作用。经过几番舆论激战之后，华侨民主派看到新闻媒体的重要性，深感急需一个媒体一张报纸，以更好地宣扬自己的政治路线与主张，为新加坡、马来半岛的反独裁反内战擂鼓呐喊。1946 年 11 月，在陈嘉庚首肯下，由黄奕欢、陈国庆和刘牡丹等 7 人发起 43 名股东筹集 26 万 4050 元经营资本，办起了《南侨日报》，陈嘉庚任董事主席，新加坡民盟著名领袖胡愈之担任董事经理。从此，《南侨日报》成为陈嘉庚、民盟新加坡分部和拥陈反蒋阵营的喉舌，成为新加坡、马来西亚反独裁、争民主的有生力量，在三年零十个月的岁月里，日销 12000 至 20000 份，冲破了国民党对新马舆论的控制，为中国人民和海外侨胞的民主和平斗争鼓与呼，成为星洲战后三大报章之一。至此，拥陈反蒋的政治主张与民主思想，越来越深入南洋华侨之心。

1947 年的到来，也是中国人民反内战、反独裁、争民主一次高潮的到来。1947 年下半年，国统区经济到了崩溃的边缘，物价比

1937 年上涨 6 万倍。尽管经济上已破烂不堪，蒋介石却依然要维持几百万军队和庞大的官僚机构，要支撑进攻共产党、解放区的巨额军费，蒋政府不顾人民死活，民不聊生的困境达到极点。陈嘉庚似乎听到了民众的呼声，他接受上海记者团的访问，在回答记者的问题时他答道："国共内战，胜败似无难知，可视民众趋向而定，民众拥护者，当然可获最后之胜利，民众怨叹不满者，必定失败也。"①

　　舆论宣传在思想斗争中还有凝聚和激励人心的作用。通过弘扬先进典型和正面事迹，舆论可以增强社会成员的认同感和向心力。当 1947 年即将过去 1948 年新年就要到来的时候，陈嘉庚接见了中国赴欧留学的留学生，他对那些就要奔赴欧洲的中国青年拨开了历史的"阴霾毒雾"，向他们指示了中国"无限光明"的前途："世界潮流时势所趋，中国已经到了否极泰来的时候了。中国的前途是绝对可以乐观的，美国的金钱，是买不了中国人民的心！中国人口众多，知识不下于欧美各国，土地肥美，不下于任何列强。一旦专制政府倒台，民主政治实现，中国是一定可以和世界列强并驾齐驱的。"②

　　1948 年 1 月 1 日，陈嘉庚为《南侨日报》撰写《新岁献辞》。在这篇献辞中，陈嘉庚宣告 1948 年"实为我国历史上巨大变革之年，或亦竟为中华民族大革命胜利成功之年"，他说："我国地大物博民众，内外恶势力铲除以后，复兴建国，突飞猛进，转危为安，转弱为强，转贫为富，指顾间事。"《新岁献辞》发表后，蒋介石自然极为恼怒，已经亲近国民党的《南洋商报》发表题为《陈嘉庚可以休矣》的社论，攻击《新岁献辞》与作者陈嘉庚，说陈嘉庚如今与战前判若两人，被人利用当傀儡。与此同时，国民党为夺得新加坡最大势力福建会馆的控制权，以代缴会费为诱饵，争取会员支持，

---

　　①　陈嘉庚：《祖国时局——答询上海记者团》，《民声报》1947 年 10 月 1 日。

　　②　陈嘉庚：《民主中国在望——接见我国赴欧留学生的谈话》，《人民报》1947 年 12 月 20 日。

挑起郑古悦、王吉士、庄惠泉等显赫人物出来争夺福建会馆控制权，但最终还是以国民党势力在福建会馆的惨遭失败收场，陈嘉庚支持者重新掌舵，陈嘉庚蝉联福建会馆总理。尽管这一年陈嘉庚已经75岁，但"可以休矣"的不是他，而是他反对、讨伐的蒋介石统治集团。对中国时局的准确判断，坚定不移地维护国民和华侨利益的立场，在恶劣环境下初心不改、威武不屈的人格魅力，让陈嘉庚受到南洋千万华侨的拥戴，他以更充沛的精力和更老练的笔力，接连发表了《祖国光明在望》《蒋介石的最大错误》《中国内战何日告终》《再论中国内战前途》等文章与演讲，他说："我国革命大功不日告成。此后兴利除弊，富国利民，确可料到。"[1] 75岁的陈嘉庚就这样傲立在中国历史大转折的时代风云中，自信而坚定地迎纳两种力量决战中的风风雨雨。这位中华民族的赤子知道，黑暗即将过去，曙光就在前头。在《南侨日报》创办三周年之际，毛泽东同志为报社专门题词："为侨民利益服务。"这是对报社的鼓励，更是对陈嘉庚的肯定。

为了民族的大义和国家的前途，陈嘉庚一生正义凛然、是非分明，勇敢担当、追求光明，敢于同任何反动势力斗争，敢于同日本军国主义斗争，勇于同国民党反动派斗争。他有宽如大海的胸襟，为了国家舍小家，贡献出自己的全部家产。他有坚如磐石的爱国情操，在抗战期间，克服一切困难将东南亚华侨组织起来、团结起来、凝聚起来，全力支持民族抗战。他有坚忍不拔的意志，勇立于历史发展的风口浪尖，支持进步和正义的力量。他有光明磊落的心灵，总是在重要历史关头能够明辨是非、正确抉择。

---

① 陈嘉庚：《致集美学校校长陈村牧函》，1949年2月10日。

结　语

习近平总书记赞誉陈嘉庚"推动华侨团结，争取民族解放，是侨界的一代领袖和楷模"，并提出"他艰苦创业、自强不息的精神，以国家为重、以民族为重的品格，关心祖国建设、倾心教育事业的诚心，永远值得学习"。① 站在推进中国式现代化建设、实现中华民族伟大复兴的新时代新起点上，我们要深刻领会、传承和弘扬"嘉庚精神"和"嘉庚品格"，并让其在新时代焕发出新的生命力。在新时代，我们青年要继续弘扬爱国主义精神，坚定中国特色社会主义的发展方向，站稳为人民服务、为民族复兴的基本立场，深刻领悟"两个确立"的决定性意义，增强"四个意识"、坚定"四个自信"、做到"两个维护"，将"嘉庚精神"和"嘉庚品格"内化于心、外化于行，成长为敢于担当、勇于奉献的时代新人。

思考题：

1.新时代青年学子如何做到明辨是非？

2.面对中华民族伟大复兴的历史重任，大学生应该如何弘扬嘉庚精神，如何勇于担当使命？

---

① 《习近平总书记给厦门市集美校友总会回信》，《福建日报》2014年10月22日。

第六章　华侨商圣中国智慧　敢为人先爱拼会赢

1890 年，17 岁的陈嘉庚奉父命告别故乡集美渔村，远渡重洋来到新加坡，在他父亲开设的"顺安"号米店当学徒，开始其经商职业生涯。1904 年，由于父亲商号倒闭破产，31 岁的陈嘉庚开始独立创业，直到 1934 年 2 月公司收盘歇业。在这长达 44 年的米店"打工"及自主创业经商生涯里，陈嘉庚演绎了精彩绝伦的创业奋斗故事，显示出了卓越超群的企业管理才能，缔造了一个实力雄厚的企业王国。陈嘉庚的生意涉及商业、贸易、制造、种植、航运、报业等多个领域。1925 年前后，处于事业巅峰的陈嘉庚彼时拥有 1 间橡胶熟品制造厂，12 间生橡胶工厂，1.5 万英亩橡胶种植园，2 间黄梨厂，还拥有饼干厂、火锯厂、肥皂厂、制药厂、制革厂、皮鞋厂、制砖厂、米店，还创办过制糖厂、造纸厂等，此外，他还创办了一份在商业圈子中颇为抢手的报纸《南洋商报》。他所组建的销售网络直营分行有 80 多家，代理商有 100 多家，这些销售网点覆盖了东南亚各个主要商埠和国内 40 多个城市，以及英国、法国、德国、美国等 23 个国家。彼时，陈嘉庚公司资产总值达到 1200 万元，雇佣职员达到 3 万多人，职员中不仅包括大量的华侨工人，还包括来自英国、德国、意大利等国家的技师。彼时的陈嘉庚已跻身"千万富豪俱乐部"，其影响力之大，被英国当局和社会各界公认为是星马乃至东南亚最卓著的大实业家，被誉为"马来亚的亨利·福特""橡胶大王"。

2020 年 7 月 21 日，习近平总书记在北京主持召开的企业家座谈会上，提出了弘扬企业家精神的 5 个核心内容：爱国情怀、勇于创新、诚信守法、社会责任和国际视野。在谈到优秀企业家必须具有爱国情怀，对国家、对民族怀有崇高使命感和强烈责任感时，习近平总书记特意提到陈嘉庚是爱国企业家的典范之一[①]。教育救国、实业强国是陈嘉庚矢志追求的人生志向。纵观陈嘉庚经商创业的历程，尤其是陈嘉庚的经营哲学和管理思想，习近平总书记所概括的企业家精神五个核心特征在陈嘉庚身上表现得淋漓尽致。

第一节　尽忠报国艰苦创业　敢为人先勇于创新

千百年前，勤劳勇敢的福建人走向海洋，在异国他乡拼搏创业，造就闽商精神、成就闽商事业。海洋文明造就了闽商一种敢想敢干、爱拼会赢的精神；一种务实求实、乐业敬业的精神；一种百折不挠、永不言败的精神。2004 年 5 月在福州举办的首届世界闽商大会上，将"闽商精神"概括为"善观时变、顺势有为，敢冒风险、爱拼会赢，合群团结、豪侠仗义，恋祖爱乡、回馈桑梓"[②]32字。陈嘉庚作为历史上最杰出的闽商之一，"闽商精神"在他身上大放光彩，体现得淋漓尽致！

陈嘉庚在商业上取得的这些成就，与他的家国情怀及爱拼会赢、敢为人先的奋斗精神息息相关。

每个成功的商人都会面临一个问题：创造财富的目的是什么？具有不同价值观的人会作出不同的回答。陈嘉庚的创业动机很早就跳出了个人发家致富的经济性动机，表现出了对国家和民族忠心耿耿、

---

① 《习近平：在企业家座谈会上的讲话》，新华社，2020 年 7 月 21 日。

② 木志荣等：《陈嘉庚创业管理之道》，厦门大学出版社2022年版，第127页。

鞠躬尽瘁的崇高风范。陈嘉庚目睹当时中国内忧外患、国弱民穷的现实，坚定地走上了一条"教育救国""实业强国"的人生道路，主张"振兴工商业的主要目的在报国，而报国的关键是在提倡教育"[①]。

陈嘉庚倾资兴学的志向在"打工"期间就表现出来了。1894年，年仅21岁的陈嘉庚利用米店"打工"三年所得的薪酬积蓄和父亲给他的结婚费用结余，出资2000银圆，在集美创办了"惕斋学堂"，供本族贫寒子弟入学就读。这是陈嘉庚在家乡捐资办学的开端。1906年，陈嘉庚还处在创业起步，正苦苦挣钱替父还债的阶段，就毅然省吃俭用，在新加坡集资创办了道南学堂，拉开了在海外热心教育事业的序幕。陈嘉庚一生办学的时间长达67年之久，创办及资助的学校多达118所，这些学校覆盖了福建全省各地和新加坡，包括幼儿园、小学、中学和大学。根据洪丝丝在《陈嘉庚办学记》中的统计，陈嘉庚一生对教育事业所捐献的钱，以1980年国际汇市比率计算，相当于1亿美元左右。如果加上陈嘉庚创办的集友银行的红利和经他筹募的办学经费，则数字更加惊人。陈嘉庚一生办学时间之长、创办及资助学校之多、捐资之巨、成绩之著，堪称中国近现代史上第一人。

陈嘉庚"教育救国"和"实业强国"的人生志向是紧密联系在一起的，他坚信"教育不振则实业不兴"，"实业强国"是陈嘉庚非常重要的经营哲学。所以，陈嘉庚非常重视职业教育，在集美学校积极培育水产、航海、商科、农林等专业人才，其目的就是为社会培养振兴实业所需要的专业人才。另外，陈嘉庚认为20世纪是树胶时代，但中国的树胶工业几乎为零，连日本都有大大小小的树胶制造厂400多家，中国却没有一家像样的树胶制造厂。所以，陈嘉庚大规模投资，扩大树胶成品的生产制造，他认为工人们可以学习掌握树胶制造过程中的化验、机器操作、生产各种产品等等方面的技

---

① 木志荣等：《陈嘉庚创业管理之道》，厦门大学出版社2022年版，第256页。

术和经验，"如师范学校之训练学生，俾将来回国可以发展胶业。愚于个人营业之外，尚抱此种目的，故不惜资本，积极勇进"[1]。陈嘉庚把他的橡胶厂也想象为一所学校，专门用来培养回国之后可以填补空白、施展才能的树胶人才。

总之，在陈嘉庚的经营哲学里面，艰苦创业、拼命赚钱的目的只有一个：实现"教育救国""实业强国"的人生志向。因此，获得财富只是尽忠报国的手段，而不是目的，在这个问题上陈嘉庚具有坚定的信念和无与伦比的高尚情操。

陈嘉庚下南洋本是为了继承父业，他的父亲陈杞柏在1890年代，先后在新加坡创建了包括顺安米店、日升黄梨厂等18家商号，全部资产估计超过40万元[2]。但是，陈嘉庚从小并没有过华商家庭富裕的生活，他在集美由母亲一手抚养长大，他从小就参加劳动，帮助家里干拔花生、收番薯、抓鱼虾之类的农活，逐渐养成了热爱劳动、刻苦耐劳的品质。17岁第一次下南洋到新加坡，到他父亲创办的顺安米店学习经商后，他更是没有任何富家子弟的习性。他从学徒做起，帮助族叔和父亲打理米店，工作兢兢业业、勤勤恳恳，深受父亲的信任和器重。他说"在膝下三年，终日仆仆于事业，亦未曾撄其怒也"[3]。父亲的商号清盘破产之后，年过30的陈嘉庚两手空空，身负20万元父债，但他毫不气馁，知难而上，想尽办法筹集了7000元资金，因陋就简，开始自主创业。陈嘉庚在生意场上的拼劲是无与伦比的，他不辞辛劳，天天跑市场、见客户，详细探寻信息，了解市场行情，亲自到农场果园采购生黄梨，亲临生产加工现场把关产品质量。

---

[1]　陈嘉庚：《南侨回忆录·工厂如师校》，厦门大学出版社2022年版，第590页。

[2]　杨进发：《华侨传奇人物陈嘉庚》，李发沉译，陈嘉庚纪念馆2012年。

[3]　陈嘉庚：《南侨回忆录·未成人经过》，厦门大学出版社2022年版，第560页。

陈嘉庚一贯提倡"果"字，认为企业经营实际上也是在进行一场战争，不仅要敢于冒风险，还需要当机立断、决策迅速、行动果断，充分掌握主动权。他说："动作迟缓，事事输人，商战中必为败兵。"[①] 所以，无论是买地建厂、安装机器，还是开垦种植黄梨和树胶，陈嘉庚都有超强的执行力，能快速地完成任务。例如，1904 年陈嘉庚买了福山园后，500 英亩空地只用一年就完成了黄梨种植。而别人的黄梨园，至多只有二三百亩的面积，栽种却需要二三年才能完成。1911 年，黄梨罐头市场低迷，很多企业亏损，陈嘉庚果断出手，乘行情低迷收购了 5 家黄梨厂。1922 年前后，陈嘉庚乘树胶行业低迷，敢于抄底，收购了 9 个树胶厂。

陈嘉庚的创业道路不是一帆风顺的，他经历过很多挫折、困难和危机，但他都能以一种百折不挠的意志和永不言败的精神，越挫越勇，杀出一条血路。例如，1905 年陈嘉庚创办的冰糖厂只经营一年就因获利难而停业；1909 年恒美米厂遭遇火灾，重建米厂时资金非常紧张；1912 年回国在集美创办生蚝罐头厂，结果"完全失败"[②]。陈嘉庚创业失败和投资失利的项目很多，但在困难和危机面前，陈嘉庚处变不惊、积极应对，在逆境中决不屈服、逆来顺受，并努力想尽办法克服困难、渡过难关。最典型的例子是，1914 年第一次世界大战爆发后，因船运紧张，陈嘉庚的黄梨厂库存剧增，米店缺乏货源。面对外部国际局势剧变带来的严重打击，绝大部分人都坐以待毙、认命"躺平"，但陈嘉庚知难而上、见招拆招，自己租船解决公司运输困难问题。

陈嘉庚爱拼会赢的奋斗精神和勤劳的品质还体现在他每天的日常工作习惯和生活规律中。陈嘉庚是一个非常自律的人，除星期天

---

① 木志荣等：《陈嘉庚创业管理之道》，厦门大学出版社 2022 年版，第 241 页。

② 陈嘉庚：《南侨回忆录·第四次回梓》，厦门大学出版社 2022 年版，第 577 页。

外，每天只睡四五个小时。他每天清晨 5 点就起床，7 点就上班，上午步行到各个工厂巡视。中午当员工们吃午餐时，陈嘉庚会召集各部门负责人开例会，会后才用午餐。餐后陈嘉庚会立即前往行政部处理各项业务，直到下午 5 点下班。下班后，陈嘉庚都会回到怡和轩俱乐部洗澡，简单用晚餐，然后夜以继日处理各种社会和教育事务。处理完公务，只要有时间，陈嘉庚就在怡和轩阅读大量书籍报刊。

总之，在陈嘉庚身上，干练果断、自强不息、奋斗不止、不畏失败的作风和精神表现得淋漓尽致。他说世上无难事，唯有毅力和责任，畏惧失败才是可耻。陈嘉庚一生提倡肯负责任、做事不中辍、尝试不成仍继续前进，反对苟安偷懒、容易满足，他毕生的艰辛历程和奋斗精神是这种毅力的真实写照。

陈嘉庚在经商创业中不仅表现出爱拼会赢的苦干精神，他身上还具有敢想敢干、敢为人先的创新精神和开拓行为，他在任何环境下都有积极应对挑战的意愿和动力，他不尾随别人行事，常常寻求标新立异，想法和点子特别多。

首先，陈嘉庚非常重视产品创新。黄梨厂是陈嘉庚自主创业的第一个项目，当时"新加坡并柔佛共有廿余厂，竞争剧烈多乏利，全年获利一万余元者仅数厂耳"[1]。用今天的商业术语来说，陈嘉庚创业进军黄梨罐头和果酱生产时，黄梨业已经是一片"红海"。但为什么他的黄梨厂能"独占大利"？产品创新和运营创新是其中重要的原因之一。陈嘉庚认真动脑子分析了黄梨罐头市场。当时的黄梨罐头按照黄梨切块形状和口味有数十个品种，绝大部分是式样比较简单的条、块、四方、圆形等普通装的罐头，在新加坡每年生产一百七八十万箱，占了市场的八九成，而切块形状独特的杂装罐头仅出产一二十万箱。陈嘉庚发现，杂装罐头的数量虽然少，但每箱比普通

---

① 陈嘉庚：《南侨回忆录·同业多庸常》，厦门大学出版社2022年版，第569页。

装可以多获两三角至七八角之利。获利虽高，但绝大部分黄梨厂都不愿意生产杂装罐头，要么嫌弃需求数量偏少零散，要么不知道怎么核算杂装生产的成本，要么担心杂装生产不符合要求而导致日后赔偿。陈嘉庚并没有随大流，而是通过开发和生产形状新颖独特的各色杂装罐头，大胆地选择了差异化的经营道路，从而在创业之初就开辟了一片"蓝海"。

其次，陈嘉庚非常重视运营创新。为了确保差异化经营取得成功，陈嘉庚在罐头厂运营方面也展开了大胆而有效的创新。在采购环节，当时黄梨厂的普遍做法是简单按批量采购生黄梨。陈嘉庚改变了这种做法，他根据黄梨的大小、成熟度和坏烂程度，识别挑选出好的黄梨按个数进行采购。在生产环节，他认为工人剖梨的手艺、技巧以及损失情况，会直接影响工厂获利，所以陈嘉庚特别重视对剖梨工人的精细化管理，他每天都在工厂一线亲自检查和监督各个环节。在核算环节，别的黄梨厂都是季度末生产停工的时候再来核算该季度总的成本和收益。陈嘉庚则把当日采购的黄梨，第二天就做成罐头，然后计算出成本和收益，实现了逐日核算，从而精确把握黄梨厂每日盈亏经营状况。

最后，陈嘉庚非常重视技术创新。陈嘉庚公司成立的化学实验室投入重金开展研发工作，在树胶加工和制造、鞋子生产等方面先行先试，勇于探索和变革创新。他在树胶加工和成品制造领域广纳贤才，聘请了来自英国、意大利等国家的高级工程技术人员，攻克技术，推动研发，开展了大量的产品创新和改良工作。因为重视研发创新，陈嘉庚公司获得了英国当局颁发的很多发明专利，包括轮胎胶底、胶带木屐、防水性胶制饼干盛器等（见表1）。这些专利使陈嘉庚公司在竞争激烈的市场上获得一席之地，也成为近代民族品牌与西方世界争夺利权的重要成果。

表1　陈嘉庚公司部分专利发明项目（1924—1932）

年度	专利发明项目
1924	发明和改良轮胎胶底、内胎。
1927	新方式用以配套皮靴及皮鞋之上层。
1928	新发明：胶带木屐。 改进：胶制箱、行李和草胶带之制造方法。
1932	发明新方法以制造一种可折叠，由气体压缩而成之防水性胶制饼干盛器及其他同类产品。

资料来源：杨进发：《华侨传奇人物陈嘉庚》，李发沉译，陈嘉庚纪念馆2012年，第49页。

第二节　诚实守信打造金字招牌　洞察商机穿越经济周期

一、以诚相待，一诺千金

陈嘉庚一生遵奉实事求是、言信行果和永不毁诺的为人之道。他曾说过"无论个人、社会、国家和事业的发展，全赖'忠诚信义'"，"我自己所能者仅为诚、信、公、忠四字"，陈嘉庚把"诚""信"放在最重要的位置[①]。在经商创业过程中，无论是对待外部的客户、供应商、债权人等，还是对待内部的员工、合伙人和股东等，陈嘉庚都以诚相待，以信交友，说一不二，一诺千金。

作为一名实业家，陈嘉庚非常重视产品质量，诚实经营，处处为消费者利益着想，极力为顾客创造最大价值。陈嘉庚工厂生产的"苏丹"牌黄梨罐头，因为从原材料的采购到加工环节都严把质量关，产品优质，成为当时业界口碑很好的品牌。陈嘉庚的树胶厂生产的胶片和熟品制造厂生产的各种"钟"牌商品，出厂前必须要

---

① 张培春：《陈嘉庚精神的内涵、表现及其时代价值》，张焕萍主编：《陈嘉庚纪念文集》，中国华侨出版社2021年版，第288～289页。

经过化学房、试验房、药房部等多道检验，完全合格才能出厂销售，产品的质量口碑非常好。他认为"品质精究优美，则畅销自然可期，良好之成功必矣"。陈嘉庚非常厌恶欺诈客户的行为，他说"待人勿欺诈，欺诈必败；对客勿怠慢，怠慢必招尤"，"货真价实，免费口舌；货假价贱，招人不悦"，因此他严格规定"货品损坏，买后退还，如系原有，换之勿缓"，"门市零售定价不二，以昭信用"①。正因为诚信经营、一诺千金，陈嘉庚公司的很多产品在各种展览会上获了大奖，陈嘉庚的名字、陈嘉庚工厂的产品都成为人们信赖的金字招牌。

陈嘉庚诚实守信品质，还表现在他对合作伙伴和供应商以诚相待、言信行果。1903年，陈嘉庚作为米店经理，在处理其父的商号收盘事务的时候，一直惦记着顺安米店和黄梨厂欠供应商的货款，想尽办法还清供应商欠款之后，陈嘉庚才决定停止经营顺安米店。1933年，陈嘉庚在公司清盘前，还为市面上的众多供应商着想，"通知各货主或原物领回或取制品抵额"②，丝毫没有想过要赖账，足见陈嘉庚诚实守信的高贵品质。这种品质也奠定了陈嘉庚成为众人信服、千万人追随、能联合团结各帮派的社会领袖的重要基础。

二、借鸡生蛋，试探发展

陈嘉庚在经商创业过程中，采取了很多即兴而作、因陋就简、借鸡生蛋的经营手段，体现了一种有效的资源拼凑行为。比如，1904年陈嘉庚创业起步的时候，他手头只有东拼西凑的7000元，根本不可能在城里租房建厂，只能把新利川黄梨厂建在距新加坡城

① 见1929年陈嘉庚亲自修订的《陈嘉庚公司分行章程》，共有350条正文和80条警语。木志荣等：《陈嘉庚创业管理之道》，厦门大学出版社2022年版，第177页。

② 陈嘉庚：《南侨回忆录·本公司收盘》，厦门大学出版社2022年版，第596页。

十英里的山地上，"按从简起手，用木料茅草造成，并买旧机器，一切按两个月完竣"①。陈嘉庚把黄梨厂建在郊外，凑合着用木料和茅草盖起非常简陋的厂房，买的设备机器是二手的。至于流动资金，陈嘉庚更是"无中生有"，通过赊账的方式解决。比如，向洋人购买制作罐头的白铁片，可以赊账两个月；向华商购买白糖和木箱，可以赊账40天；工人的工资半个月才支付一次；只有生梨是需要现款支付的。陈嘉庚只需要先支付生梨的钱，几天之内黄梨罐头生产出来，交给洋行收到销售款之后，再去支付欠各个供应商的货款和工人的工资，就可以撬动生意②。通过这样的资源"拼凑"，陈嘉庚才实现了创业起步。

陈嘉庚创办的恒美熟米厂也具有这种即兴而作和精益创业的特点。由于资金有限，陈嘉庚在创业初期根本没有能力创办一家制作熟白米的工厂。1906年，陈嘉庚先是通过租赁的方式，仅投资6.5万元就办起了熟米厂。两年后，陈嘉庚和合伙人将米厂抵押获得贷款12万元，把米厂买下来③。陈嘉庚通过这种先租后买的方式，一方面有效地解决了资金困难，另一方面抓住了加工销售熟白米的商机。

陈嘉庚在涉足树胶种植和加工之初，也是充分挖掘和利用手头资源，先量力而行，试探性发展。例如，陈嘉庚购买的树胶种子，刚开始是先套种在福山园菠萝树边上的。通过这种套种的方式，在园地里面同时种植黄梨和树胶，一方面可以降低经营风险，另一方面，因为橡胶树要种植十年才可以割胶，这期间可以通过黄梨获得收益，从而大大降低了种植树胶的成本。再例如，陈嘉庚1916年开始创办的树胶厂都是由黄梨厂改建而来的，他把制造黄梨罐头的机器设备拆卸掉，因地制宜，充分利用已有的厂房、设备、火炉等，

---

① 陈嘉庚：《南侨回忆录·初步好机会》，厦门大学出版社2022年版，第566页。

② 木志荣等：《陈嘉庚创业管理之道》，厦门大学出版社2022年版，第129页。

③ 木志荣等：《陈嘉庚创业管理之道》，厦门大学出版社2022年版，第130页。

添加修补一下，以尽可能少的成本和资源把工厂开办起来，量力而行，然后慢慢积累、摸索和发展①。

三、洞察商机，穿越周期

陈嘉庚识别商机的第一个表现是不熟不做，稳扎稳打，并能居安思危，急流勇退，见好就收。黄梨厂和米店是陈嘉庚1904年创业起步时选择的项目，这是他经过认真思考选择的行业。这两个行业都是基于民生的基本日常需求，市场巨大而成熟，原料供应也稳定。因为新马地区盛产黄梨，创办黄梨厂有充足的原料供应。米业市场更是成熟，大米是亚洲人的主要粮食，新加坡及马来联邦地区对大米的需求非常稳定。陈嘉庚选择米业和黄梨罐头制造，更主要原因是在替父经营的过程中，他具备了相关行业经营的经验和良好的生意网络，不熟不做，减少风险，确保创业之初生意平稳起步。从1904年到1914年，陈嘉庚在黄梨业上共计获利29.9万元②。1913年，陈嘉庚公司的产品在新加坡市场占据了一半份额，成为名副其实的"黄梨罐头大王"。但是，陈嘉庚头脑非常清晰，他敏锐地观察到黄梨业竞争加剧和需求开始疲软，于是从1915年开始急流勇退，收缩合并黄梨厂，壮士断腕，果断把黄梨厂全部转让出售。

从1904年到1920年，陈嘉庚创办的谦益和恒美两个米店共计获利54.3万元③。1916年开始，因为泰国、缅甸等大米产地也出现了很多熟白米厂，新加坡的熟白米厂几乎没有竞争优势，很难与稻谷产地区域的企业竞争。陈嘉庚凭借敏锐的商业洞察，认识到"已现乏利气象，前程亦甚悲观无望矣"④。1917年，陈嘉庚果断停止生产熟白米，把恒美米厂改造为谦益树胶厂。至于谦益米店，由于新

① 木志荣等：《陈嘉庚创业管理之道》，厦门大学出版社2022年版，第131页。
② 木志荣等：《陈嘉庚创业管理之道》，厦门大学出版社2022年版，第117页。
③ 木志荣等：《陈嘉庚创业管理之道》，厦门大学出版社2022年版，第119页。
④ 陈嘉庚：《南侨回忆录·购置东丰船》，厦门大学出版社2022年版，第580页。

马地区对生白米的需求稳定，生米销售的利润虽不多，但能稳定获利，所以，从陈嘉庚1904年自主创业开始创办，到1934年陈嘉庚公司收盘歇业，谦益米店持续经营了30年，成为陈嘉庚生意板块上具有稳定现金流的项目。

陈嘉庚识别商机的第二个表现是具有背水一战和化危为机的能力。当代著名的创业研究学者萨阿斯·萨阿斯瓦斯教授曾提出有名的创业思维"柠檬水原则"，认为在创业路上会遇到各种意想不到的意外，即"柠檬"。专家型创业者面对意外事件、变化、困难和危机不会气馁与沮丧，而是会从中积极寻找或创造机会（"制作柠檬水"）。陈嘉庚在航运业所识别和创造的商机，是专家型创业者"柠檬水原则"的生动体现。1914年爆发第一次世界大战后，船只紧张、运输困难，导致陈嘉庚的工厂内积压了数万箱黄梨罐头和万余包熟米，严重库存使工厂现金流紧张、经营困难。面对困境，陈嘉庚被"逼上梁山"，果断破局，租了两条船自己运送产品。偶然涉足航运业后，陈嘉庚发现如果经营得当，船运航线有巨大的获利潜力。于是，陈嘉庚看准机会，干脆"自觉上山"，又租了两艘商船，后来，大胆出手，先后自己购买了两艘船搞远洋运输，最终陈嘉庚化危为机，短短四年在航运业共获利160余万元，赚得盆满钵满，展现了令人惊叹的商业洞察力（见表2）。

表2　陈嘉庚航运业项目投资和收益情况

时间	项　目	航运业收益
1915年	先是租赁"万达"号和"万通"号，后从香港再租赁两艘商船。	20余万元
1916年	停止租赁，购买"东丰"号轮船。	30余万元
1917年	购买"谦泰"号轮船。	50余万元
1918年	"东丰"号和"谦泰"号先后在地中海被德军击沉，获得保险赔款。	60万元
合计		160余万元

资料来源：木志荣等：《陈嘉庚创业管理之道》，厦门大学出版社2022年版，第121页。

第三节　以小博大重视资本运作　放眼全球开展跨国经营

陈嘉庚在经营实业过程中，善于利用财务杠杆和资本运作，实现了企业经营过程中四两拨千斤、以小博大，从而使企业快速成长壮大。同时，陈嘉庚从创业之初经营的米店和黄梨厂，到后来建立起来的庞大的橡胶产业王国，都具有跨国经营的特点，这要归功于陈嘉庚具有国际视野，敢于在国际市场上拼搏经商。

一、加快资金周转，大胆抄底收购

陈嘉庚非常重视通过加快资金周转、利用银行的借贷融资或者通过跟人合伙招股等方式，发挥财务杠杆效应，利用有限的自有资金撬动更大的生意。例如，陈嘉庚刚到米店当学徒的时候，发现顺安米店批发给客户的账期长达五六十天，而普通账期只有三十天，米店账期太长，常常导致米店经营中面临资金周转不灵的问题。陈嘉庚下决心解决账期过长的问题，经过艰苦的谈判，最终把应收账期缩减到了四十余天，加快了米店的资金周转①。1906年，陈嘉庚打算租赁经营恒美熟米厂，但手头只有创业初期积累的3万元。最终，陈嘉庚通过招募友人合股和抵押贷款的形式解决了资金问题，用3万元撬动了8万元的生意。

在资本运作方面，陈嘉庚通过黄梨园和树胶园的多次买卖，实现了资金周转、资产增值和优化配置。1909年，为了解决资金困难，陈嘉庚对福山园做了一番巧妙的资本操作。首先，他把福山园抵押给广益银行借贷7万元，然后跟华商陈齐贤签署了一个合约，以实收32万元的价格将福山园预售给他，约定到年底为止，任他经手转售，多卖出的部分归他，如果到时候不能出售，则合约取消。合约

---

① 陈嘉庚：《南侨回忆录·未成人经过》，厦门大学出版社2022年版，第559页。

还规定，陈齐贤以利息七厘半借给陈嘉庚 8 万元，这期间如果广益银行讨回 7 万元，则由陈齐贤代为清还。结果，合约签署后不到两个月，陈齐贤把福山园以 35 万元卖给英国人。因此，陈嘉庚拿到了 32 万元，还清广益银行抵押借款 7 万元和陈齐贤借款 8 万元后，还剩余 17 万元。陈嘉庚拿这笔钱立马又在柔佛买了两块地，分别取名祥山园和福山园，栽种树胶和黄梨。这样一番巧妙的倒腾操作之后，陈嘉庚既解决了资金紧张问题，又保留和扩大了黄梨园和树胶园[①]。

1925 年，树胶价格猛涨，陈嘉庚把兼种树胶和黄梨的三合园以每亩 700 元的价格卖给英国人，获利 100 万元，而这个种植园在 1916 年购买的时候只付了一万余元，资产价格上涨了近 99 倍。同时，陈嘉庚又大量投资收购树胶园，一共买了五六个树胶园，每亩平均 200 余元，耗资 220 余万元。不难发现，陈嘉庚一边以每亩 700 元的价格卖掉经过耕种的树胶园，一边以每亩 200 元的低价买进更多新的树胶园。1927 年夏天，陈嘉庚把 5000 英亩树胶园卖给英国人，每亩 500 元，两年之内资产价格上涨了 1.5 倍[②]。总之，陈嘉庚看准商机后，经常利用树胶园市场行情的变化进行买卖，低买高卖，有胆魄、敢布局。

陈嘉庚还特别擅长在行业低迷，处于低谷的时候通过抄底收购其他工厂，实现企业规模的快速扩大。例如，1911 年，黄梨罐头的市场行情最差，新加坡黄梨厂亏本倒闭的约一半。陈嘉庚趁资产价格低迷的机会，先后收购控股了五家黄梨厂。通过兼并、收购和入股等资本运作形式，陈嘉庚公司的产品最终占据了市场的一半份额，成为黄梨罐头行业具有绝对优势的龙头企业。1922 年前后，新加坡的树胶业开始竞争激烈，马来亚各个地方的小规模胶厂大部分都出

---

①　陈嘉庚：《南侨回忆录·树胶之历史》，厦门大学出版社 2022 年版，第 379 ～ 380 页。

②　木志荣等：《陈嘉庚创业管理之道》，厦门大学出版社 2022 年版，第 134 页。

现亏损，很多企业处于停业或半停业状态，都急着转让出售。陈嘉庚趁胶市行情不好，低价买下了峇株巴瞎、麻坡、巴双、峇株牙惹、怡保、江沙、实吊远、太平、霹雳9个树胶工厂。到1924年的时候，陈嘉庚一共有12个树胶厂，成为陈嘉庚公司盈利最多的业务板块。

二、着眼国际视野，实现跨国经营

陈嘉庚公司在经营最辉煌的时候，建立起了遍布英国、法国、德国、美国等全球五大洲的跨国商业网络体系，所雇佣的职员达到3200多人。职员中不仅包括大量的华侨工人，还包括来自英国、德国、法国、意大利等国家的技师和工程师，还聘用美国陆军退休少将担任旧金山分公司经理，这一切都显示出了陈嘉庚在生意场上放眼世界的国际视野。

1904年，陈嘉庚独立创业第一年的两个项目都具有国际化经营的特点。新利川黄梨厂加工生产的黄梨罐头或黄梨膏都是出口到欧洲和北美很多国家。谦益米店需要从暹罗（今泰国）、安南（今越南）、缅甸等国家采购大米，然后批发销售给新加坡及周边国家和地区。恒美熟米厂从东南亚产稻国家进口稻谷，制作成熟白米后销往印度市场，实现了两头在外的跨国经营。所以，陈嘉庚在创业之初就树立了立足新加坡，放眼国际市场的格局和抱负。

1911年，陈嘉庚到泰国曼谷考察米业，却偶然发现当地也盛产黄梨，于是果断决定在北柳港创办谦泰黄梨罐头厂，这是陈嘉庚在跨国经营中直接在海外建厂生产，经营3年获利5万余元。第一次世界大战期间，陈嘉庚花巨资先后买了"东丰"号和"谦泰"号两艘轮船，船运航线从东南亚各国到波斯湾、地中海，从事远洋国际货运业务。从1915年到1918年，短短四年，陈嘉庚从远洋航运业获利超过160万元。陈嘉庚树胶厂生产的胶布，一开始就绕过新加坡洋行，直接卖给美国商人，实现了直接出口。陈嘉庚公司生产的诸如轮胎、日用品、医疗用具、胶靴鞋等橡胶制品更是远销全世界，公司在分销方面通过在东南亚各国大商埠和中国各大中城市建立 87 家分公司，并在欧洲、美洲、非洲等五大洲四五十个国家和地区建立直接代理商，开辟了一个庞大的橡胶产品全球市场销售网络。

结　语

陈嘉庚一生有 44 年的时间从事经商和创业，由于独具经商智慧，深谙经营哲学，眼光独到，敢拼会闯，在商业舞台上创造了巨大的奇迹。陈嘉庚在经营哲学与创业管理方面的商业思想，是留给后人的重要精神遗产之一，是中国故事、中国文化、中国传统的生动组成部分，对新时期弘扬企业家精神，从而发展新质生产力、推动高质量发展和实现中国式现代化仍具有重要的意义和价值。此外，陈嘉庚经商创业所积累的坚实的经济基础和良好的社会关系，是他成为教育家、慈善家、华侨领袖、社会改革家、政治家的重要基础。

思考题：

1. 请你结合习近平总书记提出的弘扬企业家精神，谈谈陈嘉庚经商创业理念的时代价值。

2. 陈嘉庚敢为人先爱拼会赢的精神品质，对于青年大学生的成长有何启示？

第七章　笃行教育救国　毕生弘道追求

陈嘉庚是"伟大的教育家"，是中国教育家精神的楷模。

1994年，中共中央政治局常委、国务院副总理李岚清代表中共中央、国务院在纪念陈嘉庚诞辰120周年大会上对陈嘉庚作出了高度评价："陈嘉庚的名字是同中国近代华侨史、教育史密切联系在一起的……在半个世纪的奋斗生涯中，他为民族的独立、解放和祖国的统一、富强，特别是发展教育事业和振兴中华，做出了卓越的贡献……陈嘉庚先生是伟大的教育家。"[①]习近平总书记高度赞扬陈嘉庚"爱国兴学"，赞扬他"以国家为重、以民族为重的品格""倾心教育事业的诚心"。[②]陈嘉庚兴学的主要特点与习近平主席2023年提倡的中国教育家精神高度契合，堪称模范。

伟大教育家陈嘉庚毕生致力于中华民族的伟大复兴，"嘉庚精神"的内涵是"诚、信、公、忠"四字，核心是以国家、民族为重。这体现在教育上，就是"教育救国"思想及教育实践。

[①]　李岚清：《在福建省暨厦门市纪念陈嘉庚先生诞辰120周年大会上的讲话》，《集美校友》1994年第5期。

[②]　《习近平总书记给厦门市集美校友总会回信》，《福建日报》2014年10月22日。

第一节　倾资兴学，坚守"兴学乃国民天职"

一、毕生以兴学为职志

陈嘉庚创业刚刚盈利，就视兴学为国民天职，并且立下誓言："立志一生所获财利，概办教育，为社会服务。"[①]从此以后，他的这种信念与日俱增。他决定先在新加坡华侨社会履行国民天职。1906年，新加坡华文学校"道南"等校创办的时候，他就以巨大的热情给予资助。1910年，陈嘉庚负责筹款建筑道南学堂校舍，并任总理。此后不久，他在新加坡带头创办或参与创办了五所华文小学和中学。

1913年，陈嘉庚创办集美小学，1917年，创办集美女子小学，1918年，开办集美学校师范部和中学部，1919年创办集美幼稚园，同时在新加坡创办南洋华侨中学，1920年创办集美学校水产科和商科，1921年创办厦门大学和集美女子师范部，1925年在集美学校水产部增设航海科，并创办集美学校农林部，1926年创办国学专门部；1927年创办集美幼稚师范学校，同年，集美学校各部均改为学校，计10校。女子师范以后改为女子中学，国学专门学校后移并厦大。他还在集美学校设立教育推广部，补助全省28个县的70余所中小学，并进行业务指导。

在兴学之初，陈嘉庚的企业虽然略有挫折，但总的趋势还是蒸蒸日上的。从1915年至1918年底，以橡胶业为主的各项企业，盈利达450万元。

企业发展如此神速，人们纷纷赞誉他是"南洋橡胶大王"，新加坡"第一位大实业家"。只要他把时间、精力和资本都集中在庞大的

---

① 陈嘉庚：《集美学校建筑及垫费收支预算》，集美校委会藏油印本，1955年。

企业王国上，无疑还会成为全南洋最大的实业家，但他没有去拿这顶使无数人日夜梦想的桂冠。1919 年初，陈嘉庚决定离开南洋，长住国内，将他所赚的钱财全部用于创办厦门大学，扩建集美学校。

他把新加坡的橡胶园 7000 英亩、房地产 150 万平方英尺捐作集美学校永远基金，聘请律师按英政府的法律立字为据。

1919 年，陈嘉庚举行招待同业的宴会，郑重宣布："此后本人生意及产业逐年所得之利，除花红外，或留一部分添入资本，其余所剩之额，虽至数百万元，亦决尽数寄归祖国，以充教育费用，是乃余之大愿也……"①

那时正逢新加坡币大贬值，如果汇往祖国，300 元才能兑国币 100 元，而他这一次回国办学，需要的国币达 100 多万元，等于他前四年所赚的 450 万新加坡币。假如他等到新加坡币大升值以后再回国办学，也许只需付出几十万元新加坡币。而且，他长住国内只能靠信件与新加坡联系，难再亲力亲为，掌控庞大的企业王国，风险很大。后来的事实也是如此，由于他回国办学，无暇顾及企业，企业损失了 30 万。但这种种利害得失，他全然不顾，而是说："吾国今处列强肘腋之下，成败存亡千钧一发，自非急起直追难逃天演之淘汰。鄙人所以奔走海外，茹苦含辛数十年，身家性命之利害得失，举不足撄吾念虑，独于兴学一事，不惜牺牲金钱，竭殚心力而为之，唯日孜孜无敢逸豫者，正为此耳。"②

当时也有人劝他等大富了再兴学，他不以为意，他的道理是："夫公益义务，固不待富而后尽。如欲待富而后尽，则一生无可为之

---

① 陈嘉庚1919年5月的演说词《愿诸君勿忘中国》，载王增炳、陈毅明、林鹤龄编：《陈嘉庚教育文集》，福建教育出版社 1989 年版，第 168 页。

② 陈嘉庚：《致集美学校诸生书》，载陈嘉庚先生纪念册编辑委员会：《陈嘉庚纪念册》，中华全国归国华侨联合会，1962 年，第 136 页。

日。"①

　　陈嘉庚的付出获得了丰厚的回报。

　　集美学校至 1927 年止,有 10 所学校和 1 所幼稚园、1 个教育推广部。厦门大学到 1930 年止,计有文、理、法、商、教育 5 个学院,分设中国文学、外国文学、哲学、史学、社会学、政治学、经济学、法律学、银行学、会计学、工商管理学等 17 个系。至此,两校形成了一个从幼稚园、小学、中学、专门学校到大学的完整的教育体系。从个人办学的角度讲,这是旷古未闻的壮举。

　　这一时期,特别值得称道的,是两校雄厚师资力量。由于陈嘉庚重金礼聘,又由于两校富有吸引力,所以两校群星灿烂,人才济济。在集美学校任教的有国学家钱穆,文学家杨晦、龙沐勋、王鲁彦、吴文祺、许钦文,哲学家吴康,历史学家王伯祥,地理学家盛叙功,生物学家伍献文,画家张书旗等等;在厦门大学的有国学家和文学家鲁迅、陈衍、林语堂、沈兼士、孙伏园、台静农、余謇,语言学家罗常培、周辨明,哲学家朱谦之、张颐,史学家张星烺、顾颉刚、陈万里、郑天挺,教育学家孙贵定、朱君毅、杜佐周、

厦门大学的第一栋大楼　群贤楼

① 陈嘉庚:《为倡办厦门大学校附设高等师范学校的演讲词》,《集美学校校友会杂志》1919 年第 1 期。

姜琦、邱椿，化学家刘树杞、丘崇彦、张资珙，生物学家秉志、陈子英、钟心煊、钱崇树，数学家姜立夫，物理学家朱志涤，天文学家余青松等等。在 20 年代末 30 年代初，两校就集中了这么多著名的专家学者，真可以说是"群贤毕至"，厦大的主体建筑群贤楼，正是生动的写照。

1920 年代，集美学校就号称集美学村，是全国独一无二的一个学村，孙中山大元帅大本营曾电令闽、粤两省省长及统兵官加以特别保护。

从 1939 年起，国民政府每两年举办一次"全国大学生学业竞赛"。厦门大学连续两次获得国立大学的第一名，以后几次也都名列前茅。1940 年代初，一名英国学者和一名美国学者来校参观，称赞厦门大学是"加尔各答以东最完善的大学"。厦门大学在国内也享有"南方之强"的盛誉。

1938 年，厦门大学和集美学校均遭受日军飞机的狂轰滥炸，集美学校几乎被夷为平地。1949 年，陈嘉庚刚刚修复的集美学校校舍，又遭受蒋军的狂轰滥炸。

1949 年陈嘉庚应毛泽东主席的邀请，以极大的热情回国参加革命和建设。他担任中央人民政府委员、全国人大常委会委员、全国政协副主席、全国归国华侨联合会主席等职务，但是，他更关心的是学校。1950 年 9 月，他谢绝周恩来总理的挽留，回集美定居，亲自主持厦门大学和集美学校的修建工作。中央给他 300 元月薪，他只留 15 元作生活费，余数全部交集美校委会作教育经费。他制订"重建集美学村计划"，继续向亲友募捐，修复被炸毁的校舍，兴建新校舍，增校添科。到 1961 年，集美学村共有学生 11000 多人，比解放前夕增加了 9 倍半，学村建筑面积达 16 万平方米。

陈嘉庚还没有回国的时候，就向女婿李光前募捐了 80 万元给厦门大学。他回国后规划的厦门大学，规模是学生三四万人。为此目的，他又筹款数百万元，在 1951 年至 1954 年间，建成了近 6 万平方米的校舍，包括建南大会堂。

在修复、扩建两校过程中，他都亲自主持，事必躬亲。他不顾自己八十几岁的高龄，每天两次步行数华里巡视工地，风雨无阻。

陈嘉庚在厦门大学芙蓉楼群建设工地视察

有一次，他在厦大生物馆工地巡视，不慎跌跤受伤，医生劝他就此休息，他却继续巡视。1958 年，他患了鳞状上皮癌，癌症稍有控制，便回校继续指挥基建。1960 年春，他病重在北京住院，起初他几乎每隔一两天就给集美学校负责人写信或发电，有时竟一天连发 4 封信。后来，他头痛日甚，每天服用的止痛片剂量，由二三片增至四五片，有时一次就得服用两片。这时候，他仍然多次写信给厦门大学、集美学校负责人，关心学校的学科建设、基建、学生的升学和德育教育等问题。他明知自己患了不治之症，却还说："我常年在病榻上，真对不起老百姓。"临逝世前，他还在为教育事业操劳，医生规劝他，他说："人活着就是为了工作，一息尚存就要干下去。"他把剩下的 300 多万元银行存款全部献给教育事业。

二、"企业可以收盘，学校不能停办"

在兴学路上，陈嘉庚历尽千辛万苦，不由得他不感叹"赚钱难，用钱更难"。他遇到的最大困难是资金问题，但是，"精诚所至，山岳可摧"。

陈嘉庚回国办学，最引起轰动的是创办厦门大学。1919年，他一回国就亲手撰写了创办厦大的通告，接着又召集有300多人参加的大会，大会旨在取得社会各界的支持。他在会上的演说，慷慨激昂，今天读来仍然感人之至，现摘录如下：

> 今日国势危如累卵，所赖以维持者，惟此方兴之教育与未死之民心耳。若并此而无之，是置国家于度外，而自取灭亡之道也。……欧美先进各国，统计男女不识字者不及百分之六、七，日本为新进之邦，亦不满百分之二十，我国则占百分之九十余，彼此相衡，奚啻霄壤，国民之程度如此，欲求免天演之淘汰，其可得乎？嗟嗟！我国不竞，强邻生心。……野心家得陇望蜀，俟隙而动，吾人若不早自猛省，后悔何及！诚能抱定宗旨，毅力而行，彼野心家能剜我之肉，而不能伤我之生，能断我之臂，而不能得我之心，民心不死，国脉尚存，以四万万之民族，决无甘居人下之理。今日不达……尚有子孙，如精卫之填海、愚公之移山，终有贯彻目的之一日。……众擎易举，众志成城，是所深望海内外同胞也！[①]

他当场认捐400万元的校费，其中开办费100万元，常年费300万元，每年25万元，12年付完。

当年的400万元可是天文数字，彼时马来亚的土地1亩才5元，此前陈嘉庚在厦门市区购地建房，算来房价1平方米才1.2元左右。

当时，福建全省没有一所大学，国立大学只有北京大学一所，国内少量较有规模的大学，大多是外国教会办的。陈嘉庚创办厦大

---

① 陈嘉庚：《为倡办厦门大学附设高等师范学校的演讲词》，《集美学校校友会杂志》1919年第1期。

的壮举，使得不少人大为感动。

会后，江苏省教育会长黄炎培问一些侨商："你们听了演说以后作何感想？"侨商黄奕住以手指心，激动地说："如果不惟陈君是助，就不是人！"不久他就捐了4万元。黄炎培当年7月份则在《东方杂志》发表《陈嘉庚毁家兴学记》。

但是，厦大刚刚创办，愿意捐款的人毕竟相当有限；虽然几年以后陈嘉庚的企业就进入鼎盛时期，但好景不长，灾难接二连三地降临。

从1926年起，美国福特和兀也的橡胶轮胎和日本的胶鞋在南洋市场大量倾销，胶价一跌再跌。1928年，日本派兵入侵济南，陈嘉庚领导华侨抵制日货，日货的买办雇人焚烧了他的橡胶制品厂。尽管陈嘉庚公司损失严重，陈嘉庚还是尽量提取巨款作为厦大、集美两校经费，到1928年，他一千多万元的资产，仅存五六百万元。1929年的特大经济危机，对他的打击最沉重。他的产品主要销往美国，但那时胶鞋一双从2元跌至7分，橡胶每担由七八十元降至七八元。经济危机持续的时间还特别长。他本有可能挺过危机，但是他还要负担厦门大学和集美学校庞大的经费。1929年到1931年这三年当中，他挤出90多万元充当两校经费。

人们纷纷劝他停办学校，银行团则强烈要求他停办学校。1931年，陈嘉庚公司因欠银行320万元，被迫改组为有限公司，银行团掌权，陈嘉庚虽然仍然担任总经理，但仅为股东。陈嘉庚能够争取的条件是每个月给予厦门大学、集美学校7000元经费。

十几年来，他付出的办学经费达850万元，义捐近50万元。学校兴办起来了，家却没了经济支撑。他的一部分家属、亲戚、朋友规劝他暂时停办学校或者缩小学校规模，甚至加以阻拦，但他却矢志不移。他说："两校如关门，自己误青年之罪少，影响社会之罪大……一经停课关门，则恢复难望。"①

陈嘉庚有限公司前途堪忧，经营极为困难，英国政府落井下石，支持某垄断集团把陈嘉庚有限公司作为附庸公司加以"照顾"，附带的条件是停止提供厦大、集美学校经费。陈嘉庚断然回答说："不！企业可以收盘，学校绝不能停办！"②

1933 年，陈嘉庚股份有限公司董事会见公司不仅无利可图，而且亏损日甚，便决定各厂全部出租，各分店也一律停业关闭。陈嘉庚在胶厂出租过程中努力为两校争取经费。巴双厂租给女婿李光前的南益公司的时候，他约明资本由南益公司出，利息扣除后，获利分半数为两校经费。麻坡厂租给族弟陈六使的益和公司的时候，约明利息扣除后，利润全部充当两校经费。其余各胶厂出租的时候，也约明抽利为两校经费。这样，两校的经费才稍有增加。

在收盘过程中，他仍为两校的经费煞费苦心。饼干厂还有利可图，他就硬拉女婿李光前承接，约明抽三分之一利润作为两校经费。在新加坡的制胶厂续租给南益公司时，把每月加租的 1000 元和约明抽取的十分之二利润，充当两校经费。此外，他还把变卖厦大校业（橡胶园和陈嘉庚有限公司股本）的 10 万元，以及向集通银行息借的 30 万元充当两校经费，使之无中断之虞。1934 年初，陈嘉庚有限公司全部收盘结束，至此，他"因肩负校费致使商业完全失败"。

他自己曾经说过，如果在企业中落期间停止维持两校，是有足够的财力度过不景气之年，以期东山再起的。可是，他宁愿"商业完全失败"，也不放弃两校，甚至卖掉已经给儿子们的 3 栋住宅，以充当厦大经费。以至于人们纷纷传颂他是"出卖大厦支持厦大"，说他是"毁家兴学"。

---

① 陈嘉庚：《南侨回忆录·牺牲非孟浪》，厦门大学出版社 2022 年版，第 597 页。

② 张楚琨：《悼陈嘉庚先生》，载陈嘉庚先生纪念册编辑委员会：《陈嘉庚纪念册》，中华全国归国华侨联合会，1962 年，第 61 页。

陈嘉庚尽出了家财，历年捐的兴学费用等远远超过 1000 万元。黄炎培当年发表《陈嘉庚毁家兴学记》的时候，他还不同意，认为家毁了，还怎么兴学？但后来他也说："不意今日竟成事实。"

甚至到这个地步，他仍然没有"丝毫悔念"，还要再为实现他的宏伟目标而奋斗。很多人都认为他不可理喻，笑他"轻财"，讥他"孟浪"。他的回答是："燕雀安知鸿鹄之志哉！"①

陈嘉庚的精诚果然感动了越来越多的人。

厦大校长林文庆把自己的全年薪俸 6000 元捐给学校。还有其他爱国华侨和华侨团体陆续捐款资助两校。许多华侨家境并不富裕，也节衣缩食，解囊捐资。

1933 年 3 月 3 日早晨，一位晋江县安海人来到林文庆家里，当面交给他一封信和 100 元钱，因为自认为数量太少，不愿意把姓名奉告。信中说：

> ……仆以海岛弃民，耻奴隶牛马之苦，十年前，率妻携子，归来故国，地径鹭岛（即厦门岛——作者注），遨游普陀（即厦大西面之南普陀寺），瞻学府之巍峨，满园桃李；仰华厦之宏丽，多士攸归。高山企慕，益美嘉庚先生之毁家兴学，诚为国人难能。其时仆甫抵国门，茫茫若丧家之犬，虽有志于向学，而井深绠短，徒唤奈何！今幸立锥有地，衣食粗安，耿耿寸心，未能忘怀，用以友人合捐百金，以表微忱……②

1935 年初，陈嘉庚看到企业复兴无望，厦大实在难以维持了，就函请林文庆到南洋募捐。林文庆率领募捐团到达新加坡时，大家

---

①　陈嘉庚：《致闽侨殷实提倡建设闽南十年计划书》（1937 年 4 月 15 日），《厦大周刊》1937 年第 1 卷第 16 期。

②　见《厦大周刊》1933 年第 12 卷 17 期。

看到陈嘉庚因为负担过重，面容憔悴，身穿的白帆布上衣背后竟有
7 个洞，甚至把自己的住房也卖了，无不深受感动。于是，林文庆以
67 岁的高龄，率员奔波于新加坡、吉隆坡、马六甲、槟榔屿等地，
早出晚归，苦口婆心地劝募。爱国华侨们也以巨大的热情认捐。林
文庆募到 20 多万元。

1936 年，陈嘉庚有感于华侨们的热情，亲自出马向自己的亲友
李光前、陈六使、陈延谦、李俊承等人募捐，结果募到 11.5 万元。
他又从自己所剩无几的资金中抽出 4.5 万元，凑足 15 万元，在马来
亚购买橡胶园 400 英亩，充当厦大基金。

陈嘉庚感到募捐终非长远之计，于 1937 年写信给南京国民政
府教育部和福建省政府，提出自愿无条件地将厦大移交政府，改为
"国立"。

后来他回忆此事时沉痛地说，"此乃出于万不得已之下策""每
念竭力兴学，期尽国民天职，不图经济竭蹶，为善不终，贻累政府，
抱歉无似"。[①]

第二节 胸怀大志，践行"教育为立国之本"

"教育救国"是陈嘉庚教育思想的主要组成部分，但与资产阶级
改良派的"教育救国论"有根本的差别。陈嘉庚的教育救国思想，
产生于愚昧、落后的旧中国，凝聚了他对教育的真知灼见，也是其
教育实践的科学总结，是既符合实际又富有创见的教育思想。

一、教育救国思想的萌生

陈嘉庚创办惕斋学塾时，自拟了一副楹联：惕厉其躬谦冲其度，
斋庄有敬宽裕有容。其中的词句大都出自《易经》《左传》。

---

① 陈嘉庚：《南侨回忆录·厦大献与政府》，厦门大学出版社2022年版，第35页。

惕斋学塾的大门以及楹联

陈嘉庚生前好友张殊明说陈嘉庚当时已"胸怀大志"，又说："时值 1894 年，乃甲午也，塾名'惕斋'，殆以警醒国人，其教育救国之雄图，从兹发轫。"[①] 张殊明的话不无道理。陈嘉庚生于艰难时世，长于"延平故垒"，又酷爱读史。国家面临的内忧外患，折磨着他；祖国的优秀文化和民族传统，陶冶着他；岳飞、文天祥、俞大猷、陈化成以及郑成功、冯子材等的爱国精神，鼓舞着他。外国殖民者的横行霸道，他也目睹身受。这一切激起他的爱国热情应是符合情理的。至于"教育救国之雄图"是否"从兹发轫"？其生前好友庄明理提供了注脚："早在清末，嘉庚先生看到家乡儿童失学的严重情况就非常注意，他常这样说：'当时政治腐败、国弱民贫、教育颓废不可言状，乡村十余岁之童，因失学而结队成群，裸体游戏，那种情形，近则败坏风俗，远则贻误民族前途。每念及此，乃默许自己如力之能及，当以竭力兴学，以尽国民天职。'辛亥革命后，嘉庚

①　张殊明：《怀念伟大爱国者陈嘉庚老人》，《集美校友》1983 年第 14 期。

先生即行其志……"①陈嘉庚本人在《南侨回忆录》中也谈及他对儿童裸体游戏现象"触目心惊，弗能自已"。②这说明，陈嘉庚并不满足于创办一所学塾，他的兴学救国的志向颇为远大。

此外，与陈嘉庚过从甚密、深受其思想影响的陈村牧、萨本栋、陈其挥等人的回忆也印证了陈嘉庚早年就有兴学救国的远大志向。陈村牧说："早在清朝末年，他感到祖国贫穷落后，即蓄意在家乡兴办学校。"③"他开始办学的动机，就在于救国。"④萨本栋说："先生早岁即抱'救国必自教育始'之职志，故商业所入一以兴办教育事业，当满清末叶……先生抵星不久，即倡设道南学校……"⑤陈其挥回忆说："我国自满清末年，特别是鸦片战争以来，帝国主义列强与我国封建势力相勾结，海禁洞开，外轮在我国沿海及内河自由出入，洋货充斥……农村破产，民不聊生，平民教育水平低下，绝大多数是文盲，识者忧之。陈嘉庚先生的民族自尊心，深深为此种状况所刺痛。他觉得国家虽弱，终有一天要复兴，那时需要大批人才，如培养不及，则国兴难图。"陈其挥紧接着又说："陈嘉庚先生兴学救国之宏愿立下之后……即从'小'字做起，从自己资力可能时做起，在国内，初办集美小学……"⑥陈其挥所叙述的陈嘉庚兴学动机，显然也包括其在清末时期的兴学动机。

由此可见，陈嘉庚的教育救国动机早在清末就开始萌生。言为心声，他的楹联并非无感而发。那时候的陈嘉庚，正如其自述："忆

① 庄明理：《悼念陈嘉庚先生》，载陈嘉庚先生纪念册编辑委员会：《陈嘉庚纪念册》，中华全国归国华侨联合会，1962年。

② 陈嘉庚：《南侨回忆录·闽垣师范学校》，厦门大学出版社2022年版，第16页。

③ 陈村牧：《陈嘉庚先生办学精神永存不朽》，载陈嘉庚先生纪念册编辑委员会：《陈嘉庚纪念册》，中华全国归国华侨联合会，1962年。

④ 陈村牧：《伟大光辉的一生》，《厦门日报》1982年10月18日。

⑤ 萨本栋：《陈嘉庚先生莅汀欢迎词》，《厦大通讯》1940年第2卷第9、10期。

⑥ 陈其挥：《回忆陈嘉庚先生》（手稿），集美校委会藏：《陈嘉庚资料集》1980年。

清末国势衰弱，余侨旅星州，会总理倡同盟会作推翻专制之运动，余遂参加焉。"①他之所以"竭力兴学"，与他救亡图存的崇高目的是紧密相连的。厦门大学教授陈碧笙说他"兴学的动机完全是为了救国"②，应是合适的。

二、教育救国思想的特点

陈嘉庚"教育救国"动机的萌生，历经整个青年时期。与严复、蔡元培、胡适等著名学者相比，他没有专门从事教育理论研究，却也因此较少受诸如"教育万能论"等理论的影响。他只是怀着救亡图存的大志，从社会实际出发，去发现教育的功用；以不断探索的精神，对"教育救国"求知求证。唯其立足于现实，他的教育救国动机才更富有深厚的根基，更富有生命力，也更显出独到之处，逐渐发展为教育思想。辛亥革命爆发后，他"热诚内向，思欲尽国民一分子之天职"，③对"教育救国"的想法充满激情，也更为理性。从辛亥革命时期至厦门大学初创时期，他对"教育救国"有了明确的、系统的论述，并把教育强调到令人瞩目的程度。

他认为教育对于国家民族的生存极为重要，教育颓废，国家民族难免遭受"天演之淘汰"。他早年坚信："诚以救国既乏术，亦只有兴学之一方。"④他还一次又一次地大声疾呼：教育是"兴国之根本"，⑤

①　陈嘉庚：《集美学校与厦门大学创办的经过——1940年11月5日在漳州崇正中学对集美厦大校友的演讲词》，王增炳、陈毅明、林鹤龄编：《陈嘉庚教育文集》，福建教育出版社1989年版。

②　陈碧笙：《试论陈嘉庚》，载陈碧笙、杨国桢：《陈嘉庚传》，福建人民出版社1983年版，第191页。

③　陈村牧：《伟大光辉的一生》，《厦门日报》1982年10月18日。

④　陈嘉庚：《筹办南洋华侨中学演词》，《国民日报》1918年6月18日。

⑤　陈嘉庚：《本报开幕之宣言》，《南洋商报》1923年9月7日。

"教育为立国之本"，[①] "教育为强国之本"。[②] 他的许多精辟的见解，都说明他对"教育救国"的重视，也使他的教育思想高人一筹。其要点是：

（一）教育能促进人民的觉醒，能巩固革命的基础，能为民主政治的实现开辟道路

1912 年秋，陈嘉庚回国途中在轮船上同林文庆畅谈教育。林文庆后来概括他的谈话内容："慨民智未启，则共和之基础终无由巩固。"林文庆又回忆说："他因为自认为是一个素来信仰革命的人，所以他觉得他的责任是应该帮助这新生的民国建立在一个稳固的基础上。在他看来，使他的祖国达到民主政治之唯一的道路，就是提高一般人民教育的程度，使他们在无知的深渊中得见光明。唯一的希望就在给他们知识之光，使他们可以认清一切。因为无教育，他们就一定满足现状，纵使那现状是腐败与有害的。"[③] 这也就是后来陈嘉庚说的"革命应该人人能够共同奋斗，事方有济"[④]。1919 年前后，他认为："法治之根本……端赖正当专门大学"[⑤]；他还认为：要铲除"专制之积弊"，要使"共和之建设"臻于完善，必须依靠教育。[⑥] 1923 年，他认为，如不发展教育，则"政治之改良"就不"可

---

① 陈嘉庚：《集美学校与厦门大学创办的经过——1940 年 11 月 5 日在漳州崇正中学对集美厦大校友的演讲词》，王增炳、陈毅明、林鹤龄编：《陈嘉庚教育文集》，福建教育出版社 1989 年版。

② 陈碧笙：《试论陈嘉庚》，黄金陵、王建立主编：《陈嘉庚精神——文献选编》，福建人民出版社 1996 年版。

③ 林文庆：《在厦门大学八周年校庆大会上的演讲词》，《厦大通讯八周年纪念刊》，1929 年。

④ 陈嘉庚：《在怡和轩欢迎张馆长及国术南游团会上之演词》，《南洋商报》1936 年 1 月 30 日。

⑤ 《陈嘉庚的亲笔信》，《集美校友总会：集美学校七十年》，福建人民出版社 1983 年版。

⑥ 陈嘉庚：《筹办福建厦门大学校附设高等师范学校通告》，《集美学校校友会杂志》1920 年第 1 期。

得"。相反，"民智更开，实业与教育，愈益进步，人民有自治能力，何军阀伟人之足道哉"。[1] 在他看来，教育不发展，政治的革命最终是不能成功的；教育发展了，革命总是有希望的。陈嘉庚的这一见解，过去并不为人们所重视。这应是他的最不同凡响的、最有前瞻性的见解之一。

（二）发扬光大民族文化和民族精神须从教育开始

陈嘉庚在多次演讲中呼吁："吾国国运危如累卵，存亡未可预卜。然吾民族赖以维系于不堕者，统一之文化耳。"[2] 虽然他也认为应存其精华，剔其糟粕，进行"文化的革命，心理的革命，人格的革命"，[3] 但是，"祖国当局，无论走那条路，亦须保留我国文化，乃能维持民族精神"，因为这是"救国保种之道"，[4] "保我国粹，扬我精神，以我四万万民族，亦或有重光之一日"[5]，故而亟须向青年"灌输祖国文化"。[6] 值得注意的是，他是提及"民族精神"的先驱之一。

（三）教育必须为国育才

陈嘉庚认为学校须全面发展，德育优先，德育的首要内容是道德品质、民族精神培育，"尤应养成德性，裨益社会"。他亲自为学生做报告说："我培养你们，并不想要你们替我做什么，我更不

---

① 陈嘉庚：《本报开幕之宣言》，《南洋商报》1923 年 9 月 7 日。

② 陈嘉庚：《谈闽省教育》，《南洋商报》1933 年 8 月 14 日。

③ 陈嘉庚：《在怡和轩欢迎张馆长及国术南游团会上之演词》，《南洋商报》1936 年 1 月 30 日。

④ 陈嘉庚：《在福建会馆改组四周年纪念会上之演词》，《南洋商报》1933 年 3 月 17 日。

⑤ 陈嘉庚：《筹办南洋华侨中学演词》，《国民日报》1918 年 6 月 18 日，载王增炳、陈毅明、林鹤龄编：《陈嘉庚教育文集》，福建教育出版社 1989 年版，第 165 页。

⑥ 陈嘉庚：《为筹备建立南洋师范学校致各邦侨领函》，《南洋商报》1941 年 3 月 28 日。

嘉庚精神的传承

愿你们是国家的害虫、寄生虫，我寄希望于你们的只是要你们依照着诚毅的校训，努力地读书，好好地做人，好好地替国家民族做事。""上以谋国家之福利，下以造桑梓之麻祯。"① 他认为人才"最根本的要以道德为依据""有道德毅力，便是世界上第一难得之奇才，亲之信之；反是，则离之绝之"。② 有大批这样的人才，就会兴国强国。他曾举例说：黄炎培曾被委任为教育部总长，但他"洁身未赴"，原因在于他身边没有一批得力助手。③ 1923 年，他勉励学生"要为真正民主的国家政府效力"，他展望说：10 年后，厦大有毕业生五千至七千人，加上其他大学的毕业生，"布满于各省社会议会、政界各机关。是时民权愈盛，或可一鼓而扫除腐败政治与军阀，则我大中华民国乃有朝气上升乐观之日也"。④ 他设立"成美储金"资助学生出国留学，但是，在九一八事件刚刚发生，全国掀起抗日热潮之际，有学生仍然"热心"赴日，陈嘉庚大怒，认为该学生没有民族气节，校长立即取消了该学生的留学资格。后来，他在给集美学校校长的信中要求："国难日亟，希激励员生，抱定牺牲苦干之精神，努力抗战之工作，是所至望！"⑤ 他在访问延安时看到不少厦大、集美校友表现出色，欣慰地说："我一生办学，在延安看到了成绩。"⑥

今天，我们提倡德智体劳全面发展，重视人才，也应该"德育

---

① 陈嘉庚：《致集美学校诸生书》，载陈嘉庚先生纪念册编辑委员会：《陈嘉庚纪念册》，中华全国归国华侨联合会，1962 年，第 136 页。

② 《陈嘉庚致叶渊函》，载王增炳、陈毅明、林鹤龄编：《陈嘉庚教育文集》，福建教育出版社 1989 年版，第 346 页。

③ 《陈嘉庚致叶渊函》，载王增炳、陈毅明、林鹤龄编：《陈嘉庚教育文集》，福建教育出版社 1989 年版。

④ 《陈嘉庚致叶渊函》，载王增炳、陈毅明、林鹤龄编：《陈嘉庚教育文集》，福建教育出版社 1989 年版。

⑤ 原信刊载于《集美周刊》第 22 卷第 2 期。

⑥ 转引自王增炳、余纲：《陈嘉庚兴学记》，福建教育出版社 1981 年版，第 48 页。

优先"，以品德作为人才的首要标准。

（四）教育是发展科学、发展实业的根本办法

他认为教育还有其他功能，如发展教育可改造奢华浪费的社会风气；初等、中等、高等教育之间能互相促进，等等。

陈嘉庚对这些要点反复进行了详细论述，揭示出教育与祖国的兴衰存亡紧密相关的深层意义，是维持、弘扬民族精神的"根本措施"。正因为他认为教育是救国救民、兴国强国的伟大而神圣的事业，他才要"倾资兴学"，才不顾"身家性命之利害得失"[1]，才对教育充满热忱。他与胞弟陈敬贤等共同认识到："以救国大计，端赖教育。"[2]他呼吁同胞们："吾国今日处此危急存亡之秋，凡属财产家宜捐一部分振兴教育，以尽救国责任。"[3]他还要求校长、教师们说："诸君之来集校办学，其抱负志愿定与他校不同，莫非坚持一种救乡救国之心，及有教无类之念，改良风俗之无限职责。如教会之牧师，出家之和尚，虽经千辛万苦，备受野民辱待，亦能刻苦忍耐，务期其道之必行，目的之必达而后已。"[4]如果联系陈嘉庚强烈的民族感情、"爱国热诚"，联系他所提倡的教育内容，以及他的教育实践，我们就不难得出结论：20世纪20年代初陈嘉庚就已经确立了教育救国的教育思想，教育救国成了他倾资兴学的强大动力。

陈嘉庚的教育救国与教育兴国、教育强国一脉相承，只是不同历史时期的不同表达。

---

① 陈村牧：《陈嘉庚先生办学精神永存不朽》，载陈嘉庚先生纪念册编辑委员会：《陈嘉庚纪念册》，中华全国归国华侨联合会，1962年。

② 集美校委会：《陈敬贤先生事略》，载集美校委会资料室藏：《陈敬贤先生纪念刊》，1937年。

③ 陈嘉庚：《筹办福建厦门大学校附设高等师范学校通告》，载《集美学校校友会杂志》1920第1期。

④ 《陈嘉庚致叶渊函》，载王增炳、陈毅明、林鹤龄编：《陈嘉庚教育文集》，福建教育出版社1989年版。

第三节　革命与教育的深刻认识　民族精神的火炬高擎

包含革命精神和民族精神的嘉庚精神体现于陈嘉庚的教育救国思想，革命精神和民族精神正是陈嘉庚救国思想的最主要特征。

一、陈嘉庚教育救国思想的革命精神

陈嘉庚是坚定的、善始善终的"革命者"，他充分认识到革命能够从根本上促进教育的发展，教育的发展也有助于革命，革命与教育相辅相成。他对教育救国的论述，是一个革命者的深刻认识，一个革命者呐喊。

（一）发展教育需要革命

陈嘉庚一针见血地指出："满清时节，禁锢民智。教育虽极要紧，自亦不与我人提倡。""民国以来，时局蝌蚪，日滋扰乱，军阀伟人，地盘权利迷其心，更何暇注意兴国之根本。"① 他还说："……我国政府既不注意教育国民，复自顾私利，视财如命，互相推诿，袖手旁观，以致教育不兴，实业不振，奄奄垂危，以迄于今日，此诚堪痛哭流涕者。"②

因此，他认为民众更有致力于教育的必要。"夫当局诸公，既不足与之言兴国，则国家兴亡匹夫有责，自当急起直追以尽天职，何忍袖手旁观，一任教育前途之涂炭。"③ 以上论述，无不鞭辟入里，振聋发聩。他本人的兴学活动也受到军阀政府的百般阻拦，因此更认为腐败政治是教育的拦路虎，与之势不两立。他创办厦大时，就在福建发起了一场反对督军李厚基的斗争，并强调要以"民气战胜武

---

① 陈嘉庚：《本报开幕之宣言》，《南洋商报》1923 年 9 月 7 日。
② 陈嘉庚：《新加坡华校历史改革》，《南洋商报》1936 年 11 月 9 日。
③ 陈嘉庚：《筹办南洋华侨中学演词》，《国民日报》1918 年 6 月 18 日。

力（指军阀）"。^①当大总统徐世昌赠予亲题"热心教育"四个大字的缎匾时，他置之不理。他常说："革命好比治病，国事乱了，非革命不可。"^②

（二）教育的发展有助于革命

他辩证地阐述了政治革命与"教育救国"的关系，诚如张楚琨所说："他在《集美小学记》说：'慨祖国之陵夷，悯故乡之械斗，以为改进国家社会，舍教育莫为功。'有人评为'教育救国论'，他对我解释道：'打倒列强靠枪，推翻满清靠革命，教育乃百年树人，不能立即拯救国家于危亡，这是事实；然而，民智不开，民心不齐，启迪民智，有助于革命，有助于救国，其理甚明；教育是千秋万代的事业，是提高国民文化水平的根本措施，不管什么时候都需要。'"^③

事实上，他的一生也与中国的革命事业紧密相联。他加入同盟会，发动新加坡华侨支持辛亥革命，接济革命政府；他与孙中山一道制订新国旗，捐巨款赞助孙中山回国领导革命，始终支持孙中山的革命事业。他对中国人民各个时期的革命斗争都作出了卓越的贡献，在抗日战争中，他站在中华民族的最前列，引领、激发了民族精神，并且立下了不世之功，在解放战争中，他坚决支持共产党，反对国民党反动派。解放后，他也由衷地支持社会主义革命和社会主义建设。他是坚定的、善始善终的"革命者"。

应该说，教育与革命在他身上得到了有机的统一。而"教育救国论"者胡适等，不仅"反对青年参加革命"，而且在抗战初期主张投降，在解放战争时期站在人民的对立面，其"教育救国论"被认为是革命阻力，是误国而非救国，也就顺理成章了。陈嘉庚教育

---

①　陈嘉庚：《本报开幕之宣言》，《南洋商报》1923 年 9 月 7 日。

②　洪卜仁：《爱憎分明，疾恶如仇——有关陈嘉庚先生的一段史实》，《厦门日报》1982 年 5 月 15 日。

③　张楚琨：《一面爱国兴学的光辉旗帜》，《集美校友》1983 年总第 14 期。

救国的教育思想，与资产阶级改良派的"教育救国论"有本质的差别。

二、陈嘉庚教育救国思想的民族精神

毛泽东、邓小平、习近平先后评价陈嘉庚是"华侨旗帜，民族光辉"。习近平总书记赞扬中国人民抗日战争的英雄们是"民族英雄""民族精神火炬"，号召中华儿女"高擎民族精神火炬"，[①] 陈嘉庚正是如此作为。

陈嘉庚说他"平生最服膺诚、信、公、忠四字"，实言实行实心，贯穿一生。晚年的陈嘉庚也总结说："我所能者，仅诚、信、公、忠四个字。"诚、信、公、忠四个字正是民族精神的内涵，其核心就是心怀"国之大者""以国家为重，以民族为重的品格"。伟大教育家陈嘉庚把民族精神演绎得淋漓尽致。

陈嘉庚教育救国的言行，从一个侧面充分反映了其民族精神。他很早就论述过民族精神，认为民族精神的根基是中华文化优良传统，而他也是中华民族精神的光辉典范。因此，他才更有可能在旧时代就发现教育的真谛，形成并提出教育救国的教育思想。

无论是集美学校的校训"诚毅"，还是厦门大学的校训"自强不息"，或者是他创办厦门大学时所宣示的"愚公移山，精卫填海""精诚所至，山岳可摧"，以及他的教育理念、教育实践，均可见其诚、信、公、忠的民族精神。

他 1919 年在新加坡为回国创办厦门大学宴请同业的宴会上，把餐桌摆成"中"字形状，在所有的筷子上都刻写"勿忘五九"四个字，并即席发表《愿诸君勿忘中国》，最后说："本晚席设中字形，饮中国之酒，食中国之菜，愿诸君勿忘中国。"回国以后，特意选定

---

① 习近平：《民族英雄是中华民族的脊梁》，人民网，http://politics.people.com.cn/n/2015/0903/c1001-27543618.html，下载日期：2024 年 9 月 30 日。

国耻纪念日率领师生百余人，举行仪式，为厦大第一栋大楼群贤楼奠基，"民十年五月九日国耻纪念日奠基"[①]。亲书："中华民国十年五月九日　厦门大学校舍开工　陈嘉庚奠基题"，勒石为碑。并将创办厦门大学演说词存入奠基石下面的石函。

厦门大学的奠基石碑

陈嘉庚倾家兴学期间曾指出，华侨大多"自私忘公"，国内的人们也是如此，"民性皆自私忘公"，所以他"惟有身先作则，创办数事，以警醒之。兹出家财之半，或十分之三四，恐仍不能动其心，故将所有家财尽出之，以办教育，并亲来中国经营，以冀将来事或成功，使其他华侨有所感动也！"。这应该也是他的"鸿鹄之志"，是特别应该引起重视的一段话。

1947年，行政院救济总署厦门办事处的负责人是集美校友。在他的争取下，行政院救济总署同意用美国的救济物资，补助集美学校八千五百万元的物资。集美学校负责人因此驰函向陈嘉庚请示。当时，集美学校极需要复兴资金，集美农林学校就因为资金、设备等种种困难不得不停办，但陈嘉庚还是不肯在美国和专门依靠美国救济的行政院面前折腰。他认为行政院此举有侮国格，坚决不接

---

① 陈嘉庚：《南侨回忆录·演武场校址之经营》，厦门大学出版社2022年版，第27页。

受，并在给集美学校负责人的复函中谴责行政院说："国家不幸，遭抗战之损失，战事告终后，不能奋志自立，以图强盛，反而依靠外国救济。……堂堂大国，人民之众居世界第一，列强中谁如此卑劣！"①

陈嘉庚教育救国思想的本质特征，就是教育应该弘扬民族精神，以民族前途，国家命运为重，"心怀国之大者"。在 20 世纪 20 年代初，陈嘉庚就提出中国教育的内在的、普遍的、本质的属性，这在当时是极具洞察力的，即便在 21 世纪也富有现实意义。这是陈嘉庚教育救国思想的过人之处，也是习近平总书记提出的中国教育家精神的首要之处。

结　语

陈嘉庚"毕生致力于中华民族的伟大复兴"，为国家民族而竭力兴学，因此，他认定教育应该全面发展，德育优先，学生"尤应养成德性"，能够"好好地替国家民族做事"，以实现民族"崇光"为己任。陈嘉庚的教育救国思想与当前的科教兴国战略、人才强国战略高度契合，在中华民族伟大复兴的关键时期，立德树人更有必要。"心怀国之大者""以国家为重，以民族为重"，现在仍然应该是品德教育的首要标准。

习近平总书记要求嘉庚学子率先传承、弘扬嘉庚精神，他担任福建省省长时，就曾经这样要求集美大学的师生。2021 年 4 月 6 日，厦门大学 100 周年校庆之际，习近平总书记给厦门大学发来贺信，信中勉励厦门大学秉持爱国华侨领袖陈嘉庚的立校志向，要求切实落实立德树人根本任务，期盼厦大为全面建设社会主义现代化国家、

---

① 陈嘉庚复函载于新加坡《南侨日报》1946 年 11 月 25 日。

实现中华民族伟大复兴的中国梦作出新的更大贡献。[①]

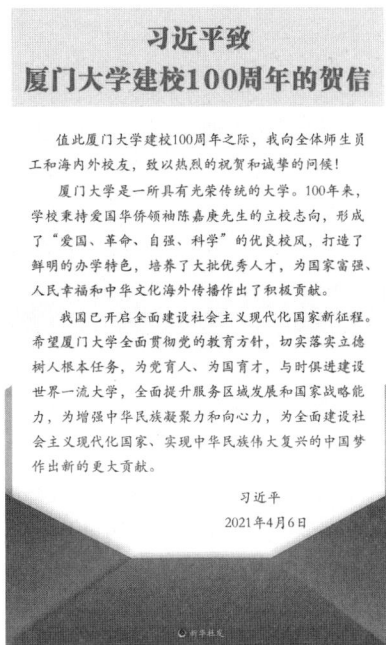

习近平致厦门大学建校100周年的贺信

思考题：

1.请你结合教材内容，谈谈对陈嘉庚教育思想的理解。

2.陈嘉庚教育思想在当前教育强国建设中有什么样的意义与启示？

① 　新华社：《习近平致厦门大学建校100周年的贺信》，中华人民共和国中央人民政府，https://www.gov.cn/xinwen/2021-04/06/content_5597941.htm，下载日期：2024 年 4 月 22 日。

第八章 传承优秀传统文化 恪守自强诚毅古训

陈嘉庚一生爱国爱乡、自强不息。他高尚的品德，体现在为父偿债的诚信之举中，也体现在为延安道实情的仗义执言中。陈嘉庚虽在南洋经商，却时刻不忘祖国。他倾资兴学的重要原因，就是为了报效国家，尽一个国民的责任。在拟定办学宗旨和规划学科发展时，陈嘉庚非常重视对中华优秀传统文化的传承和更新。如果说人生不朽在于立德立言立功，那么陈嘉庚可以说在这几个方面都有建树。

第一节 自强不息的执着 诚毅坚韧的品格

厦门大学的校训是"自强不息，止于至善"，前者为陈嘉庚提出，后者为首任校长林文庆到位后确定。"自强不息"是那个时代的关键话语，蕴含着一种民族的浩然之气，一种民族欲重新崛起而再立于世界之林的胆魄与气概。"止于至善"是探索真理永不止步的姿态与抵达最高思想境界的精神状态，蕴含着生命对于事物至理与人格至美的追求与践行。尤其是，这样的校训，是为了建设"能与世界各大学相颉颃"的大学的宏伟目标而提出的。

"自强不息"出自《周易·乾》的"天行健，君子以自强不息"。厦门大学创办的时候，正是中华民族内忧外患的时代，正如陈嘉庚所说的，国家处于"风雨飘摇之际""国势岌岌可危"之时。正是在这个民族危机四起而希望犹存的时候，每一个有抱负有责任感的中国人开始抛弃幻想，走向了自强救国之路，或践行实业救国，或力主教育救国，或倡导科学救国，或以改造乡村社会寻求中国的出路，呼吁并争取着中国的重新崛起和民族的伟大复兴。于是，意味着像自然一样阳刚雄健运行不止的"自强不息"，就变成了那个时代的主流话语，这时期创建的许多学校，都以"自强不息"为校训。

"止于至善"源于《礼记·大学》，《大学》开篇言："大学之道，在明明德，在亲民，在止于至善。"按宋代理学大家朱熹在《四书》中的解释，"亲民"即"新民"，是启迪和提升民众的智识与道德，祛除旧习恶染，更新进步事理。"止者，必至于是而不迁之意；至善，则事理当然之极也。言明明德，新民，皆当止于至善。"学西医的林文庆认同中国的儒家文化，他将儒家文化视为宗教式的儒教，他取《礼记》"大学"篇中的"止于至善"为校训，意在表明厦门大学应该始终如一、永无止息地探究事物的至理和规律，追寻人生的最高境界与理想，在智识和道德上达到无以复加的境界。

一个民族的自强不息，体现在其适应、改革和发展的独立和持续的进步中。陈嘉庚不甘现状，为了民族自强而勇于前行，就是自强不息精神的体现。

勇于去旧，开新自强。1910 年，陈嘉庚与胞弟陈敬贤剪去象征清朝臣民的发辫，正式加入中国同盟会，以身体力行的方式宣告与旧政权决裂。1911 年武昌起义成功后，福建成立革命新政府，新加坡闽籍侨胞迅速组织筹款支援。陈嘉庚被公推为福建保安捐款委员会会长，当场捐资两万银圆，并在随后月余奔走呼吁，最终筹集 20 余万元汇回福建。这笔跨越重洋的侨资，有效填补了新政府财政缺口，为稳定政权初期局势提供了重要保障。从断发明志到疏财纾难，陈嘉庚以切实行动践行了破旧立新、力撑家国的自强精神。

嘉庚精神的传承

育才兴海、以海强国。1917 年国内航海教育尚处荒漠，陈嘉庚破局开新：资送冯立民等三人赴日专攻水产，播下本土师资火种；1920 年集美水产科创立，以"全免学膳、配发制服"的创新机制，吸引 45 名寒门学子踏浪逐梦。为培养经世之才，他斥重金从英国购置船机、自聘船匠建造 31 吨木质实习船"集美一号"，更从法国购进载重 247 吨的"集美二号"铁壳渔轮，配置千余件精密仪器构建起当时国内最完备的航海实训体系。抗战烽火中，集美学校校董陈村牧秉承陈嘉庚"教育救国不可辍"的信念，率师生内迁闽西深山，以竹筏模拟航海训练，8 年培育了 328 名航海专才，其中 127 人战后成为远洋船长，撑起中国航运脊梁。从重金引进先进船舶到深山坚守育人薪火，陈嘉庚以 30 年锲而不舍的坚持，铸就航海教育丰碑，更以"海权即国权"的远见卓识，诠释了华侨领袖以教兴邦、自强报国的赤子丹心。

自强破局，商海扬帆。陈嘉庚以诚信经营立身，至 1913 年已在东南亚建成横跨新马泰的黄梨罐头帝国，资产逾百万银圆。其商业版图的第一次破局始于橡胶产业：1906 年他倾囊购入 18 万粒橡胶种子，在福山园首创黄梨与橡胶套种模式，仅 3 年便建成千亩胶林。当一战爆发阻断罐头出口时，他双线突围——一方面租船开辟越南—印度稻米贸易链，转售库存白铁片逆势盈利 45 万元，另一方面抓住橡胶需求暴涨的机遇，以 32 万元高价转手胶园净赚 25 万元，并构建"谦益栈"收购网络覆盖东南亚 20 个分站，打破洋行垄断。1916 年提拔李光前革新贸易模式，直通欧美厂商；1919 年整合多元业务成立陈嘉庚公司，自主研发轮胎胶底等专利产品时，他更以"钟"牌商标树起实业报国大旗——"钟"中藏"中"，既寓"心系中华"之志，又含"警钟长鸣"之诚。为强化国货形象，他创办印刷厂印制广告，在《南洋商报》上疾呼"用国货即爱国"，以华侨身份架起南洋与祖国的情感纽带。这种"国货"定位不仅撬开中国市

场，更在华侨中掀起"购钟牌、助自强"的热潮。同时，他斥资 72
万元购入"东丰""谦泰"两艘巨轮拓展航运，以"租船承运＋保
险避险"模式创下战损获赔 120 万元的商业传奇。至一战结束，他
以 450 万元利润铸就横跨种植、加工、航运、传媒的实业王国，其
"黄梨危机转航运生机、橡胶套种成产业闭环"的破局智慧，不仅化
解多重危机，更以"国货兴邦"的信念，为日后倾资兴学奠定基石。
从罐头大王到橡胶巨擘，陈嘉庚以"商战护国权、商标铸国魂"的
赤子情怀，书写了华侨商界中流击楫、实业报国的传奇篇章。

　　陈嘉庚自强不息的故事很多，他一生的奋斗就是自强不息的鲜
明写照。

　　陈嘉庚结合自己立身处世的感悟，从中华民族的优秀传统文化
里萃取提炼了"诚毅"二字，用以教育和规范集美学校师生的言行，
期望他们做到内诚外毅。他认为，"实事求是，言信行果谓之诚"，
"百折不挠，坚韧不拔谓之毅"。陈嘉庚曾语重心长地对学生说："我
培养你们，我并不想要你们替我做什么，我更不愿你们是国家的害
虫、寄生虫；我希望于你们的只是要你们依照着'诚毅'校训，努
力地读书，好好地做人，好好地替国家民族做事。希望诸位要抱着
大公无私的精神，凭着'诚毅'二字的校训，努力苦干。"他又说：
"教育非仅读书识字，而尤以养成德性裨益社会。为人有道德毅力，
便是世间上难得的奇才。"[1] 所以，诚毅也解释为"忠公爱国、诚信果
毅"。陈嘉庚自己的高尚人格，为"诚毅"校训作了最好的诠注。陈
嘉庚在 17 岁时便远赴南洋，开始在父亲的米店学习做生意，他从领
货和记账等基础工作做起，勤勉尽责，生活节俭，未曾浪费一文钱。
他终日忙于事业，兢兢业业，从未让父亲生气或失望。1903 年，时
年 30 岁的陈嘉庚第四次从祖国前往新加坡。当他踏入父亲陈杞柏
的顺安米店时，立刻察觉到了不寻常：店内各项事务显得凌乱不堪，

---

[1]　陈嘉庚：《校主训词》，《集美周刊》1940 年。

似乎缺乏妥善管理。陈嘉庚核查账簿，发现米店已然欠款达 32 万元之巨，父亲的米店面临破产。按当地的惯例，只要陈嘉庚不接手经营，在法律上就与他无关。然而，在几经踌躇之后，陈嘉庚还是下定决心，无论面临多大的困难和挑战，都要竭尽全力去还清这些债务。他誓言："立志不计久暂，力能作到者，绝代还清以免遗憾。"可以避开的债务却决定自主偿还，一次偿还不得便分批还清，这说明陈嘉庚对诚信高度重视，并有坚韧不拔的精神。他说：人无信，不可交。人无信，业不立。将诚信视为做人做事的前提和基础。陈嘉庚坚信一种精神，他称它为"诚毅"：诚以待人，在为父偿债的举动中，他的诚信让世人钦佩不已，更是体现出他在商业信用的美誉，奠定了人生事业行稳致远的基础；毅以做事，执着坚定地做好自己认定的事情，为实现每一个目标，锲而不舍，抓住了事业成功的重要条件。

从字面上考察"诚毅"二字包含着古代中国丰富的文化哲学思想。"所谓诚其意者，毋自欺也，如恶恶臭，如好好色。此之谓自谦。"（《大学·诚意》）"诚者，物之终始，不诚无物。"（《中庸·二十五》）诚是一切道德的本源，是讲德修业之本、立人之道和立政之本。诚与真紧密相连。"真者，精诚之至也。"（《庄子·渔父》）诚的最高境界是"慎独"。有诚既是真实不欺的品德，也是人们行为的规范，还是道德修养的态度和方法。[①]

在集美中学与集美师范开学时，陈嘉庚特地从新加坡寄来了开校词，要求师生"上以谋国家之福利，下以造桑梓之麻祯"，并且，将"诚毅"二字立为集美学校的校训。他认为，诚者，"天之道也，至诚如神"，是中国人做人的准则；毅者，"坚韧不拔也，志决而不可夺者谓之毅"。他与胞弟共同呼吁全体师生，大力弘扬中华民族的传统美德。秉持以诚信为立身之本，凭借坚毅去应对诸事，以诚信

---

① 王友良：《儒家"诚"说解读》，《株洲工学院学报》2001 年第 2 期。

勇毅之姿、百折不挠之态，为国家繁荣昌盛、家乡富足安宁不懈拼搏，奋斗不止。实际上，陈嘉庚此后的兴学路，也是秉持着"诚毅"的精神前行的。

　　陈嘉庚刚正不阿、严辨忠奸、明辨是非、嫉恶好善的品格，更是世所难见，为人钦仰。陈嘉庚的侄子，原新加坡中华总商会会长陈共存认为，陈嘉庚一切行动都以是否合理、是否合义为出发点，以是否合大众要求为准衡。这是他为人的准则，也是他衡量世人的标准。按照这标准，上自国家元首，下至黎民百姓，凡是合者，他都支持；凡是不合者，他都反对；不管地位多高，权势多大；也不管亲情多深，私谊多厚；一律同等对待。陈嘉庚刚正不阿、严辨忠奸、嫉恶好善的个性，从他对汪精卫、蒋介石等人的态度转变上充分展现了出来。对于共产党，陈嘉庚也是以真诚相见，知无不言、言无不尽。陈嘉庚对自己身边的工作人员，既关心爱护，又严格要求，他常常教诲身边的人，做人最要紧的是诚实与正义，要明是非，要替社会做事。再多的钱可以花光，但诚实、正义却永远受人尊敬。当侯西反转达国民党对其"延安言论"的责难时，陈嘉庚没有丝毫退缩，从容回应："事实胜于雄辩，共产党果有良好政治，自能树进势力，外间毁誉何关大局。"[1]这份笃定源于他在延安九天八夜的实地观察——"耳闻目睹各事实，见其勤劳诚朴，忠勇奉公，务以利民福国为前提，并实行民主化……与民众辛苦协作，同仇敌忾，奠胜利维新之基础。余观感之余，衷心无限兴奋，梦寐神驰，为我大中华民族庆祝也。"[2]他深知所言皆为亲眼所见、亲耳所闻，绝非立场偏颇，而是基于客观事实的如实陈述，因此面对质疑毫无动摇。这位爱国侨领的回应堪称诚毅品格的典范：其"诚"在于只讲亲眼所见

---

　　①　陈嘉庚：《南侨回忆录·党人大不满》，厦门大学出版社 2022 年版，第 268 页。

　　②　陈嘉庚：《南侨回忆录·弁言》，厦门大学出版社 2022 年版，第 4～5 页。

的真相，不欺不隐；"毅"则在于坚守信念，无惧外界压力，坚信清明的政治不会受外界的影响而自有其生命力。正如他后来在回忆录中所写："余天性好直言不欺隐，勇于负责，不怕威胁""因公回国，非私人游历，为爱国热诚，嫉恶好善，不能附和潮流。"[①]这种将判断权交给事实、将是非论定于历史的品格，正是"诚毅"精神最本真的诠释。后来，在新加坡中华总商会联合各社团举办的欢迎大会上，陈嘉庚再度回忆道："我前年回国慰劳考察，与此次回国观光，无论在国内外讲话，均凭见闻事实与良心而言，故前次南返报告延安政治良好，毛主席诚恳虚怀，终必胜利；蒋介石狡诈无信，政治腐化，终必失败，陈仪祸闽惨重，必须打倒。……"陈嘉庚始终坚守原则，用自己的亲身经历让海外华侨了解一个真实的中国，一个正在为民族复兴而不懈奋斗的中国。陈嘉庚以其坚定的信念、无畏的勇气和高尚的人格，树立了光辉的榜样。

陈嘉庚是非分明、光明磊落、刚直不阿、仗义执言，这正是他一贯信奉的"诚毅"品性的生动体现。从最初拥戴蒋介石，到最终寄望毛泽东，与中国共产党同向同行，这一转变的背后，除了相同的爱国为民情怀外，还有一种重要的品德契合——那便是彼此都秉持的诚毅品格。正是这种精神上的共鸣，让陈嘉庚最终坚定地站在了中国共产党人一边。

第二节　在文化传统中孕育　在人生奋斗中坚守

陈嘉庚与父亲相似，自幼即热心公益事务，反对极端个人主义，仿佛天性一般。早年的私塾学习，为陈嘉庚奠定了颇为扎实的国学功底，"以天下为己任"的儒家思想对他影响至深。他一辈子忠勇奉公，为社会做着无私奉献。他说："公益事业当尽力勇往，若寸寸计

---

① 陈嘉庚：《南侨回忆录·优缺不愿居》，厦门大学出版社2022年版，第306页。

较，无一可成。"①他是这么说的，也是这么做的。他还说："至于国家大事，公私应有分界。"②

以中华文化典故寓教于楼名。在集美学校和厦门大学，嘉庚建筑的楼名都蕴含着陈嘉庚对优秀传统文化的热爱与坚守。陈嘉庚创办的许多学校楼群命名都蕴含着中华文化的典故，将中华文化精髓深植于楼群名字中，以典章雅训构建精神殿堂。以厦门大学嘉庚建筑为例，"映雪"出自《尚友录》中"孙康，晋京兆人，性敏好学，家贫无油，尝于冬月映雪读书"，意为刻苦勤学；"囊萤"源自《晋书·车胤传》，"胤博学多通，家贫不常得油，夏月则练囊盛数十萤火以照书，以夜继日焉"，寓意勤奋攻读；"群贤楼"取自《兰亭集序》"群贤毕至、少长咸集"，寄寓英才荟萃之望。同时，楼名与建筑功能巧妙结合，如教师宿舍"勤业楼"勉励教师勤于事业、精耕学术，学生宿舍"博学楼"希望学子博学善思、学业有成，富有趣味且寓意深远。陈嘉庚虽多年生活在南洋，却始终怀揣对中华民族传统文化的深厚认同与执着追求，深知"大学是育人的场所，在文化环境中育人"的重要性。他借助"润物细无声"的建筑命名，发挥传统文化的示范与劝学作用，让嘉庚建筑成为传承中华优秀传统文化的生动载体，激励一代代学子在圣贤之道中砥砺前行。

以武扬威，弘道于世界，陈嘉庚对于中国传统武术及武道的推广与传播，也是竭尽全力的。为洗雪"东亚病夫"之耻、弘扬民族精神，他于1929年力排万难资助"中央国术馆闽南国术团"出访新马，开创中国武术对外交流的先河。他亲题"谁号'东亚病夫'，此耻宜雪；且看中华武术，我武维扬"等对联激励团员，并在经费、

①　陈嘉庚：《南侨回忆录·华侨大会堂与图书馆》，厦门大学出版社2022年版，第123页。

②　陈嘉庚：《南侨回忆录·战后补辑：吧城欢送会，附答词》，厦门大学出版社2022年版，第512页。

嘉庚精神的传承

器械和表演服装上给予全力支持，更通过多次接见与演说宣扬"扬武强国"理念。在新加坡小坡首演后，国术团足迹遍及吉隆坡、槟城等多地，所到之处掀起"一片国术欢呼声"，侨民竞相追捧，媒体盛赞"实开侨界未有之破天荒"。此次出访不仅让永春白鹤拳风靡南洋，更推动众多"永春师"赴海外设馆授艺，使中华武术跨越五洲四海，成为文化输出的重要象征。"东方神拳"的美誉由此远播，彰显了陈嘉庚以武术为桥梁、让中华文化走向世界的卓越贡献。

以舟为媒，赓续中华文脉，用"别艕舺"这样的民间活动，陈嘉庚坚守传承优秀传统文化。在闽南方言里，龙舟竞渡被称为"别艕舺"，意为竞渡的两艘艕舺相别，"别"的目的是给对方使绊子。集美别艕舺文化历史悠久，底蕴深厚。清道光《厦门志》记载，集美端午龙舟赛至今已有200多年历史，早年端午节，集美自发组织海上十八龙舟赛。近现代以来，这一民间活动逐渐升华为文化盛事。由陈嘉庚筹建的集美龙舟池，是我国第一个龙舟竞技赛专用人工池。从1951年起，陈嘉庚恢复、改革、发展集美学村端阳节龙舟比赛，推动龙舟竞渡从传统民间活动向规范化、现代化体育赛事转变。并且，在其后10余年中，他亲自主持7届赛事，倡导通过划龙舟"锻炼身体，培养集体精神与奋斗精神"，赋予传统民俗以现代体育精神。集美端午龙舟赛于2017年正式列入福建省非物质文化遗产，并且成为连接台湾及东南亚华人的文化纽带。如今的海峡两岸龙舟赛，既延续了"齐心协力争先"的嘉庚精神，又以赛事为平台深化两岸同胞血脉联系，每年吸引数十支两岸队伍同池竞技。千年龙舟文化在鼓声桨影中赓续传承，成为弘扬中华优秀传统文化、促进民族认同的重要载体。

当陈嘉庚谈论人生困境时，他常以"立志不坚，难免因噎废食"警示后人，强调"有志者，事竟成"的真理。这种精神理念在抗战时期升华为系统的团结理论："唯精诚始足以言团结，唯团结始足以言力量。精诚充，则团结未有不固；团结固，则力量未有不宏。愿我八百万同胞自今日起，充大精诚，固大团结，宏大力量，以为我政府后盾，则抗战断无不胜，建国断无不成。"①这段演讲不仅成为南洋华侨的行动纲领，更折射出陈嘉庚将个人品德与民族命运相联结的深刻认知。

这种道德追求在实践中转化为重信守诺的准则。在 1911 年 12 月，孙中山先生返国途中路过新加坡，请陈嘉庚给他筹款，陈嘉庚答应给他筹 5 万元，不久就如数汇去，其践诺速度令革命党人惊叹。在厦门大学建设工地上，陈嘉庚独创的铜牌制度更是将契约精神具象化：在雇人干活时，总会给每个工人发放一块铜牌，并且向他们保证，不管将来遇到什么困难，只要拿着这块铜牌来，他将倾尽全力给予帮助。1921 年，14 岁的郭金荣迫于生计，来到建设中的厦门大学打工，因有一定的文化程度被陈嘉庚提拔做了一个小文书。转眼三四年过去，郭金荣得知父亲于印尼逝世，便着急坐船赶去料理丧事。船停在马来西亚便不再前行，无力购买船票的郭金荣在走投无路之时，想起了陈嘉庚赠与的铜牌和承诺，找到陈嘉庚恳求帮助。陈嘉庚看见铜牌，二话不说，立即购买了从马来亚启程的船票，送郭金荣回到了印尼。这个跨越多年的承诺，与其"不能答应就据实相告"处事原则形成鲜明对照，展现出原则性与灵活性的完美统一。

基于这种言出必行的原则，陈嘉庚在社会事务中格外强调务实作风。譬如当年闽侨热议的救乡计划，他强调须先做调查研究，再拟切实计划；不能因无根理想，或诚意不足，或夸张虚构，而为虚荣心所误。遇到国内诸多捐助请求，不能答应，就据实相告，不至于空雷无雨，贻误时机。

在审视社会弊端时，陈嘉庚的批判锋芒既指向新兴现象也不放

---

① 陈嘉庚：《南侨回忆录·南侨总会成立》，厦门大学出版社 2022 年版，第 90 页。

过历史顽疾。对于初现的跳舞风潮，他率先发出警示；面对根深蒂固的彩票赌博，他持续抨击直到消除或为根绝乱象造成社会压力。这种明知其非而不谏止，更不容忍助纣为虐的担当精神，在华侨投资导向上体现得尤为明显。他甚至说："华侨寄资回家，千万不可在其乡村买置田地。"[1]这种规避土地兼并风险的建议，与其倡导的节俭理念形成内在呼应。至于城市建设和规划，他说，盖祖国城市乡村之不合卫生久矣。影响所及，至为重大。战后建设伊始，亟应乘兹计划改革。南洋华侨回国卫生观察团借考察于观光，借调查而促进。[2]

陈嘉庚一生提倡和践行节俭，反对享乐主义，这种美德在抗战时期被赋予新的时代意义。回国慰劳考察时，他提醒随行人员勤慎俭约；对回国支援抗战的南桥机工，他叮嘱他们恪守初志，耐劳耐苦。面对后方挥霍现象，他决不坐视不言，哪怕屡言无效。他痛陈，"余虽明知屡言无效，然爱省爱国之心不能自已，再尽最后之忠告，成败均不计也"[3]。甚至，"明知多言招尤。其奈良知难遏，蒿目时艰，痛心何限"[4]。这种近乎执拗的坚持，恰与其政治领域的求真意志一脉相承。

陈嘉庚一生秉持直言不讳的处世原则。面对访谈邀约时，他坦言："以我的人格与良知起誓，绝不行指鹿为马之事。"他常引《论语》古训自勉："言忠信，行笃敬，虽蛮貊之邦行矣。"强调在礼仪

---

① 陈嘉庚：《南侨回忆录·华侨反误乡亲》，厦门大学出版社 2022 年版，第354 页。

② 陈嘉庚：《南侨回忆录·战后补辑：组织回国卫生观察团》，厦门大学出版社 2022 年版，第 525 ～ 526 页。

③ 陈嘉庚：《南侨回忆录·辞行复献议》，厦门大学出版社 2022 年版，第405 页。

④ 陈嘉庚：《南侨回忆录·辞第二届南侨总会主席》，厦门大学出版社 2022 年版，第 437 页。

之邦的祖国，更应以亲历亲闻的真相作为履职根本。作为南洋华侨代表履职期间，他始终以激浊扬清为己任，对丑恶现象直言抨击，对良善之举全力推崇。这种源自赤子之心的家国情怀，使他不愿曲意逢迎，更耻于同流合污。即便遭遇非议责难，仍坚守信念不改初衷。陈嘉庚出生在清末，成长于民初，那是一个中华民族积贫积弱、备受列强欺凌的悲惨时代，也是国人对中华文化普遍缺乏自信的迷茫年代。作为一位走遍世界的商人，陈嘉庚在办学中坚守中华文化，同时也吸收创建实业与他国一切文明成果为己所用，保持着那个时代难能可贵的独醒和卓越远见。

第三节 学习嘉庚高尚人格 弘扬优秀文化传统

陈嘉庚早在百年之前，就用商业搭建文明桥梁，以教育培育人类良知，其高尚人格深深植根于中华优秀传统文化的沃土之中。他以"精卫填海"的执着、"愚公移山"的坚韧，将传统文化中"自强不息""家国一体"等精神内核转化为振兴中华的实践行动。在民族危亡之际，他倾尽家财兴办厦门大学与集美学村，以"教育为立国之本"的信念回应"实业救国"的时代呼声；在抗战烽火中，他组织南洋华侨募捐救国，以"天下兴亡，匹夫有责"的担当凝聚民族力量。其"诚毅"精神既承袭了儒家"言忠信、行笃敬"的伦理准则，又融入了近代救亡图存的革新意识，成为传统文化在近代转型中的典范表达。

陈嘉庚的一生，是对中华文化精神基因的生动诠释。他不仅以实际行动践行了"修身齐家治国平天下"的儒家理想，更将个人命运与民族复兴紧密相连。在创办厦门大学和集美学村的过程中，他始终秉持"经世致用"的理念，将传统文化的精髓与现代教育的需求相结合。例如，在集美学村的课程设置上，他既保留了"四书五

嘉庚精神的传承

经"等人文经典，又引入航海、商科等实用学科，开创了"中学为体、西学为用"的教育模式；他主张在水产学校旁建造船厂，农林学院配试验田，让学生"放下书本就能摸到缆绳与稻穗"；1920年的课程表上，航海生要学国际法，师范生必修美学，他认为"教育不是造机器，要养出有骨气的人"。这一系列融合传统与现代的实践，深刻体现了他对中华文化的传承与创新。

中国共产党作为中华民族重视精神优秀传统的忠实继承者和坚定弘扬者，始终强调物质与精神的协调发展。从革命战争年代提出"全心全意为人民服务"的根本宗旨，到改革开放以来加强精神文明建设，党始终注重发挥人的精神能动作用，推动中华民族优秀传统得到进一步发扬光大。正如习近平总书记所强调的："民族复兴不仅表现为经济腾飞，更要有中国精神的振奋和彰显。"新时代弘扬嘉庚精神，就是要学习他深厚的家国情怀、自强不息的浩然之气、诚毅笃信的崇高品格，将其作为激发民族精神的重要力量之一。

嘉庚精神不仅是对个人品格的锤炼，更是对家国情怀的深刻诠释。他以"诚毅"为人生信条，将个人的奋斗与民族的命运紧密相连，展现了中华文化中"修身齐家治国平天下"的崇高理想。这种精神力量超越了时代局限，成为激励后人不断前行的动力源泉。对于当代青年而言，学习陈嘉庚精神，不仅是一种历史的回望，更是一种现实的召唤。

新时代的青年身处世界百年未有之大变局，面对复杂多变的国际环境和艰巨繁重的国内任务，更需要从陈嘉庚精神中汲取智慧与力量。要以"敢为天下先"的开拓精神，勇敢迎接未知的挑战；以"功成不必在我"的无私胸怀，甘于在平凡岗位上默默奉献；以"百折不挠"的坚韧意志，在困难面前始终保持昂扬斗志。这种精神追求不仅是对个人价值的实现，更是对国家和民族的责任担当。

弘扬陈嘉庚精神，关键在于将其内化为青年一代的价值追求和行动指南。当代青年应深刻认识到，个人的成长与国家的发展息息相关，只有将青春融入时代的洪流，才能真正实现人生的意义。无论是在学术研究中追求真理，还是在社会实践中服务人民，都应以陈嘉庚为榜样，始终保持对理想的执着追求和对事业的无限热忱。

正如习近平总书记所强调的，"中华民族伟大复兴，绝不是轻轻松松、敲锣打鼓就能实现的"。这要求每一位青年都必须具备迎难而上的勇气和持之以恒的毅力。通过学习陈嘉庚精神，当代青年能够在思想上更加坚定，在行动上更加自觉，为实现中华民族伟大复兴贡献智慧和力量。这种精神的传承与发扬，正是对陈嘉庚最好的纪念，也是对中华文化优秀传统的最好延续。

习近平总书记曾在多次重要的讲话中，把青年与"奋斗"联系起来，激励青年要为强国建设民族复兴砥砺奋斗。2018年5月2日，在北京大学师生座谈会上，总书记勉励广大青年要立志，立鸿鹄志，做奋斗者。2019年4月30日，在纪念五四运动一百周年大会上，总书记对新时代青年提出了"六点要求"，勉励青年砥砺奋斗。2022年10月16日，在中国共产党第二十次全国代表大会上，总书记说："青年强，则国家强。当代中国青年生逢其时，施展才干的舞台无比广阔，实现梦想的前景无比光明。全党要把青年工作作为战略性工作来抓，用党的科学理论武装青年，用党的初心使命感召青年，做青年朋友的知心人、青年工作的热心人、青年群众的引路人。广大青年要坚定不移听党话、跟党走，怀抱梦想又脚踏实地，敢想敢为又善作善成，立志做有理想、敢担当、能吃苦、肯奋斗的新时代好青年，让青春在全面建设社会主义现代化国家的火热实践中绽放绚

嘉庚精神的传承

丽之花。"①这段话，道出了当代青年的地位和使命，指明了当代青年发展的机遇和条件，提出了对当代青年的要求和期望，揭示了新时代好青年的特征和成长路径。

那么，青年为什么要奋斗呢？首先，"中国的青年运动有很好的革命传统，这个传统就是'永远奋斗'"。②其次，"新时代青年运动的主题，新时代中国青年运动的方向，新时代中国青年的使命，就是坚持中国共产党领导，同人民一道，为实现'两个一百年'奋斗目标、实现中华民族伟大复兴的中国梦而奋斗"③。再次，当代中国青年可以通过砥砺奋斗实现自己的个人理想。最后，青年只有砥砺奋斗才能更好地成才成长。青年是璞玉，需要雕琢。青年价值观的养成好比扣人生"第一粒扣子"。青年期是"学习的黄金期"、庄稼的"拔节孕穗期"。青年有其优势，但这种优势是潜在的，只有砥砺奋斗，才能摆脱自身的不成熟性。

结　语

总之，重视做人，是中华民族的一个传统。中华民族团结、奋斗，创造梦想，爱国主义是主旋律。我们要追求精神境界，向往理想人格；要扣好人生的扣子；要勤学、修德、明辨、笃实；要明大德、守公德、严私德。陈嘉庚是一位道德模范，我们要学习他的高尚品格，以忠公之心，祛除精致利己主义，以自强不息的精神和诚

---

① 习近平：《高举中国特色社会主义伟大旗帜为全面建设社会主义现代化国家而团结奋斗——在中国共产党第二十次全国代表大会上的报告》，人民出版社2022年版，第71页。

② 习近平：《在纪念五四运动100周年大会上的讲话》，《人民日报》2019年5月1日。

③ 习近平：《在纪念五四运动100周年大会上的讲话》，《人民日报》2019年5月1日。

毅的品德抑制无谓的躺平思想，砥砺奋斗，自强不息，为强国建设、民族复兴贡献自己的一份力量。

思考题：

1.陈嘉庚一生有哪些事迹体现了他自强不息的精神？

2.陈嘉庚为什么认为诚毅是为人处世的重要原则？

3.新时代青年应该如何传承嘉庚精神投身强国建设和民族复兴？

第九章 弘扬嘉庚精神 奋进一流征程

习近平总书记在致厦门大学建校 100 周年贺信中指出："厦门大学是一所具有光荣传统的大学。100 年来，学校秉持爱国华侨领袖陈嘉庚先生的立校志向，形成了'爱国、革命、自强、科学'的优良校风，打造了鲜明的办学特色，培养了大批优秀人才，为国家富强、人民幸福和中华文化海外传播作出了积极贡献。"一直以来，厦门大学始终牢记殷殷嘱托，坚守陈嘉庚的立校志向，秉承"研究高深学问，培养专门人才，阐扬世界文化"、建设"世界之大学"的宏愿与理念，将传承嘉庚精神融入教育教学、文化建设的具体实践，深入挖掘嘉庚精神的时代价值，与国家同呼吸，与民族共命运，与时代同步伐，汇聚起建设世界一流大学的强大力量。

第一节 传承嘉庚建筑风格 构建一流大学校园

作为中国近代教育史上第一所由华侨创办的大学，这里不仅有着旖旎的山海风光和鲜明的人文特色，更有着一座座"中西合璧"、承载着深厚历史积淀与文化底蕴的特色建筑——厦门大学嘉庚建筑。它们博采中西古今建筑文化之众长，像一件件精美的艺术品，错落有致地矗立在厦门大学校园里。厦门大学嘉庚建筑展现了陈嘉庚的远见卓识和深厚的爱国情怀，见证了南方之强的百余年光辉办学历程和建设者的历史足迹。

厦门大学嘉庚建筑由众多不同年代兴建的建筑精品组成，分布于思明校区、漳州校区、翔安校区和马来西亚分校，具有鲜明的地域特色和独特的校园建筑文化特点。"三校区一分校"的嘉庚建筑承载着厦门大学丰厚的历史积淀和深刻的文化内涵，阐扬了陈嘉庚创校办学的家国情怀和无私大爱，展现了厦大人弘扬嘉庚精神、赓续南强血脉的良好精神面貌。一代代厦大学子通过"无声的历史"与"凝固的旋律"直接感受和体验嘉庚精神，传承"光荣传统"。

厦门大学思明校区全景图①

一、爱国兴学，嘉庚建筑的传承

厦门大学嘉庚建筑凝结了陈嘉庚的非凡智慧，体现了中西建筑文化的有机融合，具有极高的历史价值、科学价值和艺术价值，是中国近现代校园建筑的典范之一，在中国高等学校校园建筑中独树一帜。

20世纪初的中国，社会动荡，环境复杂。面对严峻的内忧外患，教育成为了国家复兴的关键。陈嘉庚深知教育的重要性，将对教育的执着和爱国情怀转化为实际行动，致力于创办一所能够培养国家栋梁之材、能与世界顶尖学府相颉颃的大学。

1919年夏，陈嘉庚决意倡办厦门大学。他选择厦门作为建校地点，并不是一般人所认为的那样——因为他自己是厦门人，而是因

---

①　本章所有图片均由作者所在单位提供。

嘉庚精神的传承

为厦门历史上是华侨出入的重要港口,在地理上"若合浙江、广东沿海区域而言,则堪称为最中心地位","又若大而言之,合南洋祖国,则更为中心之中心矣"。除了为祖国培养人才以外,陈嘉庚还想让广大华侨青年有一个升学深造的机会。

经过实地踏勘,陈嘉庚选定了五老峰下民族英雄郑成功演武场遗址作为校址。其地面积二百余亩,下系沙质,雨季不湿,平坦坚实,风光秀丽,环境清静,确是办学的好地方。如果把西起许家村,东迄胡里山炮台在内的这片公共山地划归厦大,面积可达 2000 余亩。他满怀信心地说:"教育事业原无止境,以吾闽及南洋华侨人民之众,将来发展无量,百年树人基本伟大,更不待言!"[①]演武场是明末民族英雄郑成功练兵的场所,具有深厚的历史文化底蕴。陈嘉庚选择演武场作为校址,也意在继承和发扬郑成功的民族精神和爱国情怀。

百年厦大,历经沧桑。"嘉庚建筑"经历了创校初期的艰难、抗战时期的烽火、新中国成立后的新生、改革开放后的蓬勃发展、新时代新征程的新辉煌。

陈嘉庚考察厦门大学校址

① 陈碧笙:《树人早作百年计——陈嘉庚创办厦门大学》,载全国政协文史和学习委员会编:《回忆陈嘉庚》,中国文史出版社 2013 年版,第 192 页。

1921年5月，厦大首批校舍奠基。1922年2月，厦大最早的校舍映雪楼告竣，随后集美楼和群贤楼、同安楼相继于1922年的5月和7月落成，囊萤楼于同年12月完工，群贤楼群全部建成。五座大楼屹立于演武场北面，一字排开，背靠五老峰，面朝大海对岸的南太武，是厦门大学最早的校舍楼群，也是所有厦大人心中的开基祖厝。群贤楼群完工后，学校再沿东边溪西岸围绕水田修筑石条堤岸，辟出土地，兴建了三座师生校舍——教职员宿舍博学楼、女生宿舍笃行楼和教职员眷属住宅兼爱楼（笃行楼、兼爱楼位于今天芙蓉第二所在位置），于1924年2月完工。1926年由厦大建筑部自行设计的生物院和化学院两座功能复杂的学院大楼先后落成，打破了"必须以美国人的设计为标准，而本国人不具有此种建筑知识和经验技术"的偏见，为厦门大学理科的教学、科研提供了优越的条件和优美的环境。

1938年5月，厦门沦陷。在日寇的猛烈炮击下，厦门大学遭受严重破坏。生物院、化学院、兼爱楼、笃行楼和白城山七座住宅楼被摧毁，博学楼、映雪楼遭受破坏，群贤、集美、同安、囊萤四座楼也被波及，其他房屋及设施悉数被夷为平地。直至1946年2月，在时任校长汪德耀主持下，校园建筑的新建和复建工作才重新开展。

1950年9月起，陈嘉庚定居集美。他把新加坡剩余企业、房产的拍卖所得约800万元和女婿李光前捐助的600万元，全部投入集美学村和厦门大学的建设，建设了厦门大学建南楼群和芙蓉楼群，以及国光楼、丰庭楼、成伟楼、竞丰膳厅、游泳池、上弦体育场等，共计30余幢楼房，建筑面积达62000多平方米。陈嘉庚不顾自己年近80高龄，亲力亲为，经常挂着手杖亲自到工地督建，数年如一日，完成了嘉庚建筑的经典之作——建南楼群和芙蓉楼群。建南楼群雄浑壮阔、架构精巧，依山面海，呈半月形布局，矗立于厦大海滨，是厦门大学最具代表性的嘉庚风格建筑群之一，也是陈嘉庚倾注心血最多的建筑杰作。芙蓉楼群以红色、绿色为主色调，以白色为衬色，在芙蓉湖的映衬下，色彩斑斓，犹如出水芙蓉，在绿树成荫的厦大校园里显得格外秀丽，展示出清秀绚丽的身姿。

2000 年前后，全国兴起了高校合并潮，但厦门大学依然坚持自己的办学特色，谋划自己的发展道路。在思明校区，学校扩大了校区用地，建造一批以嘉庚楼群为代表的新建筑，大大拓展了办学空间，为学校"双一流"建设打下强有力的基础。嘉庚楼群的设计，秉持着继承传统、反映时代精神、实现可持续发展的理念，以现代设计手法延续和发展了嘉庚建筑的风格，在满足现代办学的物质功能要求的同时，尊重历史，尊重环境，以新建的嘉庚楼群为校园中心，联系组织校园空间，完善校园总体环境。1998 年 6 月，嘉庚楼群开始建造施工，历时近三年，于 2001 年（厦门大学 80 周年校庆之际）顺利竣工。

与此同时，为落实国家"科教兴国""科教兴省""科教兴市"的战略需要，动工建设的漳州校区充分借鉴思明老校区的人文环境特点，特别是陈嘉庚所留下的"嘉庚风格"建筑和校园独特的"一主四从"群体建筑规划理念，尊重传统并延续厦大特色，使厦大新校区师生具有认同感和归属感，与隔海相望的老校区整合为有机的统一体。2003 年 9 月，漳州校区投入使用。

2008 年 7 月，为加快推进"世界知名高水平研究型"大学建设的重大部署和进一步扩大办学规模、优化学科布局，厦门大学开始规划翔安校区。翔安校区以山水布置校园整体格局，沿用嘉庚建筑的风格，在传承与创新中力求传形、传神，做到"形神兼备"，校园建筑设计大气实用，既传承嘉庚建筑的风格又体现现代建筑的优点，并且与思明校区和漳州校区隔海相望，共同形成了"校在海上，海在校中"的独特格局。

2014 年 7 月，厦门大学马来西亚分校奠基，同年 10 月，正式动工建设。作为厦门大学主动对接"一带一路"建设的重大举措和一流大学的前沿战略支点，马来西亚分校开辟了中国高校走出国门办学的先河，在建设规划理念上体现陈嘉庚百年前倾资创办厦大的精神和厦大一脉相承的校园建设思想，并创造出独具特色的厦门大学马来西亚分校建筑风格。2021年，厦门大学马来西亚分校建设项目入选"2020年中国建设工程鲁班奖（境外工程）"。

二、守正创新，嘉庚建筑的特色

嘉庚建筑，是陈嘉庚个人审美品位与当地能工巧匠智慧碰撞的结晶，是西洋建筑与闽南建筑在实践中不断磨合而达成的中西文化结合的成功范例。虽然陈嘉庚不是专业建筑师，但是由他选址并规划、设计与监造的集美学村、厦门大学校园建筑，既美观大方、典雅庄重，又坚固科学、经济实用，以其鲜明的个性风格被称为"嘉庚建筑"，享誉海内外。

厦门大学上弦场建南楼群

在创校伊始，陈嘉庚就以节约、适用、美观及现实与长远紧密结合的思想，指导厦大校舍建设，"一"字形布局的精彩之笔，"一主四从"组团的磅礴气势，20世纪20年代建设的群贤楼群，20世纪 50 年代建设的建南楼群和芙蓉楼群等，都蕴含着丰富的厦大校园建筑文化，体现厦大校园建筑的初心。这些建筑群都是"中西合璧"的经典，楼群皆以"一主四从"一字摆开，主楼以中式风格为主，从楼以西式风格为主，既有传统闽南红砖的民居特征，又有明显的西洋风格特点。

其一，"一主四从"，建筑布局的和谐乐章。最初的校园规划和设计绘图工作由厦门大学首任校长邓萃英先生介绍的美国商人在上海开办的茂旦洋行承包。当时，茂旦洋行的美国设计师墨菲在设计校舍时，把校舍排列布置成"品"字形。此布局将空间分割零碎，占地甚费，不仅建设时间长，而且工料费用高，过于浪费。陈嘉庚并不满意，他所虑周密长远，认为"一"字形布局更畅通无阻，宜给学生做运动场，况且"将来市民数百万人，亦需用厦大操场，故愈广愈妙"①。出于尽量保留这一片平坦场地的考虑，陈嘉庚果断将校舍尽量移至演武场北侧边缘，并把校舍建成"一"字形布局。

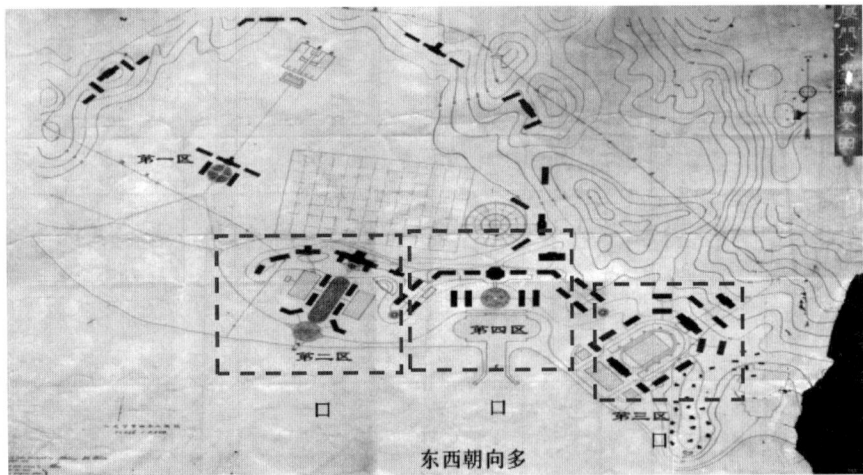

墨菲设计的原方案：厦门大学平面全图"品"与"口"形的包围布局

---

① 陈嘉庚：《厦大体育场》，载王增炳、陈毅明、林鹤龄编：《陈嘉庚教育文集》，福建教育出版社 1989 年版，第 105 页。

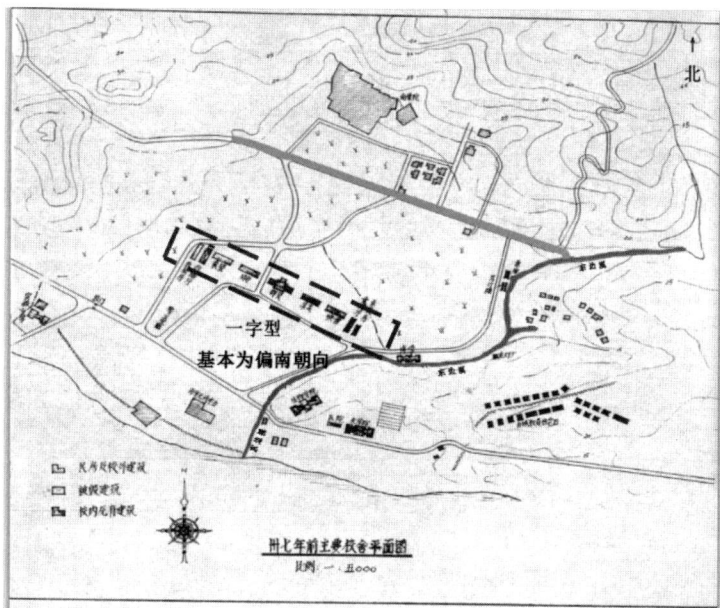

更改方案后，1937年前厦门大学主要校舍平面图

　　群贤楼群是厦大建校之初最早建设的一组建筑群，寓意"群贤毕至"，以广阔的演武场为中心。五幢楼呈"一"字形排列，居中的群贤楼为主楼，与同安楼、集美楼、映雪楼、囊萤楼四座楼以四条廊道加以勾连，形成了厦门大学最早的"一主四从"建筑楼群。这"一"字形建筑巧妙地融入了自然地形之中，与背靠的五老峰、前临的厦门港和更远的太武山，形成四条平行线，阵势阔大而有序，令人赏心悦目。20世纪50年代建造的建南楼群延续了"一主四从"的布局方式，芙蓉楼群也顺应地形成组布置，厦门大学逐渐形成了以嘉庚风格建筑为主体风貌的校园建筑格局。

　　为纪念陈嘉庚倾资办学并不断提高办学水平，由厦门大学建筑系设计的嘉庚楼群于2001年落成，在校园中心以"一主四从"的布局方式沿南北向成线形展开，面向中心广场，连接开阔的芙蓉湖。迈入21世纪后，厦门大学漳州校区、翔安校区和马来西亚分校的建设，无论是建筑理念的传承还是建筑风格的发扬，始终散发着"嘉

嘉庚精神的传承

厦门大学群贤楼群

庚建筑"的独特魅力。主楼群一次又一次地以"一主四从"的轴线对称布局的形式建设，延续嘉庚建筑中西合璧的建筑语言所表达的校园情结，同时烙上了鲜明的时代印记，在传统中有创新，在创新中有继承，构成嘉庚建筑的新时代特征，为走向现代化的厦门大学校园建设增添风采。

其二，中西合璧，嘉庚风格的艺术交融。陈嘉庚把中国的建筑文化与西方建筑文化巧妙地融合在一起，博采中西古今文化之众长。嘉庚建筑既蕴含着强烈的乡土情结和中国传统文化观念，又体现着因地制宜的建筑构思和多元融合的创新精神，是"中西合璧"的杰出代表。[①]

嘉庚建筑的屋面特色中，最具代表性的是群贤楼。一方面，群贤楼为三层重檐歇山顶、翼楼二层歇山顶建筑，采用闽南传统民居的"三川脊"大屋顶，主次分明，高低错落，富有节奏感。正脊均为燕

① 张宗云、王金福、傅柒生编：《福建文化遗产精粹》，福建人民出版社2021年版，第209页。

群贤楼特色

尾脊，嵌砌花格，雕刻兽纹，并用不同花饰的抹灰边条，增添屋脊曲线和起翘的造型之美。戗脊尾端施以灰塑彩绘卷草并高高扬起，尤其是垂脊牌头的燕尾造型，在双坡屋顶上舒展对立，与正脊构成六个燕尾，这种追求对称为佳的设计，给人以别样美的视觉感受。

另一方面，嘉庚建筑的屋身打破中式"墙倒屋不塌"的梁柱式结构体系的特点，采用墙壁不只作间隔之用而承受上部屋顶重量的建筑构造。以砖、石为主要材料实砌墙体，在装饰及美化上有着较为特殊的表现。墙面及门窗柱、墙柱，呈现浓烈的"西风"气派。建筑墙角以花岗岩作隅石，将西方隅石的做法和闽南当地的砖石文化相结合，创意十足地应用在芙蓉楼群、建南楼群等建筑上。

其三，勤俭建校，经济适用的建造理念。陈嘉庚在校舍建设中自始至终倡导"应该用的钱，千百万也不吝啬；不该花的钱，一分钱也不能浪费"的"经济实用建造"理念。当厦门大学创办时，有留学美国者力劝陈嘉庚"如洋人之做法，聘洋人办理"，"意如能建一座洋人之主张，胜我现下建此五座不坚之华工屋也"。陈嘉庚在福州参观了协和大学美国工程师建的备用宿舍后，分析了"洋建筑"存在费用太高、工期太长、效果不彰的缺点，曾嘱林文庆校长"万万不可轻听外言"而"取极坚固可耐百世不坏之旨"。

回顾过去，建筑之经济、实用的评判，是以西方工程师设计得是否"实用"、西方建筑材料应用得是否"经济"为条件的，但归根结底，"财力"才是首要的考量。"厦大之屋，宜以草创将事，能耐至二十年，许时厦大不患贫矣，尽可拆卸，改作较之洋灰或更美妙无比。况现建之料，虽历百年亦不至倒坏耳。总言之，贫人当自认贫，贫而勤俭，终不久贫。愿我厦大诸先生鉴谅。"陈嘉庚言辞恳切，语重心长，其实事求是、量入为出的作风令人敬佩。

20世纪50年代芙蓉楼群的建设充分体现了陈嘉庚的这一理念，其采用外廊式结构，利于通风采光，能为学生和教职员创造"住得更好、更卫生"的良好学习、生活条件。因此，即便造价高，陈嘉庚也不惜多花钱建造。

厦门大学芙蓉第二

砖柱拱券、绿色葫芦瓶

精工细作花砖柱廊

三、百年树人，嘉庚建筑蕴含的教育理念

1984 年 7 月，"嘉庚风格"的首次提出者、著名建筑家陈从周在《厦门日报》上发表《卓越的建筑家——陈嘉庚先生》一文，他评价"具有厦门地方性的陈嘉庚风格建筑""在近代建筑历史上有其不可磨灭的地位"，陈嘉庚"作为一位杰出的爱国主义者"，"在他的思想与艺术境界里是乡与国"[①]。厦门大学从创办、选址、校园规划到建筑设计施工，无一不体现了陈嘉庚的这一主导思想。

其一，以"百年教育"为目标。陈嘉庚在创办厦门大学时，就有着宏伟的规划与蓝图，他期望教育事业能够不断发展壮大，培养出更多的人才。陈嘉庚在厦门大学的校园建设中，无论是在选址、校园规划还是在单体建筑设计上，都充分考虑了学校的长远发展。他深谋远虑，考虑到大学发展的远景，校址必须相当广大。最终，他选择了演武场作为厦门大学的校址，这一决策为学校未来的发展奠定了坚实的基础。如今，厦门大学在扩展校址方面几乎没有遇到任何障碍，这与陈嘉庚在创办学校时的深思熟虑和远见卓识密不可分。

在厦门大学的校园规划上，陈嘉庚认为，校园建设的首要任务是合理规划和精心选择建筑位置，以确保为学校未来的发展预留充足的空间。"弟意建筑厦大（校）舍之最重要不出三事：第一件就是地位之安排，因关于美术上之重要及将来之扩充是也。"陈嘉庚在给厦大建筑部主任陈延庭的信中形象地比喻说："若厦大，今无异（于）一疋新布，任我要剪作何式衣裳若干件，预有算划，庶免后悔。"[②]陈嘉庚在校园建设中非常注重土地的合理利用和长远规划，以避免资

---

①　陈从周编：《春苔集》，花城出版社 1985 年版，第 235 页。

②　《陈嘉庚致陈延庭函》，载王增炳、陈毅明、林鹤龄编：《陈嘉庚教育文集》，福建教育出版社 1989 年版，第 356 页。

源浪费，为厦门大学后来的发展打下坚实的基础。

其二，以"群贤毕至"为理念。群贤主楼落成时，有人建议取名为"嘉庚楼"，当即被陈嘉庚否定。又有人建议以"敬贤"（嘉庚之弟名）命名，陈嘉庚经过一番思考后，乃改"敬贤"为"群贤"，取"群贤毕至，少长咸集"之意，寄托自己的殷切期望。没有群贤就办不了大学，办了大学也就造就了群贤。当时，群贤楼、同安楼和集美楼为教学楼，映雪楼和囊萤楼为学生宿舍楼。"群贤"楼名由陈嘉庚请校长林文庆题写后刻石。群贤楼群的建筑风格和命名不仅体现了中西合璧的建筑特色，也富含深厚的中国文化意蕴，通过建筑传递出聚集贤才、共同教育的理念。

陈嘉庚对厦门大学校园建设的参与度是全方位的，对规划、设计、选材和施工等各个环节都亲身参与或通过书信指挥安排。然而，在涉及专业性强的院系大楼设计时，他展现出了对专业人士意见的尊重。以生物馆的建设为例，陈嘉庚在信中对陈延庭表示："至于屋图议久不决，弟意可以不必，宜与校长并教员中议妥便行"。这种尊重和信任专业人士的态度，不仅彰显了陈嘉庚的谦逊与智慧，也体现了他对"群贤毕至"理念的真诚实践。他相信通过汇聚各方贤才的智慧，能够更好地推动学校的发展。

陈嘉庚重视为教员提供舒适的居住环境，他在信中建议对教员宿舍和住宅加建五脚气（即外廊），这样"不唯较有休息或看书之处，且更雅观"。他甚至寄回了根据新加坡政府审定的住宅新法修改后的教员住宅平面图。这些举措不仅体现了他对知识分子的深切关怀和尊重，也进一步彰显了他对教育事业和人才培养的投入与承诺。

其三，以"关爱学生"为中心。陈嘉庚在校园规划中非常注重学生的学习、生活空间，囊萤、映雪两座最早的学生宿舍列于同安、集美、群贤等教学楼两侧，并以连廊相连，宿舍之外布置膳厅、浴室，方便学生生活。在第一组楼群即群贤楼群建设完成后，再规划建设了笃行楼作为女生宿舍。20世纪50年代规划建设的学生宿舍芙蓉楼群形成半合围形布局，为学生提供了一个舒适的学习和生活环境。

陈嘉庚认为，学生宿舍的设计应注重实用性和舒适性，宿舍的"间隔合适"、宽敞卫生，与学生的日常学习生活、身心健康密切相关，是不能"不甚讲究"的。20世纪50年代建设芙蓉楼群时，陈嘉庚曾为此写信给时任厦门大学校长的王亚南："鄙意学生宿舍，须建单行式，门前有骑楼数尺宽，略如同安、集美两楼之构造。"信中还着重谈到："回国参观大学多所，大都对学生住宿处所不甚讲究，我校宜注意及之。"① 至于学生宿舍为何要坚持采用外廊式建筑，陈嘉庚在1955年6月11日庆祝新校舍落成大会上讲了他的初衷："学生宿舍为什么要建筑走廊？这是上海等地方所没有的，在十年前我在新加坡有一幢房子有走廊，有时可以在那里看报、吃茶，使房间更宽敞。所以宿舍增建走廊，多花钱，为了同学住得更好、更卫生。"②

其四，以"博取中西"为精华。厦门大学的嘉庚建筑群，在现代建筑思潮的推动下，以其"中西合璧"的风格而著称，这种风格不仅体现在建筑的基本特征上，也是其最显著的标志。这些建筑巧妙地融合了西方建筑的元素与中国传统文化的精髓。在设计上，嘉庚建筑的屋身多采用西式风格，以砖石为主要材料，而屋顶则融合了西式和中式的设计，尤其是闽南特色的"皇宫起"大屋顶，成为其标志性特点。

在群贤楼的建设过程中，有人对群贤、集美、同安三座楼采用琉璃瓦建成的宫殿式屋顶提出质疑，认为这种做法像是"穿西装戴

---

① 王亚南全集编纂委员会编：《王亚南全集》（第20卷），厦门大学出版社2023年版，第301页。

② 陈嘉庚：《在庆祝厦门大学新校舍落成大会上的讲话》，载朱立文编：《陈嘉庚言论新集》，厦门大学出版社2013年版，第115页。

中国式的瓜皮帽"，显得不协调。然而，陈嘉庚坚持认为，一个民族如果放弃自己的传统建筑形式，单纯追求模仿西方的风格，就会丧失自己的民族特色、文化和建筑艺术，这是不可取的。他强调，保持民族特色是至关重要的。陈嘉庚对中西建筑形式的自由选用，不仅体现了他对文化多样性的包容，也展现了他坚定的文化自信。

思明校区嘉庚楼群

漳州校区嘉庚楼群

翔安校区嘉庚楼群

马来西亚分校嘉庚楼群

　　"陈嘉庚不是建筑师，但其以远见卓识规划建设了中国东南沿海的两处堪称经典的校园建筑组群。"①群贤楼群、建南楼群、芙蓉楼群都是嘉庚建筑群中的杰出代表，作为文化遗产的嘉庚建筑群的保护

———————

　　①　中国文物学会20世纪建筑遗产委员会：《中国20世纪建筑遗产名录（第1卷）》，天津大学出版社2016年版，第502页。

嘉庚精神的传承

和传承受到了国家和社会各界的高度重视。2006 年，厦门大学早期建筑与集美学村一同被中华人民共和国国务院批准列入第六批全国重点文物保护单位名单。2016 年，厦门大学早期建筑入选中国文物学会和中国建筑学会联合公布的首批"中国 20 世纪建筑遗产名录"。

厦门大学嘉庚建筑，不仅记述了厦门大学的百年建设历程，而且具有深刻的文化内涵、丰厚的历史底蕴。

在百余年的发展中，厦门大学积淀了丰厚的嘉庚精神、嘉庚建筑风格与建筑遗产，激励着历代厦门大学学子自强不息、止于至善的情操和爱校传统。在思明校区、漳州校区、翔安校区和马来西亚分校，不同时期的"既复古又现代"的校园建筑丰富和发展了嘉庚风格，同时引领区域建筑文化和社会进步，统筹发展，和谐统一。不少已有百年历史的嘉庚建筑，如今仍然被作为学习、生活的场所，陪着师生们走过一个个春夏秋冬。除了延续教学空间的作用外，今天的嘉庚建筑也承载着作为弘扬嘉庚精神主要阵地的功能。

"嘉庚建筑"不仅仅是建筑，更是嘉庚精神的体现。早在林文庆任私立厦门大学校长时期，"以嘉庚之精神办好厦门大学"已被提及。嘉庚精神是留给厦门大学的宝贵财富，更是推动厦门大学更好、更快发展的不竭动力。嘉庚建筑所彰显的嘉庚精神影响了一代代青年学子，无论时代如何变迁，厦门大学始终坚持弘扬嘉庚精神，把深深的家国情怀与强国梦想融入学校的全部工作中，不断开拓创新，砥砺前行。

2014 年 10 月，习近平总书记给集美校友总会回信中关于嘉庚精神的重要论述精辟地阐释了嘉庚精神的科学内涵，即"艰苦创业、自强不息的精神，以国家为重、以民族为重的品格，关心祖国建设、倾心教育事业的诚心"，希望广大华侨华人弘扬嘉庚精神，深怀爱国之情，坚守报国之志，同祖国人民一道不懈奋斗，共圆民族复兴之梦。

嘉庚精神不仅是厦大的，更是全中国的宝贵财富。全体厦大人有责任、有义务赓续嘉庚精神，建设世界一流大学，打造高等教育东南中心，推进中国式现代化，为国家富强、民族复兴作出应有的贡献。

思考题：

1.厦门大学百年建筑历经风雨仍风貌如初，其传承至今的独特建筑风格背后，嘉庚精神是如何作为内在支撑并持续焕发生命力的？谈谈你的理解与思考。

2.从厦门大学的整体规划到各楼群的细节雕琢，厦门大学的校园建筑处处彰显陈嘉庚的理念。在时代变迁和多元文化的冲击中，如何传承和弘扬建筑所承载的嘉庚精神？

第二节　建造"嘉庚"号科考船　助力海洋强国建设

厦门大学传承陈嘉庚"力挽海权"的思想，为发展厦门大学海洋学科与中国海洋科考事业，自强不息，建造21世纪中国高校第一艘大型海洋科考船并命名为"嘉庚"号。"嘉庚"号是移动的海上科学实验室，带着新一代厦大海洋人驰骋远海大洋，在五洲四海留下独属于厦门大学的印记，让陈嘉庚的海洋梦想成为现实。新一代的厦大海洋人不仅依托"嘉庚"号这一全球顶尖的海洋科考平台，瞄准学科发展前沿和国家战略需求，奋进一流；更积极参与全球海洋科学研究与海洋治理，领衔的海洋负排放（ONCE）国际大科学计划被列入联合国海洋科学促进可持续发展十年行动计划，有力推动"世界一流大学"建设。

一、建设海上移动实验室

陈嘉庚"力挽海权"思想与厦大早期海洋学科发展

1914 年，第一次世界大战爆发。当时的陈嘉庚已称得上是有一定实力的华侨实业家。但战争的余波仍使他旗下公司产品的出口销售受到一定程度的影响。而具有敏锐商业嗅觉的他，也捕捉到了"战时航运大有可为"的商机，果断经营起了航运业。至第一次世界大战结束，获利达叻币 160 万元。

尽管通过航运业获利颇丰，但目睹当时国家门户洞开、强邻环伺、海权旁落，连艘像样的货轮都没有，陈嘉庚便有"力挽海权，培育专才"之思想，也因此先后创办了集美的水产航海教育和厦门大学。

厦门大学以"面向华侨、面向海洋、注重实用、注重研究"的办校理念和办学特色闻名中外。厦门所拥有的丰富的海洋生物资源，也让建校初期的厦门大学一项项喜人的成果接踵而来。

莱特教授开展的文昌鱼研究，成果于 1923 年在 *Science* 期刊上发布，成为了厦大第一篇在国际顶级期刊上发表的论文。

1924 年，由伍献文发现的水母新种经莱特教授鉴定后，被命名为陈嘉庚水母（*Acromitus tankahkeei* Light，1924），意在致敬校主陈嘉庚。

此后，厦大的学生与老师又陆续发现并命名了一系列新的海洋生物。到了 1935 年，依托厦大开展的闽南沿海海洋生物调查研究成果——《福建省渔业调查报告》发表。三百多页的报告详尽记载了所调查区域内的渔业情况。

1937 年，因抗日战争全面爆发，厦大内迁至长汀办学，原本蓬勃日上的海洋学研究几乎被按下暂停键。而随着抗日战争的胜利，厦门大学也恢复海洋学研究工作，并且在 1946 年，创建了国内第一个海洋学系。

"嘉庚"号建造始末

海洋学的研究，离不开出海采样调查。而科考船就是一个能够在海上采样调查的移动实验室。

对一代代厦大的海洋人来说，这样的实验室从建校初期的渔船舢板，到 20 世纪 80 年代变成了一艘 18 米长、不足 20 吨、能乘坐二三十人但只能在厦门港湾内做些基本的样品采集的木质调查船"海洋一号"；再到 2010 年又变成了装备卫星导航和多种科考设备并具有较好的海上教学、科研条件的"海洋二号"。

随着中国的海洋科学逐步迎来黄金发展期，厦大的海洋科学研究也正蓬勃发展。作为中国海洋科学高等教育的发源地，新一代的厦大海洋人也不再将眼光拘泥于近岸，而是经过不懈的努力，打败了一只又一只"拦路虎"，将一艘由国外初步设计、国内详细设计，再由国内造船公司建造的 3 000 吨级的现代化海洋综合考察船从规划蓝图一步一步变为现实。

要建造世界一流的科考船，从设计到建造的各个环节都离不开资金的支持。而世界各地的厦大校友听闻母校将尽全校之力建造一艘大型远洋科考船时，都大力支持，不甘人后。

截至 2017 年"嘉庚"号交付使用时，科考船建设共收到 998 笔社会捐赠，计 600 余万元人民币。"嘉庚"号的实验室正是这些义举情怀的具象化的体现：厦门松霖科技有限公司认捐通用实验室；1986 级海洋生物学校友认捐会议室和休闲厅；1978 级海洋化学校友集体筹措资金，认捐洁净分析实验室；1988 级校友众筹 88 万元善款，认捐电子实验室。

除了需要资金保障外，要建造全球顶级的科考船，还需要前瞻性的设计规划和精密布局，在有限的空间里合理实现科考效用的最大化；同时也应充分吸取国内外科考船的设计、建造和管理使用的有益经验和资源。

为此，"嘉庚"号在设计、建造的全过程中，集合了作为初设方的美国 Glosten 公司、作为详设方并在船舶设计建造全过程中提供专业技术支持与咨询服务的中船工业集团第七〇八研究所、建造方广船国际有限公司、各系统集成方，以及技术支持与咨询服务方等国内外的多方力量，共同并肩作战。

船舶建造是一项复杂的系统性工程，如何统筹好各方的力量，以便有效发挥合力，成了科考船建造项目技术总负责人王海黎不得不面对的问题。而问题的答案，也随着设计、建造过程中发生的一次又一次磋商研讨，甚至是面红耳赤的据理力争，渐渐明晰，那就是"大家都是为了造一条好船"。

也正因为有了这个答案，王海黎带领着厦大的项目团队，发扬陈嘉庚提出的自强不息与止于至善的精神，既从宏观角度排兵布阵、把握大局，又从细微着眼，在充分了解各方在技术方面的关切的基础上，充当各方的润滑剂，让设计方、建造方、各系统集成方和技

"嘉庚"号下水仪式

术支持方分工明确，各司其职，在求同存异和相互磨合中，最终让"嘉庚"号一步步从图纸变为现实，赋予了其鲜活的生命。

"嘉庚"号命名及交付

2016年5月8日，在广船国际荔湾厂区2号船台举行的科考船下水暨命名仪式上，这艘承载着厦大海洋人探秘远海大洋梦想的科考船被命名为"嘉庚"号。回首百年前，校主陈嘉庚断然不会想到他所创办的学校的第一艘现代化科考船以他的名字来命名。但这个名字所承载着的历史文化底蕴、探索精神、家国情怀和"力挽海权，培育专才"的赤子之心已深深刻进一代又一代厦大人的心中，并最终在校园网、论坛、官方微博等渠道的互联网征名投票中一骑绝尘。

在下水之后，"嘉庚"号便开始了紧张的船舶舾装和一系列的航行测试环节。当时间来到2017年4月，"嘉庚"号在完成上述的所有环节后，驶离广州，正式交付厦大。

"嘉庚"号主要指标及平台优势

船长	77.70米	型宽	16.24米
设计吃水	5.0米	总吨	3 611
经济航速	11节	最高航速	>14节
续航力	>12 500海里	自持力	>50天
工作甲板面积	432平方米	实验室面积	407平方米
定员	54人		

"嘉庚"号作为我国屈指可数的世界顶尖科考船之一，具备高精度动力定位能力（DP1）和突出的设备收放、操控能力，并配备全套高性能声学探测设备，支持远程信息高速传输，可在全球无冰区开展多学科、实时、同步观测和现场科学实验研究。

航行中的"嘉庚"号（高崎 供图）

"嘉庚"号在设计和建造过程中，率先应用了诸多科考船先进技术。全船采用全电力推进，配置特殊定制的低噪声电机、螺旋桨及艏艉侧推器，水下辐射噪声静音等级高，是国内第一艘达到 Silent-R 和 Silent-F 静音等级的科考船，开创了国内科考船静音技术走向规范化的先河。

"嘉庚"号搭载国内首套符合国际 GEOTRACES 标准的超洁净痕量元素专用采水系统（Trace Elements and Isotops Sampling System，TEISS）。同时，"嘉庚"号亦是国内第一艘在全部作业空间布置甲板系固体系的科考船，通过配置 610 毫米等距的嵌入式地脚螺栓网格实现了科考设备的无损自由安装、固定及拆卸。

二、"嘉庚"号助力海洋强国建设

在厦门大学创办初期，陈嘉庚便将"面向海洋"作为学校的办学特色之一。在此后百余年办学历程中，厦门大学始终镌刻着海洋的烙印。1921 年建校伊始，厦门大学便率先设立海洋学科，开展海洋生物学研究；1946 年，厦门大学成立了中国第一个海洋学系，开辟了中国高校海洋科教之先河；2017 年，由厦门大学拥有完全知识产权的 3 000 吨级海洋科考船——"嘉庚"号交付并投入使用。

自交付以来，"嘉庚"号始终秉持陈嘉庚的办学理念，为我国海洋科考事业、海洋科学研究和国际化高水平海洋人才培养作出积极贡献。截至 2024 年 9 月，"嘉庚"号已完成 55 个科考航次，总航程近 20 万海里（相当于绕赤道航行近 10 圈），年均海上作业时间超过 240 天，航迹遍布中国南海和西太平洋，为国内外的百余所高校、科研院所和企事业单位的上千名海洋科研工作者提供了高质量的海洋科考数据和样品。

为我国海洋科学研究提供一流平台

一是执行第一个由我国牵头组织和主导的国际 GEOTRACES 研究计划认证航次。

"嘉庚"号作为国内首艘，也是迄今为止国内唯一一艘能进行大体积超洁净痕量元素采水作业的科考船，装备超洁净痕量元素专用采水系统"泰斯"（TEISS），能够为痕量金属（痕量金属是指海水中含量在 0.05 ～ 50nmol/L 或更低的金属元素）研究的海水样品采集、现场分样处理等环节提供超洁净的环境。

依托"嘉庚"号独有的洁净采水和实验能力，"嘉庚"号在 2019 年和 2020 年两度执行国际 GEOTRACES 研究计划认证航次（认证编号分别为 GP09 和 GPpr15）。其中，2019 年的国际 GEOTRACES 研究计划认证航次首次由我国牵头组织并主导。

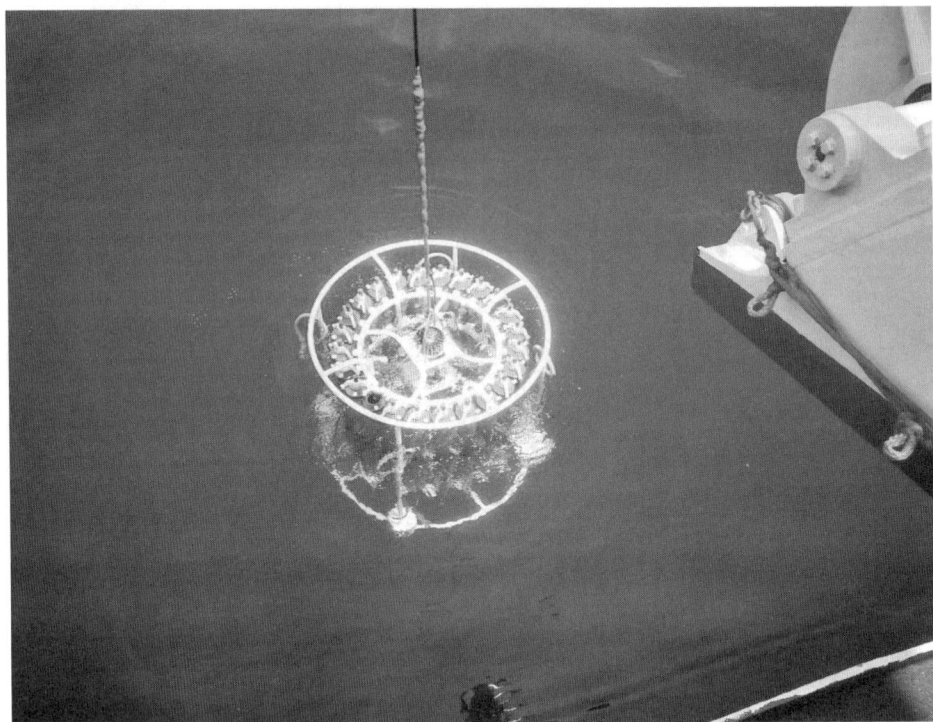

"嘉庚"号上的超洁净痕量元素专用采水系统"泰斯"（叶利萍 供图）

2019年GEOTRACES–CHINA科考航次全体队员合影（叶利萍 供图）

二是深海探测能力助力深海环境及生物新发现。

"嘉庚"号上的水下机器人、可移动电视抓斗、多波束测量系统、动力定位系统和水下定位系统等装备能够实现深海精准作业，满足科学家的深海观测、深海环境及生物样品获取等需求。因此，我国科学家也依托"嘉庚"号优异的深海探测能力，在深海环境和生物方面有了不少新的发现。

在 KK1803 航次中，科研人员借助水下机器人 ROPOS 号上的高清摄像机，首次完成了对南海深海冷泉区生物群落的高精度影像调查，并且在这样的化能合成生境中，首次发现组蛇尾属新物种并命名为海马组蛇尾 *Histampica haimaensis* sp.nov.[①]。

科研人员在对 KK1802、KK1805、KK1906 和 KK2002 四个航次中获得的深海塑料样品进行系统性研究后，发现了附生于塑料表面并具有较高生物多样性的深海动物群落[②]。该研究成果发表在国际著名环境期刊《环境科学与技术快报》，不仅被选为封面文章，而且被《自然》杂志遴选为研究亮点予以报道。

2022 年，科研人员通过研究采自南海、日本、葡萄牙及南极半岛等海域的近百号深海合螅科（刺胞动物门：水螅虫纲）水螅标本，发现合螅属 3 新种。其中，由"嘉庚"号在南海深海采集的合螅属样品，被命名为嘉庚合螅 *Zygophylax tankahkeei*，相关研究成果在英国《林奈学会动物学》杂志发表[③]。

① Li Qihang, Li Yixuan, Na Jieying, et al. Description of a new species of Histampica (Ophiuroidea: Ophiothamnidae) from cold seeps in the South China Sea and analysis of its mitochondrial genome. *Deep-Sea Research Part I*, 2021, Vol.178.

② Song Xikun, Lyu Mingxin, Zhang Xiaodi, et al. Large Plastic Debris Dumps: New Biodiversity Hot Spots Emerging on the Deep-Sea Floor. *Environmental Science & Technology Letters*, 2021, Vol.8, No.2.

③ Gu Zhangjie, Ruthensteiner Bernhard, Moura Carlos J, et al. Systematic affinities of Zygophylacidae (Cnidaria: Hydrozoa: Macrocolonia) with descriptions of 15 deep-sea species. *Zoological Journal of the Linnean Society*, 2022, Vol.196, No.1.

显微镜下的嘉庚合螅

积极参与并连续执行国家自然科学基金共享航次计划

国家自然科学基金共享航次计划（以下简称"共享航次计划"）是为需要进行海洋和极地科考的国家自然科学基金资助项目提供稳定、可靠的调查设施保障，并推动海洋科学调查资料共享、培养和增强海洋科技人才出海考察经验，促进我国海洋科学考察设施资源合理利用的一项国家级的计划。而"嘉庚"号在交付的第二年，便投入其中，积极参与并多次执行共享航次计划。

截至 2023 年底，"嘉庚"号已连续 6 年组织并承担 8 项共享航次计划，其中 1 项为重大科学考察航次。

"嘉庚"号这 6 年所执行的共享航次计划，累计航次作业时间近420 天，科考作业站位超 550 个；累计航程近 4.6 万海里，占"嘉庚"号工作总量的三分之一；共搭载了 37 家依托单位的 189 个科研项目，为近 400 名科研人员提供了船时服务和海上探测作业技术保障。

截至 2023 年底，"嘉庚"号所执行的共享航次已获取到大量高质量的海洋科考数据和样品，涵盖海洋生物、海洋化学、大气化学、地质地球物理、物理海洋、海洋物理等多个领域，总数据量超 1TB，产生了 40 余项科研成果。

"嘉庚"号在执行共享航次中进行了深度的海水采集工作，累计采水总量超 27 万升（相当于家用的标准桶装纯净水 1.5 万桶左右），为南海和西太平洋水体观测获取大量的信息和样本。

我国青年海洋科学家和未来海洋科研人才的"黄埔军校"

截至 2023 年底，共有 8 位首席科学家作为核心参与者先后参与项目执行的全过程，其中，2 位为女性，1 位为国家杰出青年科学基金获得者，2 位为国家自然科学基金"优秀青年科学基金"获得者。这些科学家凭借卓越的科研能力和专业素养，保障了各年度共享航次计划的顺利进行。

不仅限于青年海洋科学家，"嘉庚"号组织、承担的共享航次计划也成为了我国未来海洋人才的"摇篮"。截至 2023 年底，共有近 260 名硕士和博士研究生参航，占总出航科研人员的 72%。

三、"嘉庚"号支撑国际化的海洋人才培养

自 2018 年起，厦门大学依托"嘉庚"号，开展"海丝学堂"人才培养计划。该计划作为一项专门为本科生打造的国际化海洋学科卓越人才培养项目，启动至今已有超 300 名本科生随"嘉庚"号出海科考，并通过沉浸式、研究型的海洋科考实践，培养学生国际化的海洋视野、科研思维和海上实践能力。部分参与厦门大学"海丝学堂"航次的本科生也参与到前文提到的关于"深海塑料样品表面附生深海动物群落"和"发现并命名嘉庚合鳋"的相关样品采集、实验室分析、论文撰写等科研工作中。

在 2019 年第二届厦门大学"海丝学堂"航次中，"嘉庚"号在结束马来西亚公众开放日后，满载着来自厦门大学马来西亚分校、

马来亚大学等 3 所马来西亚当地高校和美国特拉华大学的本科生，完成了"海丝学堂"马来西亚—厦门航段的海上教学实训及科考任务。

在 2024 年第五届厦门大学"海丝学堂"航次中，"嘉庚"号同样在马来西亚公众开放日结束后，搭载来自厦门大学马来西亚分校、马来西亚理科大学、马来西亚沙巴大学、马来西亚登嘉楼大学和香港大学等高校的本科生执行马来西亚—中国香港航段的海上教学实训及科考任务。

"海丝学堂"航次中，本科生进行箱式采泥作业（李贤玲 供图）

第三节　创建嘉庚创新实验室　瞄准全球科技产业前沿

依托厦门大学百年学科积淀，2019 年 9 月，嘉庚创新实验室由福建省委、省政府批准设立，是福建首批四家省创新实验室之一，也是第一个冠有厦大校主陈嘉庚名字的实体实验室，旨在传承陈嘉庚"概办教育、科技创新、服务社会"等理念。

1921年，著名爱国华侨领袖陈嘉庚创办厦门大学。厦大创办时，陈嘉庚就指出，"今日之世界，一科学全盛之世界，科学之发源，乃在专门大学之设立"，并且将"研究高深学问"作为厦门大学的办学宗旨之一。在科技创新与科技强国的背景下，嘉庚精神更有着驱动科技创新、引领未来发展的深刻现实意义。陈嘉庚以国家和民族的利益为重，这种深厚的爱国情怀激发着科研人员将个人的发展与国家的命运紧密相连，推动关键技术领域自主创新，努力实现核心技术的自主可控，增强国家的综合竞争力。面对全球新一轮科技革命和产业变革，以陈嘉庚名字命名的嘉庚创新实验室，秉承陈嘉庚"研究高深学问"的立校志向，勇于挑战未知领域，积极探索新的理论，不断攻关卡脖子技术，为建设世界科技强国贡献力量。

一、三方共建：打造能源材料国家级战略科技创新平台

嘉庚精神以"忠公、诚毅、勤俭、创新"为核心内容，饱含创新的基因，蓄积着推进科技创新事业向前发展的深层动力。嘉庚创新实验室自建立以来，就秉承陈嘉庚的精神，在"爱国、自强、创新"等精神源流的指引下，以打造"顶天立地"能源材料国家级战略科技创新平台为目标，并遵循厦大老一辈科学家凝练形成的"敢为先，重细节，和为贵"的浓厚学术氛围和优良传统，不断攻克"卡脖子"技术难题，推动高技术成果产业化落地。

嘉庚创新实验室通过体制机制创新，汇聚多方资源，服务国家重大战略需求和地方产业发展需求，发挥科技研发的公益性和成果转化机制探索的灵活性，致力于基础研究与产业转化"两条腿"走路，让科研既能上"书架"也能上"货架"，并且为进一步加快发展新质生产力，将科技创新和产业创新二者深度融合，通过开放协同的体制机制不断激发创新活力，建设科技产业创新生态，进一步催

生新质生产力，培育国家战略科技力量，助推时代引领发展，在科技成果向产业化转移的鸿沟上架起了一座"铁索桥"，助力福建厦门国内国际地位迈上新台阶，为我国建设世界科技强国和在国际能源材料领域占有重要一席之地作出实质性贡献。

嘉庚创新实验室五栋大楼鸟瞰图，典型"一主四从"嘉庚建筑风格

嘉庚实验室

二、筑巢引凤：灵活高效引育人才，激活发展新动能

创新是第一动力，创新依靠人才，而人才培养来自教育。陈嘉庚创办厦门大学，以海纳百川的胸怀，不惜重金广揽人才，让厦门大学一时群贤毕至，群英荟萃。嘉庚创新实验室秉承嘉庚精神，以"创新之道，在于人才"之理念，坚持以项目聚人才，以人才带项目，充分开发利用国内外人才资源，通过多元化、灵活、高效的机制聚集人才，采取灵活、高效方式，引进院士产业人才。截至 2024 年 10 月，实验室总人才规模 1400 余人，固定人员从 2019 年 100 余人增加至 497 人，其中双聘 180 人，全职 317 人，省级、国家级人才 150 人，科研人员占比超 90.3%，参与科技项目的硕博研究生、博士后 900 余人。聚集依托单位 6 位院士，并通过联合平台等方式吸引姚建年院士、洪明辉院士等 4 位省外院士的团队加盟，先后全职引进张爱强博士（新加坡）、高小平博士（美国）等产业领军人才 18 人。实验室名誉主任田中群院士当选英国皇家化学会中国高级专家委员会主席，室务委员会主任谢兆雄教授当选中国化学会会士，时任主任助理的洪文晶教授荣获第十届中国化学会－英国皇家化学会青年化学奖。2023 年，实验室主任郑南峰教授、厦门市未来显示技术研究院院长张荣教授当选中国科学院院士，访问学者康斯坦丁·诺沃肖洛夫教授当选中国科学院外籍院士。此外，郑南峰院士入选"新基石研究员"（新基石研究员全国仅 46 人）。

陈嘉庚确立的厦大办学宗旨之一是"培养专门人才"，培养一流人才以强大中华民族，他独特的育人理念是让四万万之民族"不居人下"，为"吾国放一异彩"。为此，他提出"博集中西文化"，"建设至善至美之文化"，以培养"国家社会亟需"人才，"以切于实用造就科学人才为前提"。传承嘉庚人才培养的精神，嘉庚创新实验室制定《人才培育项目管理办法》，建立国家博士后工作站，对符合

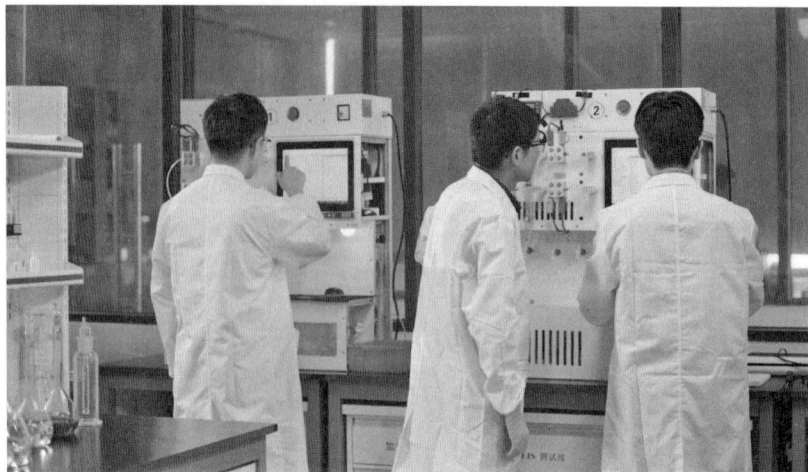

嘉庚创新实验室氢能团队成员在进行PEM电解水器件材料性能测试

条件的人才按卓越、优秀、创新三个层次给予资助，并以项目任务和技术指标作为评价体系，形成了"以项目聚人才，以人才带项目"的创新创业生态。2023 年，实验室全职人员的国家自然科学基金项目立项数及立项经费数均位列省创新实验室首位，主持国家自然科学基金"优秀青年科学基金项目"实现从无到有，并有 5 名全职博士后荣获中国博士后基金特别资助、面上资助，还提供"基础研究高保障、技术创新强激励、成果转化高分享"的良好创新环境，助推科研项目持续攻关，打破"卡脖子"垄断。

同时，实验室作为链接高校与产业之间的桥梁，实施人才培育项目，构建梯次成长队伍，全职引进了国内外知名学校和企业的人才，联合宁德时代、松山湖材料实验室培养创新创业人才。针对企业可持续发展和高端人才需求，以企业项目为载体，汇聚化学、管理、经济等学科资源，联合培养科技创新创业博士，希望培育一批既懂科技，又懂市场和金融且具有国际视野的战略型企业家、复合型高端人才，目前已吸引宁德时代、中船集团、厦钨新能源、金龙稀土等龙头企业的高端研发和管理人才入学。

三、勇攀高峰：持续攻关卡脖子难题，创新赋能产业新发展

陈嘉庚一生崇尚科学，追求科学。"国家社会亟需"是他创办学校、培养人才的首要宗旨，"自强不息"的精神与诚毅、顽强的人格意志，是他"教育救国"行动的力量。在校主陈嘉庚的精神指引下，嘉庚创新实验室科研团队传承和弘扬创新基因，瞄准国家"双碳"战略目标，勇啃"硬骨头"，敢闯"无人区"，创造出许多"从0到1"的突破性成果。实验室在储能、氢能和硅能等领域9大项目群中，累计实施80项科技与产业化项目，已攻克碱性电解水制氢、PEM电解水制氢、高端晶圆清洗剂、抗反射涂层、导电铜浆、钙钛矿太阳能电池、石墨烯健康功能材料等关键技术难题20余项，多项技术有望打破国外垄断或颠覆现有工艺，已有多家项目公司通过产线验证和产品测试，获得了良好的市场反馈和合作意向。

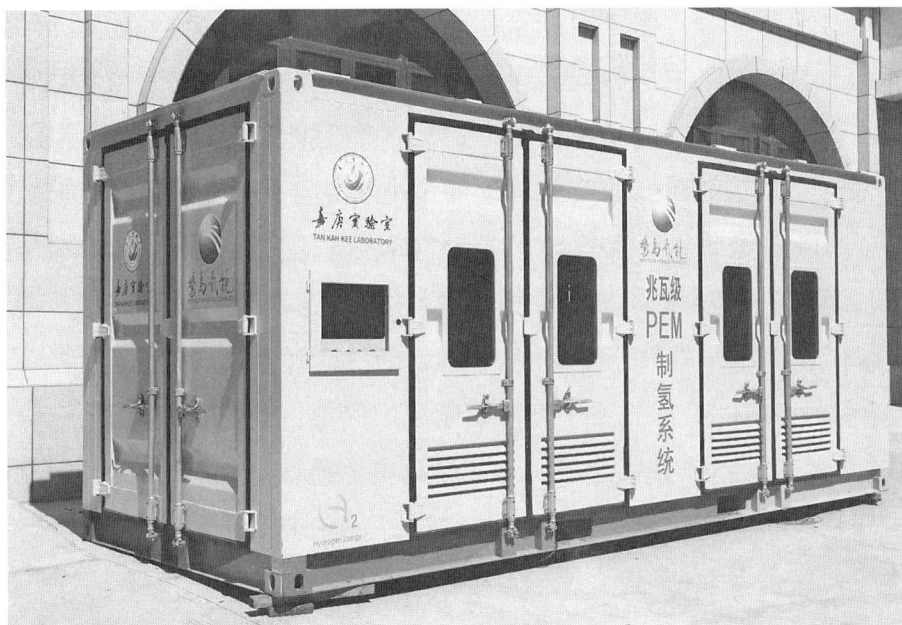

嘉庚创新实验室自研 PEM 电解水制氢设备（能源领域首台套重大技术装备）

嘉庚创新实验室一千标方碱性电解水制氢设备
（获 TERA-Award 智慧能源创新大赛全球唯一金奖）

科学成就离不开精神支撑。嘉庚创新实验室科研团队传承嘉庚精神的创新基因，树立科技报国志向，勇于创新，坚持以"十年磨一剑"的科研精神，为国家科技强国建设和在国际能源材料领域占有重要一席之地不断贡献力量。目前，在氢能领域，嘉庚创新实验室实现了原始创新技术突破：研制的兆瓦级工业制氢装备的性能达到了国际先进水平，碱性电解水制氢项目获招商工业旗下港交所上市公司华商能源增资，携手打造高性能、低功耗电解水制氢产品，领跑行业，还获得第三届 TERA-Award 智慧能源创新大赛金奖（仅1个名额）；百千瓦级质子交换膜制氢电解槽入选国家能源局能源领域首台（套）重大技术装备；加氢催化剂入选国家工信部首批石化化工行业鼓励推广应用的技术产品目录等。在未来显示领域，实验室建成全球首条 23.5 英寸 Micro-LED 激光巨量转移示范线，是我国目前在新型显示领域采用巨量转移技术的新突破；在半导体关键战略材料领域，实验室成功开发出目前在国内尚属空白的高端半导体光刻介质材料等产品，获现金投资超 2.4 亿元……目前，实验室已与包括宁德时代、天马微、三安光电等龙头企业在内的 100 多家福建省内企业和单位开展合作及服务，涵盖氢能、新型显示、半导体、锂电新能源等领域，并以多种模式开展科技成果转化工作，现已孵化 25 家高科技企业，吸引国央企、社会资本等外部投资近 6 亿元，获得授权专利 123 项，市场估值超 18 亿元，致力于科学研究与产业转化"两条腿"齐步走，力争为国家推进高水平科技自立自强贡献力量。

四、创新引领：打造科技体制机制改革"试验田"和产业"发动机"

在中华民族伟大复兴的道路上，陈嘉庚勇于开拓，他创办与参与建设的学校有 118 所，这样的倾资兴学举动，被人称为"前无古人"。这种为了一个目标踔厉奋进、敢于做前人没有做过的事情的精神，在嘉庚创新实验室的建设与发展中，已化作了与时俱进、革故鼎新的创新精神，体现了嘉庚精神的时代特色。作为首批四家省创新实验室之一，嘉庚创新实验室积极探索形成在全国具有创新性、先行性的实践和制度成果，通过先行先试为全国各高能级平台提供建设经验。实验室瞄准战略目标使命，开展组织管理创新，围绕支撑国家重大能源战略和未来产业发展使命，实行理事会领导下的主任负责制，构建分级分类决策机制，充分授权各分管副主任、工作组、职能部门。为高效管理科研项目，实验室率先实施首席责任专家制，由责任专家自主决定技术路线和组建团队，对项目进行全过程跟踪和管理，并对项目成败负责和予以解释，根据项目需求配备项目经理、项目秘书、知识产权专员等，构建全链条、接力式科技服务模式。

陈嘉庚开拓进取的创业精神时常鼓舞着嘉庚创新实验室的科研团队，作为落地科研产业化的大平台，实验室也鼓励团队积极创业，机制上落实股权奖励制度，激发创新创业热情。实验室积极探索在项目完成任务书产出目标或获得明确外部增值投资等前提下，将职务科技成果作价入股形成股权的 70% 奖励给科技成果完成人（团队）。2023年，厦门市科技局联动市场监管局完成了3家氢能领域产业化公司对成果完成人的股权奖励变更登记。2024年上半年，实验室孵化的3家企业以前置转化方式完成9项知识产权的作价投资，转化合同金额逾3 800万元，吸引外部现金投资逾3 000万元。

创新的本质特征在于革故鼎新，探究更多未知，获得更多真理，为社会作出更大贡献，嘉庚创新实验室探索职务科技成果赋权，加快推动成果转化落地。为盘活存量高价值专利，厦门市科技局将实验室纳入厦门市科技成果转化综合试点单位，指导实验室出台《职务科技成果赋权实施细则（试行）》，创新探索即时赋权、协议赋权、预约赋权三类赋权转化模式，满足实验室孵化公司不同商业合作和转化模式下的实操路径，实现"转化前所有权激励"和"转化后股权奖励"双向并举。目前，实验室有关协同创新、人才管理、编制池、成果转化等建议被纳入省实验室建设相关省级指导文件中，双聘双跨的创新做法吸引闽都实验室、清源实验室前来调研学习，为厦大建设翔安实验室、筹建海洋领域省实验室提供了借鉴，并接受怀柔实验室、广州实验室、汕头实验室、湖北三峡实验室、松山湖材料实验室等省外平台的调研且被高度认可。

嘉庚创新实验室以体制机制创新为抓手，通过分级分类科学决策管理、实施首席责任专家制、制定成果赋权等激励制度，力争打造科技体制机制改革"试验田"和产业"发动机"。在科学创新、国家社会服务上立足新时代，深怀爱国之情，坚守报国之志，弘扬嘉庚精神，为实现中华民族伟大复兴贡献力量，展现更大作为。在建设过程中，实验室也面向国家能源战略和福建产业发展需求，将能源存储、低碳能源、未来显示等战略性新兴领域作为三大主攻方向，在科技攻关、设施条件等方面已取得多项"国内乃至国际首个"领先成果，并通过体制机制创新和构建"科研—产业—资本"生态，力争打造能源材料领域的战略科技大平台。

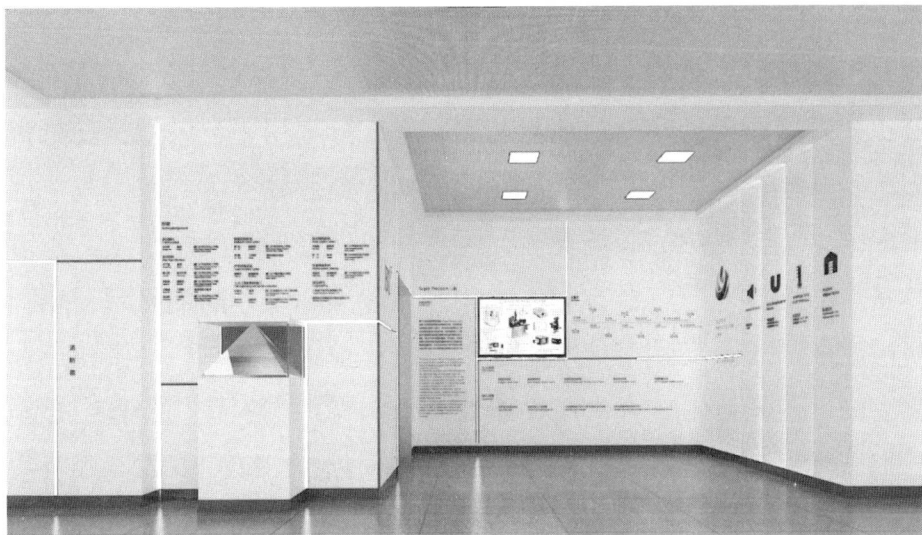

嘉庚创新实验室建设的亚洲首座无噪声实验室

亚洲首座无噪声实验室-三束流聚焦离子束成像与加工

嘉庚创新实验室汇聚政产学研用金力量，营造开放协同创新生态，与厦门市政府设立首个规模为 1 亿元的省创新实验室科创基金，同时借助湖里区政府、翔安区政府在产业链、政策、园区等方面的资源禀赋共建科创产业加速器。实验室充分利用平台条件，在融资支持、共享空间、公共仪器、投后运营、企业服务等方面为人才提供多维度、全方位的服务支撑，逐步构建良好"政产学研金"生态体系。在支撑地方产业方面，实验室打造国际领先高端平台，兼顾科研产业需求。实验室首期布局核心研发基地能源材料大楼和产业化空间，逾 8 万平方米，建设亚洲唯一无噪声实验室、智算中心等一批国际领先重大基础设施平台，是首家具备 CMA 和 CNAS 资质的省创新实验室。面向国家能源安全和"双碳"目标，实验室支撑建设智慧储能大型科研基础设施，推动成立厦门市氢能标准化技术委员会，吸引中石化、中海油、三峡新能源等 30 余家优质企业参与。嘉庚创新实验室通过平台开放灵活的体制机制，汇聚各方资源，服务国家重大战略需求和地方产业发展需求，发挥科技研发的公益性和产业转化机制的灵活性，走出了一条具有"嘉庚实验室"特色的发展路径。

小　结

科学是持之以恒的事业。嘉庚创新实验室自成立以来，以国家新能源战略需求和新兴产业发展需求倒逼实验室的布局并落实各项工作，重点组建产学研用全链条团队，率先实行项目群责任专家制，探索联合平台、双聘双跨等多方式，汇聚和引进研发、产业和管理人才团队，推进全面支撑并服务于研发和产业化的新型管理和激励模式；组织多学科、跨单位、跨链条协同创新，攻克氢能及半导体战略材料等领域的"卡脖子"技术难题；搭建了亚洲首座无噪声实验室和一批面向产业化的国际领先或先进研发设施，为省、市吸引了诸多头部企业和顶尖人才团队；建立了对接市场的产业运营体系，加速转化孵化高技术成果，多模式争取到外部投资，科技与产业影响已辐射省内外。嘉庚创新实验室作为探索福建省科技大平台的机制建设先行者，"实力实干出实效"，力争发挥引领示范作用。

未来，实验室将继续秉承嘉庚精神，专注于关键核心技术攻关和自主创新，聚焦"四个面向"，立足福建，引领全国，辐射世界，为将我国建设成为世界科技强国作出重要贡献。

第四节 坚持面向世界开放精神 中国高等教育走向海外

1921 年，著名爱国华侨领袖陈嘉庚创办厦门大学，这是中国近代教育史上第一所由华侨创办的大学。创办伊始，陈嘉庚就为厦门大学定下"研究高深学问，养成专门人才，阐扬世界文化"的办学宗旨和建设"能与世界各大学相颉颃"的"世界之大学"宏愿。开放视野、世界胸怀是厦门大学天然带有的办学基因，这种视野和胸怀更是在后续百余年的办学历程中得以继续传承，并在新时代持续发扬光大。

一、创办马来西亚分校

厦门大学马来西亚分校（以下简称"分校"）开创了我国高等教育走出国门办学的先河，被誉为镶嵌在"一带一路"上的一颗璀璨明珠，是我国第一所也是目前唯一一所由"双一流"建设高校全资设立的、具有独立校园的海外分校。分校的成功创办充分表现出中国高等教育的自信自强，展示了助力教育强国建设、支撑服务中国式现代化的厦大贡献。陈嘉庚的教育理念和对东南亚的深厚情感，使得厦门大学与东南亚国家，尤其是马来西亚，有着天然的联系和特殊的渊源。从这个意义上说，分校的建立，也是对陈嘉庚开放办学理念的传承拓展和生动实践，体现了他"面向海洋、面向东南亚、面向华侨"的办学志向，同时也是对他倾心教育、造福乡梓的历史回馈。

分校于 2013 年 9 月获批建设，2016 年 2 月正式招生办学。分校的建立和发展，不仅促进了中马两国的教育合作与交流，也是厦门大学响应国家"一带一路"政策、培养国际化人才的重要举措。分校的办学水平逐年提升，为共建"一带一路"提供了重要的人才支撑和智力支持，这与陈嘉庚提倡的教育国际化和开放办学理念是一致的。

陈嘉庚倾资兴学的壮举在东南亚广为流传。受嘉庚精神感召，分校的创建得到了东南亚各界爱国华侨的鼎力支持和热情捐赠。2013 年，被誉为"酒店大王"和"亚洲糖王"的马来西亚华人企业家郭鹤年捐资 1 亿马币，用于分校主楼建设，并特别要求将这幢大楼命名为"百姓大楼"（People's Great Hall），以此传承嘉庚精神，激发更多人士参与支持厦大马来西亚分校的事业发展。在厦门大学建校 93 周年之际，马来西亚 IOI 集团创办人丹斯里拿督李深静向分校捐资 3000 万元人民币，在接受采访时说："厦大在那边（马来西亚）办分校，我们作为海外华人都感到很光荣——中国强大，受益的不仅是中国人，还有海外华人。陈嘉庚当年带着从南洋赚的钱回到厦门办厦大，90 多年后，陈嘉庚创办的厦大回马来西亚办学，这种缘分有点奇妙。"① 马来西亚征阳集团执行主席丹斯里拿督戴良业得知厦门大学计划赴马来西亚办学后，第一时间表态支持，动员自己的资源力量协助学校在当地寻找合适的办学场地，并在厦门大学建校 95 周年、100 周年之际，各捐资人民币 1000 万元，用于支持分校办学。马来西亚知名华人企业 YTL 集团创办人丹斯里杨忠礼于 2014 年向分校捐赠 600 万马币。长期以来，马来西亚前首相对华特使丹斯里黄家定、马来西亚高教部副部长拿督何国忠等也对分校的

---

① 李深静：《我的钱捐出来就没想得到回报》，《厦门日报》2014 年 4 月 7 日。

创建和后续发展提供了巨大支持。

厦门大学马来西亚分校陈嘉庚铜像（分校 供图）

　　分校占地 900 亩，建筑面积约 47 万平方米。分校在办学实践中，注重发掘嘉庚精神时代内涵，发挥其凝聚东南亚华侨华人的情感纽带作用，坚持把传扬嘉庚精神贯穿办学始终，用"嘉庚元素"浸润校园品格，于无声处滋养心灵，不断强化嘉庚精神感召力。分校建筑传承中西合璧、独具一格的"嘉庚建筑"风格，获得 2020 年中国建设工程鲁班奖，学校以建筑为载体向师生传递着陈嘉庚的文化理想与道德情操。分校南门立有陈嘉庚铜像，引导包括华裔学子在内的各地学生自觉传承嘉庚精神。分校图书馆内设有嘉庚书房，面向华裔学子及社会公众开放，承载陈嘉庚的高尚情操和重要义举。

分校嘉庚书房（分校 供图）

　　分校旨在成为一所教学与科研一流、多元文化交融的国际性大学，致力于培养有尊严、有智慧的青年人才，使他们成为良好的区域公民，为中国与东盟的人民福祉和社会进步作出贡献。分校现有10个学院，开设24个本科专业、12个硕士专业和7个博士专业，学科布局覆盖文理工商医等领域，办学质量被广泛认可，办学声誉不断提升。来自全球40多个国家和地区的8500余名学子在分校求学，他们互学互鉴、相知相融，在多元文化氛围中缔结友谊、携手进步。2024年10月，习近平总书记给中国国际大学生创新大赛参赛学生代表回信，毕业于厦门大学马来西亚分校的马来西亚人杨渝淼也是回信对象之一。他说："通过参加大赛，我结识了很多来自世界各地的青年朋友，在同他们的交流中收获了友谊、增进了情感。我希望在未来的工作中，可以多和来自世界各地的青年合作交流，一起携手推出更多的科研成果，通过我们的共同努力推动世界科技的发展和人类文明的进步。"①

---

　　①　杨渝淼：《为推动科技进步努力贡献青年智慧——习近平总书记给中国国际大学生创新大赛参赛学生代表的回信凝聚科技创新的青春力量》，《人民日报》2024年10月18日。

二、推动中华文化海外传播

100 多年来，厦门大学始终秉承陈嘉庚开放包容、阐扬世界、博集东西的办学理念，致力于推动文明交流互鉴，铸就了国际化办学的鲜明特色，为推动中华文化海外传播作出了积极贡献。

厦门大学弘扬陈嘉庚积极"首重国文"的理念，推动国际中文教育内涵发展。学校在五大洲 12 个国家建设 14 所孔子学院、1 所中国语言文化研究中心和 42 个附属孔子课堂，近几年已累计培养约 16 万名学生，是"双一流"建设高校中承建数量最多、孔子学院分布最广的中方合作院校之一，并先后五次荣获"孔子学院先进中方合作机构"称号。学校以深化孔子学院转型和改革为契机，积极推动各共建孔子学院融入所在国国民教育体系，帮助其在各级各类学校成体系开设中文课程，支持合作院校设立中文院系专业。例如协助尼日利亚将中文本科项目纳入国民教育体系，推动马耳他、土耳其将汉语教学纳入公立中小学教育，支持泰国皇太后大学孔子学院独立负责整合医学院中医专业的中文课程教学，努力推动皇太后大学设立中泰医学研究中心开展"中文＋中医"职业教育等，帮助英国南安普顿大学、土耳其中东技术大学等 10 所大学将中文纳入到学分课程体系，提升国际中文教育品牌全球影响。

厦门大学传承陈嘉庚的"博集中西"的思想，创新路径促进中外文明交流互鉴。鼓励外籍师生传播中国好声音。学校通过开展新春茶话会、汉语口语培训班、"我们的节日"系列活动等邀请外籍师生感知中华优秀传统文化精髓，体验现代中国变革，鼓励知华友华的外籍师生担任中国故事的讲述者，成为中华文化"走出去"的传播者。曾获习近平总书记回信赞赏"不见外"的外籍教授潘维廉在厦门大学从教 30 多年，他通过拍摄视频，参加"大思政课网络主题宣传""重走中国行"等，坚持向世界讲述真实、立体、全面的中国

嘉庚精神的传承

故事，并获评"感动中国2019年度人物"。此外，外文学院成立厦门大学文明交流互鉴研究中心，并与中国外文局签署了战略合作协议，在对外讲好中国故事、传播中国声音领域进行高水平人才培养和国际传播实践的合作。国际中文教育学院发起成立"非洲国际中文教育联盟"，成功申报组建东亚东南亚区域研究专门委员会，承接教育部中外语言交流合作中心多个国别中文教育项目，致力促进文明互鉴、推动中外人文交流，搭建中外语言文化交流桥梁。

2019年8月2日，学校举行"潘维廉教授"重走中国行"分享会

三、建设有重要影响力的世界教育中心

陈嘉庚从一开始就将厦门大学定位为"世界之大学"，希望其能够"与世界各大学相颉颃"，期盼建成具有世界影响力的高等学

府。创校初期，他重金礼聘外籍名师，面向全球延揽人才，为学校奠定了国际化师资基础。抗战烽火中，厦门大学西迁长汀。八年筚路蓝缕，弦歌不辍，声名远播。1944年春，英国纽卡索大学雷立克教授、美国地理学家葛德石相继来校，盛赞不已。葛德石称赞："厦大乃加尔各答以东第一大学。"至今，美国密西根大学法学院图书馆阅览室的玻璃窗上仍展示有厦门大学上世纪30年代的校徽图案，一起展示的还有美国常春藤盟校，英国牛津大学、剑桥大学以及其他国家的顶尖大学的校徽图案。中国当时只有两所大学的校徽被展示，即厦门大学和南京大学（时称国立中央大学），这一定程度上也说明了厦门大学在世界上的重要影响力。

打造中国高等教育东南中心，是厦门大学对标教育强国建设的重大部署，是学校第十二次党员代表大会上提出的战略目标任务。这个部署对比世界一流大学的发展态势，对照师生员工和人民群众的热切期盼，深刻回答了"强国建设，厦大何为"时代课题，是厦门大学传承嘉庚精神的具体体现，这个战略目标任务立足学校实际，发挥"侨、台、特、海"区位优势，彰显"海峡、海丝、海洋"办学特色，通过几个"强化"，发挥厦门大学在强国征程上的作用：强化学校在东南区域高等教育的"头雁"地位，发挥龙头牵引作用，打造教育强国的东南梁柱；强化自身作为两岸教育、文化、学术交流重镇优势，发挥示范引领作用，打造两岸融合发展的东南窗口；强化自身面向东南亚、面向"一带一路"的桥梁纽带功能，发挥辐射带动作用，打造增强中华民族凝聚力和向心力、促进中外文明交流互鉴的东南灯塔。这也是百余年厦门大学办学治校的历史逻辑、实践逻辑和发展逻辑相统一的结果，是建设具有厦大风格的中国特色世界一流大学责无旁贷的使命和责任。

为传承陈嘉庚"为吾国放一异彩"精神，厦门大学发起成立"21世纪海上丝绸之路"大学联盟。目前已吸纳"海上丝绸之路"沿线 20 个国家和地区近 70 所知名高校加入。联盟作为高等教育开放的重要平台与载体，发挥着高等教育联合体和学术组织兼备的优势，通过聚焦在海洋科考、气候变化、气象灾害、人口老龄化、公共卫生、海上丝绸之路沿线文化遗产保护等领域的合作，加强盟校间的互融互鉴互通，共同推动"一带一路"共建国家的教育、人文交流和民心互通。

"21世纪海上丝绸之路"大学联盟成立大会

联盟聚焦合作领域，打造学生暑期项目、海丝精品讲座、海上丝绸之路国际产学研用合作会议等品牌项目，推动盟校在学校治理、人才培养及科研合作等方面的合作。自 2018 年成立至今，联盟围绕丝绸之路与中国经济、海丝沿线文化遗产保护、中国营商环境等主题先后举办四期学生暑期项目，参与师生超 1000 人次。联合"一带一路"研究院，发挥学校交叉学科优势，成功举办 100 余场线上或线下海丝精品讲座，深受成员高校师生欢迎。在教育部有关司局的指导下，联盟秘书处牵头福建、广东、广西、海南、云南、深圳等省区市举办 4 届海上丝绸之路国际产学研用合作系列会议，吸引来自海上丝绸之路沿线 80 多个国家和地区近万名专家学者参会，达成重要合作成果 100 多项，中外双导师联合培养研究生 500 多人。

在开放的道路上，厦门大学积极拓展全球合作伙伴网络。进入新时代，学校持续发挥"海峡、海丝、海洋"区位优势和特色，积极拓展国际合作网络，与全球 270 多所高校缔结伙伴关系，其中 50 多所是世界排名前 200 高校，开展如联合培养、学生交换、教师互访、科研合作、共建孔子学院、共同举办国际会议等形式多样的国际交流与合作。大力推行"G50 战略伙伴计划"，与世界一流大学进行实质性交流合作，瞄准重点合作伙伴开展深入合作。扎实推进"厦门金砖新工业能力提升培训基地联盟"建设，借助厦门面向金砖国家重要窗口优势，统筹高层次人才和多学科资源，为金砖国家提供高质量人才培养和高端培训服务，深入推进科研合作，丰富人才培养模式，提升人才培养质量，为金砖国家工业创新能力提升培训基地培养合格人才、传播中国文化、分享中国经验、给出中国方案。

依托全球合作伙伴网络和多边平台，如全球八校联盟、东盟及中日韩大学联盟、中日大学校长论坛、中韩大学校长论坛、全球工程教育交换项目等近 20 个大学组织，组织开展大学日、大学校长论坛、青年学生交流营等形式多样的活动，在全球高等教育治理领域发出厦大声音，提供厦大智慧和方案。

秉承陈嘉庚"研究交流导向"的办学宗旨，筹建中国—马来西亚国际高等研究院（以下简称"高研院"）。当前，"两个大局"同步交织，科技革命与产业变革交叠，高起点谋划建设高研院，是中国高校海外办学贯彻落实教育、科技、人才"三位一体"战略布局，统筹发展新时期教育方针，主动服务高质量发展的创新实践，有利于有效汇聚并整合世界一流教育资源和创新要素，促进关键领域的全球创新协作，进一步加强中马深度合作和长期繁荣发展。

高质量建设高研院，承载着厦门大学回答好"强国建设，厦大何为"这一问题的使命担当，是新时代传承嘉庚精神面向世界开放办学的美好愿景，也是中马两国教育领域携手深化创新合作、赋能产业发展的新增长极。未来高研院建设将集聚厦门大学、马来亚大学等中马两国高校、研究机构和行业企业优势力量，立足国家重大战略需求，汇聚国际顶尖人才，结合马来西亚新工业发展需要，开展变革性、颠覆性、引领性的科学研究，助力和加快打造服务国家重大战略需求的增长新引擎、深化国际科技创新协作的示范新标杆、提升中国高等教育全球影响力的开放新门户。目前，高研院各项工作正在稳步有序推进中。

第五节　建设嘉庚文化　为党育人为国育才

1921 年，陈嘉庚怀抱"教育为立国之本，兴学乃国民天职"的崇高理想创办厦门大学。开校当天，就宣布了《厦门大学校歌》，从那时起，"学海何洋洋！……致吾知于无央""人生何茫茫！……充吾爱于无疆"的校歌便传唱不已，在世界五大洲四大洋的各个角落回响，生动诠释了百年学府的办学理念与精神追求。一百多年来，厦门大学始终坚守陈嘉庚的立校志向，将传承嘉庚精神融入党建工作、思政教育、教育教学、校园建设、文化活动等方方面面，厚植爱国主义精神和"大爱无疆"的人文情怀，牢记为党育人、为国育才的初心使命，为建设"中国特色、世界一流、厦大风格"的一流大学，孜孜以求，砥砺前行。

一、传承嘉庚精神增强党建引领

厦门大学坚持党建引领，开展"嘉庚精神·时代先锋"示范创建工作，将传承嘉庚精神融入党的建设。创建工作旨在通过选树一批在平常时候看得出来、关键时刻站得出来、危急关头豁得出来、吃劲之时顶得上来的先进基层党支部，建立具有嘉庚精神底色、"厦大风格"特色、"南方之强"亮色的"一融双高"党建工作品牌矩阵，为学校实施"升强行动"、加快打造中国高等教育东南中心、与时俱进建设世界一流大学提供坚强组织保证。

"嘉庚精神·时代先锋"示范创建工作以 2 年为一个周期，面向教师党支部或以教师党员为主的师生联合党支部设立"南强先锋号"，面向学生党支部或以学生党员为主的师生联合党支部设立"青年嘉庚号"，示范引领广大师生党员攻坚克难、奋勇争先，当好推动党建与事业发展深度融合、以高质量党建引领高质量发展的"排头兵"和"突击队"，辐射带动全校党支部全面进步、全面过硬。首批"嘉庚精神·时代先锋"示范创建工作于 2024 年 7 月 1 日正式启动，确定马克思主义学院马克思主义基本原理教工党支部等 4 个"南强先锋号"示范创建单位，确定六盘山研究生支教团党支部等 6 个"青年嘉庚号"示范创建单位。

2024年7月1日，厦门大学举行首批"嘉庚精神·时代先锋"示范创建工作启动仪式

创建对象落实抓基层党建工作主体责任和推动事业发展的"双重责任"，聚焦增强党支部政治功能和组织功能，发挥在推动党建与

事业发展深度融合中的引领作用，以作用发挥为关键，以破解难题为重点，以融合发展为根本，通过创新工作方法、创设工作机制、创立工作载体，打造具有"一融双高"鲜明特色的党建品牌矩阵，形成以世界一流大学建设目标为指向的牵引动力和以党建优势赋能事业发展的引领动力共同发力的"双重动力"，切实将党的政治优势、组织优势和群众优势转化为事业发展优势，为高质量党建引领学校事业高质量发展注入新动能，形成"双重保障"。具体要求是：

1. 增强党支部政治功能。坚持把党的政治建设摆在首位，用习近平新时代中国特色社会主义思想武装头脑、指导实践、推动工作，紧扣"国之大者"谋划工作、推动落实，把讲政治要求贯穿教学、科研、管理、服务全过程，引导党员深刻领悟"两个确立"的决定性意义，更加坚定自觉地做到"两个维护"。充分发挥教师党支部政治把关作用和学生党支部政治引领作用，找准实现党建与事业发展深度融合的衔接点和发力点，在推进高质量发展中增强师生归属感、获得感，把党支部和党员的影响力辐射到周围师生群众。

2. 增强党支部组织功能。切实发挥组织优势，注重在学校的重要工作重大活动中、在推动改革发展的大战大考中、在承担急难险重的关键任务中考验党支部和党员，引导师生党员牢固树立"我是党员我先上"的理念，不断强化其先锋意识和建功本领，在破难题、办实事、促发展中彰显组织力量。增强党支部生机活力，有力组织青年师生党员为教育教学各个环节服务。教师党支部积极参与本单位重大问题决策，为教师用心教书育人和学生努力学习成才服务；学生党支部积极参与学生事务管理，为学生健康成长和全面发展服务，共同促进学校内涵式高质量发展。

3. 与事业发展深度融合。党支部要树立在贯彻党的政治路线的大局中思考、把握和定位基层党建工作的理念，结合自身实际找准党建与事业发展的结合点，重点围绕"坚持守正创新、涵育时代新人""坚持'四个面向'、勇攀科技高峰""对接国家战略、服务创新发展""勇担文化使命、谱写时代华章""促进国际交流、讲好中国故事"等中心任务，探索以"双重责任—双重动力—双重保障"为主线的"一融双高"厦大融合实践，形成具有厦大特色的党支部推动党建与事业发展深度融合的方法路径，实现党建与事业发展双向赋能。

二、弘扬嘉庚精神推动学生成长成才

育人重在育心，育心首在育爱。厦门大学将弘扬和传承嘉庚精神融入学生学习成长过程，始终以培养立大德、有大爱，能担当民族复兴大任的人才为使命。在这里，嘉庚精神与"自强不息，止于至善"的校训根植人心，以陈嘉庚为代表的爱国精神成为厦园的独特文化，被厦大师生代代传承。

陈嘉庚毕生致力于教育事业，倾资创办厦门大学，这成为一代代厦大人心中的烙印。学校把校史校情教育作为新生入学教育的重要内容，让学生沿着陈嘉庚"教育救国"的脚步，品读学校的百年风云，进而强化作为厦大人的使命意识与担当精神。每年新生入学报到后，组织新生参观校史馆、革命史展览馆、陈嘉庚纪念堂等，观看《南强颂》《嘉庚颂》等精品剧目，邀请"优良校风"宣讲团的老教授为新生解读厦大"四种精神"，培养新生的爱国爱校意识，激发他们树立远大目标，努力学习，奋发进取。

陈嘉庚秉持"教育立国"理念，把德育放在首位，强调培养具有优良品德和爱国主义精神的学生。每年清明、校庆期间，学校组织各院系师生代表开展祭扫陈嘉庚陵墓、嘉庚铜像等主题活动。同时，举办"嘉庚精神传薪火　学史明志续华章"党史故事汇、"弘扬嘉庚精神"校史校情知识竞赛、"一起感悟嘉庚精神"主题征文、"嘉庚精神耀南强，福籽同心爱中华"民族文化节等系列活动，学校还邀请人文学院朱水涌教授等专家在开学第一天为本科生作题为"陈嘉庚：历史与精神"的专题报告等，持续传承和弘扬嘉庚精神，

嘉庚精神的传承

引导广大青年学子树立和坚持正确的历史观、民族观、国家观、文化观，增强做中国人的骨气和底气。

"嘉庚精神传薪火 学史明志续华章"党史故事汇活动

嘉庚铜像清明祭扫活动

心系家国、奉献社会是陈嘉庚毕生的追求,厦门大学倡导"国家至上,事业为先"的就业理念,把培养立大德、有大爱,可堪大用、能担重任的栋梁之材作为办学之基,充分挖掘嘉庚精神内涵,重视树立学生正确成才观、择业观、就业观,推动青年学生成长成才。学校将嘉庚精神深度融入就业观与择业观教育,在生涯教育与就业指导相关课程中激发学生的职业规划意识,积极引导学生树立远大理想,把个人职业发展和国家需要紧密结合,在职业的选择中主动承担责任与使命,为国家与社会的发展作出积极贡献。学校通过举办面向各地选调生校友的"凌云计划"选调生综合素质能力提升班,围绕"嘉庚精神·初心使命"开展研讨,加强年轻干部队伍"源头工程"建设。2024年6月,学校以"弘扬嘉庚精神　勇担强国使命"为主题,举办赴西部、基层、国家重要行业就业毕业生出征仪式,这一活动已持续举办了八年,校领导为赴西部、基层、重要行业就业的毕业生代表授予出征旗帜,鼓励毕业生传承嘉庚精神,到祖国最需要的地方建功立业,坚定报国之志,为中国式现代化挺膺担当。

2024年6月以"弘扬嘉庚精神　勇担强国使命"为主题,举办学校赴西部、基层、国家重要行业就业毕业生出征仪式

传承嘉庚精神,还需要将其融入日常的点滴实践。学校通过系

列社会实践专项行动，让学生走出课堂，追寻校主陈嘉庚的光辉足迹。2024 年是中华人民共和国成立 75 周年，是习近平总书记给厦门市集美校友总会回信 10 周年。值此之际，学校组织开展"重走嘉庚路，奋进新时代"2024 年暑期社会实践专项行动，设计了"坚定信念之路""教育强国之路""勇毅前行之路""文脉赓续之路""产业兴国之路""文明互鉴之路"等 6 条主题路线，来自全校 33 个学院（研究院、直属系）的 151 支实践队伍、1547 名师生共同参与，奔赴北京、上海、福建、云南、宁夏、香港等地以及新加坡、马来西亚、印度尼西亚等 10 个海外国家开展实践，共形成 100 余篇调研报告，实践成果被《人民日报》《光明日报》等国家级主流媒体报道。通过开展社会实践专项行动，引导青年学生了解嘉庚事迹、感悟嘉庚精神，在社会课堂中"受教育、长才干、作贡献"。

寻"嘉庚足迹"，践"囊萤初心"——厦门大学"囊萤星火"青年讲师团开展暑期社会实践

厦门大学"嘉梦海扬"实践队乘"嘉庚"号科考船赴新加坡开展暑期社会实践

为进一步激励广大学子传承和践行嘉庚精神，学校设立"嘉庚奖章"这一最高荣誉。自 2013 年起，在创新竞赛、学术研究、社会实践、志愿服务、社会工作或道德品行等领域取得显著成绩，产生良好社会影响并为学校赢得荣誉的学生个人或集体，在校庆大会上被颁发嘉奖令和"嘉庚奖章"。同时，学校持续开展"嘉庚奖章"获奖者事迹宣传活动，弘扬嘉庚精神，发挥优秀学生的榜样示范和引领作用，更好地引导青年学生成长成才。

厦门大学"嘉庚奖章"

三、弘扬嘉庚精神，打造传承课堂

厦门大学坚持将传承嘉庚精神融入人才培养全过程，以课程建设为抓手，以开设必修课、选修课、公开课、学术讲座等形式，推动嘉庚精神进课堂。近年来，由国际关系学院/南洋研究院王付兵副教授面向全校开设的"嘉庚精神与华侨华人史"课程，是获得"陈嘉庚奖学金"学生、来华留学生、其他各年级本科生通识教育课程学生的必修课。该课程注重引导华侨华人学生如他们先辈那样，在人生道路上不怕困难，拼搏进取，既能为居住国的发展作出应有的贡献，也能积极关心中国的和平发展，为中国和居住国的友好往来作出其贡献。引导修课的其他来华留学生和选修的国内学生树立起忠于祖国、乐于奉献、注重勤俭、敢于创新、刚健果毅、坚忍不拔、勇于奋斗等方面的良好品格。

学校以新生入学教育、校史校情教育等为载体，组织开展"嘉庚精神与百年厦大""陈嘉庚与厦大百年建筑""厦门大学'四种精神'""嘉庚心 爱国情"等主题讲座，推动传承嘉庚精神常态化长效化。在陈嘉庚诞辰150周年之际，学校录制推出《厦大公开课之嘉庚精神》系列专栏，多位专家学者从人文、历史、管理、建筑、教育等多学科视角深入解读，并采用虚拟演播室技术，以图文声像方式立体化录制呈现。学科多维视角、专家生动阐释，让嘉庚精神可看可读可感，引导广大师生深刻感悟嘉庚精神，凝聚奋进世界一流大学的强大精神力量。

学校高度重视嘉庚精神研究阐释，早在1984年10月就成立厦门大学陈嘉庚研究室，涌现出了一批重要研究成果。早期对陈嘉庚进行深入研究的是历史系陈碧笙教授，他于1973年编印了《陈嘉庚年谱》（刻印）。厦大建校60周年校庆之际，陈碧笙和杨国桢教授合写的《陈嘉庚传》、王增炳和余纲合写的《陈嘉庚兴学记》，为陈嘉庚研究奠定了基础。近年来，学校不断加强陈嘉庚研究中心建设，整合相关学科人才研究力量，加强学术研究阐释。在陈嘉庚诞辰150周年之际，学校举办"嘉庚论坛""新时代弘扬'嘉庚精神'理论研讨会"等学术会议，深入挖掘嘉庚精神的历史意义、丰富内涵和时代价值，研究阐释弘扬嘉庚精神对推进中国式现代化的重要意义，交流探讨用好嘉庚精神凝聚侨心、汇聚侨智、发挥侨力、维护侨益，为新时代弘扬嘉庚精神提供学理支撑。

2024年10月20日，第三届嘉庚论坛在厦门大学科学艺术中心报告厅举行

　　位于群贤楼二楼的"陈嘉庚与厦门大学"纪念展馆，是学校着力打造学习传承嘉庚精神的思政课堂。厦门大学于1981年60周年校庆时，即在建南大会堂设立陈嘉庚纪念堂。2004年，纪念堂移至陈嘉庚兴建的首批校舍、全国重点文物保护建筑——群贤楼。2024年，纪念展馆重新布展，焕新开馆。展馆共有六间展室：第一展室为序厅，以"星辰大海"创设主题形象墙，并通过大事记概要展示了陈嘉庚波澜壮阔的一生。第二至五展室以"创办厦大，颉颃世界""绘就蓝图，吾国异彩""奋斗不息，崇光中华"等篇章，深度挖掘

陈嘉庚独特的教育理念在厦门大学的实践，凸显陈嘉庚"教育救国"的兴学理念，"启迪民智，民族复兴"的办学宗旨，以及"为吾国放一异彩""世界之大学"的办学宏愿。第六展室是尾厅，以"弘扬嘉庚精神，奋进一流征程"为题，特别创设嘉庚课堂，打造学习传承嘉庚精神的思政课堂。展馆充分融入嘉庚建筑元素和厦大蓝、嘉庚红等厦大元素，在丰富的图文和实物展品基础上，融合了场景复原、音视频、触摸屏、翻转牌等多种展陈形式，打造具有互动性、沉浸感的参观体验。

2024年10月18日，厦门大学举行"陈嘉庚与厦门大学"纪念展馆开馆仪式

四、弘扬嘉庚精神，建设厦大校园文化

大学文化润物无声、成风化人，涵育宏大气度，熔铸崇高人格，启悟深邃思想，养成求真作风，是一所大学的灵魂，最能长久彰显一所学校的独特魅力。厦门大学以传承嘉庚精神为主线，创作《南强颂》《嘉庚颂》《陈嘉庚》《嘉书·2963》等舞台艺术作品，赓续在

百年历史图卷上镌刻着的陈嘉庚志怀祖国、希图报效的家国情怀，表达出一所花团锦簇、诗意栖居的美丽大学背后所蕴藏的崇高的嘉庚精神，告诉人们美丽的厦门大学更是师生崇德向善、问学求真的精神家园。

《南强颂》最初于 2011 年 4 月首演，后经改编成音乐舞蹈史诗，通过歌唱、舞蹈、话剧、音乐情景、舞美呈现等艺术方式，按历史进程与精神逻辑，演绎厦门大学发展历程中最具代表性的人物、故事与文化意象，展现"南方之强"——厦门大学在百年发展进程中磨砺形成的"爱国、革命、自强、科学"优良校风，展示厦门大学丰富深厚的大学文化，憧憬厦门大学建设世界一流大学的百年梦想。2024 年改编的《南强颂》突出厦门大学校主陈嘉庚艰苦创业、爱乡荣乡的事迹演绎，感悟先生兴学报国、爱国为民的崇高精神。《南强颂》不仅是对嘉庚精神的一次艺术传播，更是勇担教育强国使命的一场美育工作探索。

音乐舞蹈史诗《南强颂》剧照

嘉庚精神的传承

　　《嘉庚颂》于 2015 年 10 月首演，先后在思明校区、翔安校区和漳州校区演出，已经成为厦门大学重点打造的校园文化品牌项目。该剧由"永远的丰碑""倾资兴学赤子心""烽火中的民族光辉""同圆中国梦"四个篇章组成，以校主陈嘉庚光辉的一生和丰功伟绩为主线，将诗文朗诵、独唱、大合唱、舞蹈、情景表演等多种表演形式结合在一起，结合电视短片和视频资料等实现情景交融的效果，通过一篇篇精美的诗文和体现时代特征的主旋律歌曲，回顾校主陈嘉庚的一生和丰功伟绩，缅怀他的伟人风范、高尚品质和崇高精神。

大型诗文诵读音乐会《嘉庚颂》剧照

　　原创歌剧《陈嘉庚》于 2021 年 11 月首演，讲述陈嘉庚创办厦门大学并独立支撑学校 16 年，最终把厦大无偿捐献给国家的真实事迹，展现了陈嘉庚为祖国教育事业甘愿奉献出所有的赤诚爱国情怀。全剧共四幕：第一幕"婚庆"，以西方传统歌剧风格开篇，伴以福建民间音乐《采茶扑蝶》，宾客们载歌载舞，现场热闹欢腾，气势宏大；第二幕"谋建"，大量运用唱白的方式，讲述陈嘉庚同众侨商合力筹划，致力为国家培养更高层次人才，亲力亲为，多方奔走，克服重重困难，创办厦门大学的故事；第三幕"兴学"，讲述陈嘉庚亲自敲定师生教学待遇，同时遍寻名师任教，重金礼聘校长的故事；第四幕"保学"，讲述西方列强通过资本游戏吞并陈嘉庚辛苦创办的公司，陈嘉庚为保住学府，决意把厦门大学无偿捐献给国家的故事。

原创歌剧《陈嘉庚》剧照

大型交响诗剧《嘉书·2963》于 2024 年 9 月在厦门大学马来西亚分校进行全球首演，2024 年 10 月在厦门大学建南大会堂进行国内首演。该剧是厦门大学厦门校友会企业家分会打造的陈嘉庚诞辰 150 周年献礼作品，由厦门大学、厦门大学校友总会指导，由厦门大学百年校庆晚会总导演、一级导演王根特别创作执导，联袂厦门爱乐乐团倾情演绎。"嘉书"二字，乃陈嘉庚亲笔所书，其意是家书。《嘉书·2963》取材于陈嘉庚的真实生平，以一封封饱含深情的家书为故事线索，将观众带入一个充满爱国情怀与奋斗精神的世界，诗、音乐、舞美，三者交织，讲述陈嘉庚波澜壮阔的一生。而剧名中所提到的"2963"，乃是浩瀚宇宙中的一颗璀璨行星，1990年3月31日，国际小行星命名委员会将这颗星命名为"陈嘉庚星"，以此纪念这位伟大的爱国者。

大型交响诗剧《嘉书·2963》剧照

此外，以著名数学家陈景润为原型创作的话剧《哥德巴赫猜想》（2014年4月首演），讲述陈景润如何克服自身困难和时代困境，奋力摘取"数学皇冠上的明珠"的精彩故事。以王亚南校长为原型创作的《遥望海天月》（2020年9月首演），展现王亚南校长一生追求真理，献身科学，致力于马克思主义传播和政治经济学研究，首倡"中国经济学"的生动故事。以艺术形式生动再现抗战烽火中厦门大学坚守东南而内迁长汀办学艰苦岁月的《长汀往事》，着重讲述时任厦大校长萨本栋先生受命于危难之际，带领厦大师生筚路蓝缕、奋发图强，一步步实现"南方之强"的感人故事。以罗扬才、杨世宁、高捷成、肖炳实、白雪娇等革命志士写给革命同志和亲友们书信文字为题材的《南强红笺》（2021年10月首演），通过历史与现实的交错、今人与前辈跨越时空的对话，生动地展现了厦门大学革命先辈共产党人为中华民族的解放事业浴血奋战的英雄事迹。这些剧目与《南强颂》《嘉庚颂》《陈嘉庚》《嘉书·2963》等一道，构成了厦门大学传承嘉庚精神、赓续光荣传统的系列优秀校史剧目，成为厦大校园文化建设的亮丽风景，激励厦大人胸怀"国之大者"、矢志强国建设。

结　语

嘉庚精神是厦大精神的源流，已经深深内化为厦大人心中传承永续的永恒记忆和引以为豪的精神坐标。秉持知无央以求至真、爱无疆以求至善的信念，厦门大学走过了光辉的百年历程。立足新时代，面向新百年，厦门大学作为我国高等教育"第一方阵"的成员，肩负着新时代建设教育强国的重要使命，我们要坚持以习近平新时代中国特色社会主义思想为指引，继续传承嘉庚精神，赓续厦大百年文脉，不断增强中华民族凝聚力和向心力；要在新百年继续推进世界一流大学建设，加快推进中国高等教育东南中心建设，全力铸就新时代的"南方之强"；要在新征程继续强化爱国之情报国之志，全面提升服务区域发展和国家战略能力，深刻回答好"强国建设，厦大何为"的时代课题，以更加优异的成绩向陈嘉庚致敬，为以中国式现代化全面推进强国建设、民族复兴伟业作出新的更大贡献。

思考题：

1.请结合你对中国近现代史和陈嘉庚生平事迹的了解，谈谈你对陈嘉庚"力挽海权，培育专才"理念的理解。

2.请结合"嘉庚"号科考船的建设，谈谈你对海洋强国建设的理解。

嘉庚精神的传承

3. 你是如何看待传承嘉庚精神的？在你看来，厦门大学还有哪些传承嘉庚精神的做法让你印象深刻？

4. 作为厦门大学的年轻学子，请你结合自身实际，谈谈应该如何传承嘉庚精神。

后记

　　历史、现实、未来是相通的。嘉庚精神并未随着历史年轮的演进而被人们遗忘，相反，它在历史洪流中熠熠生辉，具有历史意义，彰显时代价值。厦门大学作为陈嘉庚创办的大学，对于传承好嘉庚精神义不容辞、责无旁贷。

　　为传承嘉庚精神，将嘉庚精神融入思政教育、推动嘉庚精神进课堂，学校决定编写出版《嘉庚精神的传承》，使广大青年学子能够对嘉庚精神有更全面深入的理解，引导和激励广大青年学子立报国强国大志，做挺膺担当奋斗者。

　　在本书策划和编写过程中，学校领导高位推动，宣传部门统筹协调，组建工作专班，审定编写大纲。本书各章节具体分工如下：

　　杨玲：第一章；朱水涌：第二章、第三章；李建：第四章；晏振宇：第五章；木志荣：第六章；郭玉聪：第七章；赵建、李建：第八章；张建霖：第九章第一节；王海黎：第九章第二节；郑南峰：第九章第三节；余宏波：第九章第四节；杨机像：第九章第五节。

　　书稿完成后，校党委宣传部牵头召开统稿会，高和荣、朱水涌、石红梅等同志做了大量统稿工作。本书从开始策划到最终付梓，厦门大学出版社给予大力协助。特此致谢。